Building AI Applications with ChatGPT APIs

Master ChatGPT, Whisper, and DALL-E APIs by building ten innovative AI projects

ChatGPT API를 사용하여 AI 애플리케이션 구축

10개의 혁신적인 AI 프로젝트를 구축하여
ChatGPT, Whisper 및 DALL-E API 마스터

Building AI Applications with ChatGPT APIs

by Martin Yanev

Building AI Applications with ChatGPT APIs

ChatGPT API를 사용하여 AI 애플리케이션 구축

인 쇄 : 2024년 2월 20일 초판 1쇄
발 행 : 2024년 2월 28일 초판 1쇄

역 자 : 단무지
발행인 : 송 준
발행처 : 도서출판 홍릉
주 소 : 01093 서울시 강북구 인수봉로 50길 10
등 록 : 1976년 10월 21일 제5-66호

전 화 : 02-999-2274~5
팩 스 : 02-905-6729
e-mail : hongpub@hongpub.co.kr
http://www.hongpub.co.kr
ISBN : 979-11-5600-181-2(93000)

정 가 : 25,000원

낙장 및 파본은 구입처나 본사에서 교환하여 드립니다.

Building AI Applications with ChatGPT APIs

Master ChatGPT, Whisper, and DALL-E APIs by building ten innovative AI projects

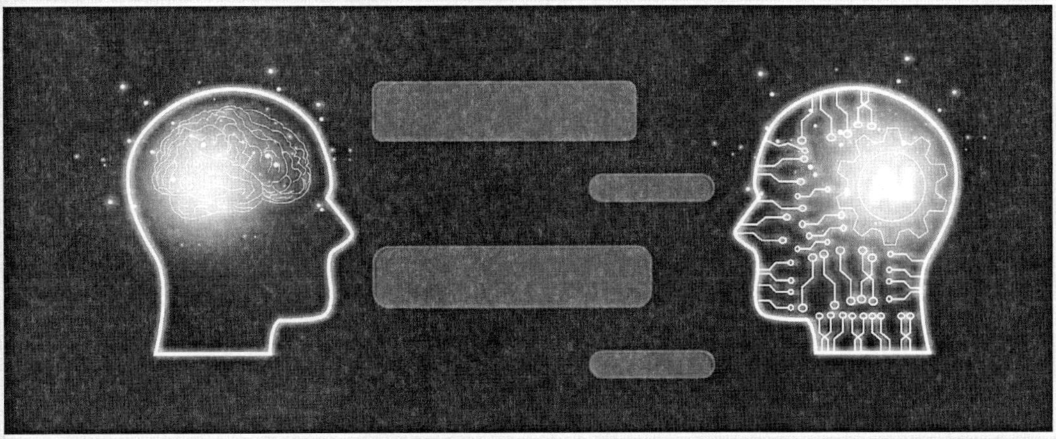

ChatGPT API를 사용하여 AI 애플리케이션 구축

10개의 혁신적인 AI 프로젝트를 구축하여
ChatGPT, Whisper 및 DALL-E API 마스터

Martin Yanev 지음
단무지 옮김

<packt>

도서출판 홍릉

To my girlfriend, Xhulja Kola, for being my loving partner throughout our joint life journey. To my grandma, Maria, whose unwavering support and boundless love have shaped me into the person I am today. To my parents, Plamen and Zhana, who have been my pillars of strength.

–Martin Yanev

역자서문

생성형 AI(인공지능)의 발전은 우리 사회에 큰 영향을 미치고 있습니다. 이미지, 동영상, 음악 등이 클릭 몇 번으로 생성될 수 있을 뿐만 아니라, 단백질 구조 예측과 같은 과학적인 분야에서도 활용되고 있습니다. 이런 속도와 다양성은 우리가 어느새 일상의 일부가 되었습니다. 그러나 이러한 발전은 동시에 우리 사회에 깊은 논란과 고민을 안겨줍니다.

과거에는 초등학교 과학 경시대회에서 했던 이야기가 현실로 이뤄지는 것은 상상하기 어려웠습니다. 하지만 지금은 그런 것이 가능합니다. 이것은 우리의 미래에 대해 새로운 가능성을 제시해주지만, 동시에 우리가 직면한 어둠의 면도 보여줍니다. 우리는 어떤 선택을 해야 할까요? 이러한 기술이 더 많은 편의성과 혁신을 가져올 수 있지만, 그에 따른 윤리적인 문제와 사회적인 영향은 무시할 수 없습니다.

우리는 이러한 기술이 우리의 삶을 개선하고 발전시킬 수 있는 가능성을 극대화하면서도, 동시에 그에 따른 도전에 대비해야 합니다. 이를 통해 우리는 미래를 더욱 밝고 지속가능한 방향으로 나아갈 수 있을 것입니다.

이 책은 Martin Yanev 님의 <Building AI Applications with ChatGPT APIs>의 한국어 번역본입니다. OpenAI의 API와 Python을 재료로 해서 무궁무진한 요리를 만드는 책입니다. 한국어로 번역을 하여 더욱 많은 독자들에게 접근할 수 있도록, 뜻이 최대한 왜곡이 되지 않도록 번역하였습니다. 이 책이 독자들에게 유익하고 즐거운 경험이 되기를 바라면서 독자 여러분들과 자주 만나기를 고대하고 있겠습니다.

마지막으로 번역 작업에 많은 노하우와 도움을 주신 박 실장님, 김 상무님 등의 출판사 관계자 여러분들과 일본에서 석사 과정 밟고 있는 Prokuma 님, 자신이 하고 싶은 것은 기필코 해내는 Heon 님에게도 감사를 표합니다.

감사합니다.

번역가 단무지

본 서에 쓰인 코드는 OpenAI API를 0.x 버전에는 작동하나, 1.0으로 업데이트를 할 때, 문법이 바뀌어서 작동이 안 되게 되었다. 그렇기에 pip install openai를 할 때, 0.x버전 설치를 추천한다. – 역자 주

공헌자들

저자 소개

Martin Yanev는 항공우주 및 의료 기술 등 다양한 산업 분야에 걸친 풍부한 전문 지식을 갖춘 뛰어난 소프트웨어 엔지니어입니다. 8년 이상의 화려한 경력을 자랑하는 Martin은 항공 교통 관제 및 크로마토그래피 시스템과 같은 중요한 영역을 위한 최첨단 소프트웨어 솔루션을 개발하고 원활하게 통합하는 분야에서 틈새 시장을 개척해 왔습니다.

존경받는 강사로 유명한 Martin은 28만 명 이상의 학생으로 구성된 인상적인 글로벌 커뮤니티에 힘을 실어주었습니다. 그의 교육적 역량은 Flask, Django, Pytest, TensorFlow와 같은 프레임워크에 대한 폭넓은 숙련도를 활용하여 지식과 지침을 전달할 때 빛을 발합니다. OpenAI API의 전체 스펙트럼을 깊이 이해하고 있는 Martin은 AI 시스템을 구축, 교육 및 미세 조정하는 데 능숙합니다.

Martin은 항공우주 시스템과 소프트웨어 엔지니어링 분야에서 석사 학위를 두 개나 취득한 것으로도 우수성을 향한 그의 노력을 잘 보여줍니다. 이러한 놀라운 학문적 성취는 업계의 실용적 측면과 이론적 측면 모두에 대한 그의 변함없는 헌신을 보여줍니다. 탁월한 실적과 다방면에 걸친 기술을 바탕으로 Martin은 끊임없이 진화하는 소프트웨어 엔지니어링 환경에서 혁신을 추진하고 혁신적인 발전을 주도하고 있습니다.

검토자 정보

Sourabh Sharma는 오라클에서 수석 기술 멤버로 근무하며 청사진 솔루션의 핵심 구성 요소를 개발하고 설계하는 업무를 담당하고 있습니다. 그는 팀의 핵심 멤버로서 다양한 오라클 제품에서 사용되고 있는 아키텍처를 설계했습니다. 그는 20년 이상 주요 기업에 엔터프라이즈 제품 및 애플리케이션을 제공한 경험이 있습니다. 그의 전문 분야는 N-티어 및 클라우드 기반 애플리케이션의 개념화, 모델링, 설계 및 개발과 팀을 이끄는 것입니다. 마이크로서비스 기반 솔루션을 개발하고 다양한 유형의 워크플로 및 오케스트레이션 엔진을 구현하는 데 풍부한 경험을 보유하고 있습니다. 또한 책과 교육을 통해 지속적인 학습과 지식 공유를 중요하게 생각합니다.

Sourabh는 다른 두 권의 책도 집필했습니다: Java로 마이크로서비스 마스터하기, 제3판과 스프링 및 스프링 부트를 사용한 최신 API 개발, 2판입니다.

Arindam Ganguly는 소프트웨어 개발 업계에서 7년 이상 근무한 숙련된 데이터 과학자입니다. 그는 주로 데이터 과학 및 인공 지능 분야에서 여러 소프트웨어 제품을 개발하고 관리하는 데 있어 입증된 기술을 보유하고 있습니다. 또한 저술가로도 활동 중이며, 인기 있는 IBM 왓슨 툴킷을 사용하여 인공 지능 애플리케이션을 구축하는 방법을 알려주는 책인 'IBM 왓슨을 이용한 머신 러닝 솔루션 구축 및 배포'를 저술했습니다.

Ashutosh Vishwakarma는 대화형 AI 회사인 Verifast.tech의 공동 창립자입니다. 지난 8년 동안 백엔드 엔지니어로서 여러 대규모 ML 기반 시스템을 개발했으며, 현재는 차세대 UX를 구축하기 위해 LLM 에코시스템과 협력하고 있습니다.

저자서문

안녕하세요! ChatGPT API는 OpenAI에서 제공하는 강력한 도구로, 개발자가 최신 ChatGPT 언어 모델을 자체 애플리케이션에 통합하여 API 호출을 통해 대화형 및 동적 대화 환경을 구현할 수 있도록 지원합니다. AI 분야가 빠르게 발전함에 따라 인간의 언어를 이해하고 이에 반응하며 창의적인 시각적 콘텐츠를 생성할 수 있는 지능형 대화형 시스템에 대한 수요도 증가하고 있습니다.

개발자가 인공 지능의 힘을 활용할 수 있도록 지원하는 세 가지 주요 OpenAI API가 있습니다:

- ChatGPT API: 인간과 같은 텍스트 생성 기능 활용
- Whisper API: 음성 인식 및 텍스트 음성 변환 기능 향상
- DALL-E API: 인공지능으로 생성된 예술의 세계로 들어가기

이 책의 목표는 독자가 이러한 강력한 API를 효과적으로 활용하는 데 필요한 지식과 기술을 갖출 수 있도록 지원하는 것입니다. 9개의 혁신적인 AI 프로젝트 시리즈를 통해 자신만의 지능형 애플리케이션을 만들고 배포하고 수익을 창출할 수 있는 숙련된 개발자가 되기 위한 단계별 여정을 안내합니다.

이 책을 통해 Flask, Django, Microsoft Office API, PyQt와 같이 널리 사용되는 프레임워크 및 도구와 ChatGPT를 통합하는 실무 경험을 쌓을 수 있습니다. 다양한 자연어 처리 작업을 다루며, 자신만의 ChatGPT 클론을 구축하고 AI 기반 코드 버그 수정 SaaS 애플리케이션을 만드는 방법을 배우게 됩니다. 또한 음성 인식, 텍스트 음성 변환 기능, 언어 번역, 이메일 답장 및 PowerPoint 프레젠테이션 생성에 대해서도 살펴볼 것입니다.

또한, 여러분만의 ChatGPT 모델을 미세 조정하는 방법도 알려드리겠습니다. ChatGPT API 미세 조정은 고도로 맞춤화되고 전문화된 AI 애플리케이션을 만들 수 있는 가능성을 열어줍니다. ChatGPT 모델을 미세 조정하여 특정 데이터 세트에 대해 학습시켜 AI가 특정 도메인, 산업 또는 사용자 요구 사항에 맞게 학습하고 적응할 수 있도록 할 수 있습니다. 이러한 미세 조정 프로세스를 통해 정확도가 향상되고 관련성이 개선되며 특정 컨텍스트를 더 깊이 이해할 수 있는 AI 애플리케이션을 만들 수 있습니다.

AI 혁명의 시대에는 AI 애플리케이션을 개발할 수 있는 기술을 가진 사람들에게 풍부한 기회가 기다리고 있습니다.

저자서문

누구를 위한 책인가

이 책은 프로그래머, 기업가, 학생, 소프트웨어 애호가 등 다양한 전문가를 대상으로 ChatGPT API를 사용하여 애플리케이션을 구축하기 위한 모범 사례, 팁, 요령을 제공하는 것을 목표로 합니다. 특히 초급 프로그래머, AI 기술을 통합하고자 하는 소프트웨어 개발자, ChatGPT로 AI 기반 웹 애플리케이션을 만들고자 하는 웹 개발자에게 유용합니다.

이 책은 세 분야의 주요 독자를 대상으로 합니다:

- AI 애호가: AI에 대한 열정을 가지고 있으며 실제 적용 사례를 탐구하고자 하는 사람들입니다. AI 기술을 더 깊이 이해하고 이를 활용하여 혁신적인 애플리케이션을 구축하고자 하는 다양한 배경을 가진 취미 활동가, 학생 또는 전문가일 수 있습니다. 이 책은 ChatGPT API로 AI 여정을 시작하는 데 필요한 지식과 실무 경험을 제공합니다.
- 소프트웨어 개발자: AI 기능을 애플리케이션에 통합하는 데 관심이 있는 초보자와 숙련된 전문가를 포함한 소프트웨어 개발자는 이 책이 유용할 것입니다. 챗봇, 감정 분석 또는 자연어 이해와 같은 AI 기반 기능으로 기존 프로젝트를 개선하고자 할 수 있습니다. ChatGPT API를 마스터하면 소프트웨어 개발 기술을 향상시키고 사용자에게 지능적인 대화형 경험을 제공할 수 있습니다.
- AI 기업가: AI의 잠재력을 활용하고 비즈니스 목적으로 AI 기반 애플리케이션을 구축하려는 기업가라면 이 책이 도움이 될 것입니다. 채팅 기반 고객 지원 시스템, 가상 비서 또는 기타 AI 기반 솔루션을 만들고자 하는 기업가라면 이 책을 통해 자립형 애플리케이션을 구축하는 과정을 안내받을 수 있습니다. AI 애플리케이션으로 수익을 창출하고, 결제 플랫폼을 통합하고, 확장 가능한 SaaS 솔루션을 배포하는 방법을 배움으로써 ChatGPT API가 제공하는 기회를 활용할 수 있습니다.

이 세 가지 대상 독자는 배경 지식이나 전문 지식에 관계없이 이 책에서 실용적인 지침, 실제 예제, 포괄적인 지침을 통해 ChatGPT API를 마스터하고 자신만의 AI 애플리케이션을 성공적으로 개발할 수 있습니다.

저자서문

어떤 내용을 다루는가

1장, 'NLP 작업을 위한 ChatGPT API로 시작하기'에서는 ChatGPT와 ChatGPT API를 소개하고, Python 환경 설정과 필요한 다운로드 방법을 안내하며, OpenAI 계정 등록, API 토큰 사용, OpenAI API를 활용하기 위한 가격 모델을 살펴봅니다.

2장, 'ChatGPT 클론 구축하기'에서는 ChatGPT API를 사용한 백엔드 개발, 로컬에 프로젝트 배포, HTML, CSS, 기본 JavaScript를 사용한 프론트엔드 설계를 다루며, 다음 장에서 다루는 고급 SaaS 앱 개발을 준비할 수 있는 실습 프로젝트를 제공합니다.

3장, '플라스크를 사용하여 AI 코드 버그 수정 SaaS 애플리케이션 생성 및 배포하기'에서는 ChatGPT API를 사용하여 강력한 SaaS 앱을 빌드하고 배포하는 방법을 안내합니다. 배포부터 웹 호스팅까지 전체 개발 주기를 구축하여 전 세계에서 사용할 수 있도록 하는 방법을 보여줍니다. ChatGPT를 활용한 앱은 코드 디버깅과 오류 설명을 제공하여 독특하고 가치 있는 프로젝트를 소개합니다.

4장, '코드 버그 픽서 애플리케이션과 결제 서비스 통합하기'에서는 방문자 추적을 활용하여 Stripe API 기반 결제 메커니즘을 구현하고 결제 서비스를 ChatGPT 애플리케이션에 통합하는 방법에 대한 인사이트를 제공합니다. 또한 기본 데이터베이스를 프로젝트에 통합하는 방법에 대한 지식도 얻을 수 있습니다.

5장, 'ChatGPT와 Django로 퀴즈 생성 앱 만들기'에서는 ChatGPT API를 Django에 통합하는 방법에 대한 포괄적인 가이드를 제공하며, AI 기능이 있는 Django 페이지와 보기를 만드는 방법을 알려줍니다. 학습 자료에서 시험 문제를 생성하는 Django 프로젝트를 빌드하고 로컬에서 SaaS 애플리케이션으로 실행하는 방법을 배웁니다.

6장, 'ChatGPT API 및 Microsoft Word를 사용한 언어 번역 데스크톱 앱'에서는 Microsoft Word 텍스트 번역을 위해 ChatGPT API를 활용하는 방법을 안내하고, Tkinter를 사용하여 파이썬 스크립트를 기능적인 데스크톱 애플리케이션으로 패키징하는 방법도 알려줍니다. 이 책에서는 사용자 지정 텍스트 번역 애플리케이션을 만들 수 있도록 ChatGPT API와 Microsoft Office 자동화 도구의 통합을 소개합니다.

7장, 'Outlook 이메일 회신 생성기 구축하기'에서는 Outlook 이메일 데이터를 활용하여 개인화된 회신 및 프롬프트 디자인을 생성하는 앱을 구축하기 위한 실용적인 가이드를 제공합니다.

8장, 'PyQt와 ChatGPT API를 사용한 에세이 생성 도구'에서는 데스크톱 앱 개발을 위해 ChatGPT API를 PyQt와 통합하는 방법과 앱 프론트엔드에서 API 토큰을 제어하는 방법에 대한 단계별 가이드를 제공합니다.

9장, 'ChatGPT와 DALL-E API 통합: 엔드 투 엔드 Powerpoint 프레젠테이션 생성하기'에서는 두 가지 AI API인 ChatGPT와 DALL-E를 통합하고 AI가 생성한 Powerpoint 프레젠테이션을 만드는 실무적인 접근 방식을 설명합니다.

10장, 'Whisper API를 사용한 음성 인식 및 텍스트 음성 변환하기'에서는 위스퍼 API에 대한 개요를 제공하고 오디오 파일을 사용하여 자막과 번역을 생성하는 실제 프로젝트를 안내합니다.

11장, '올바른 ChatGPT API 모델 선택하기'에서는 ChatGPT API 모델 및 매개변수에 대한 개요를 제공하여 프로젝트에 가장 적합한 모델을 선택하고 모델의 한계를 이해하는 데 도움을 줍니다.

12장, 'ChatGPT를 미세 조정하여 고유한 API 모델 만들기'에서는 ChatGPT API 모델 미세 조정에 대한 개요와 함께 실제 애플리케이션에서 이 프로세스를 사용하여 AI 애플리케이션 구축 비용을 절감하는 방법을 설명하는 사례 연구를 제공합니다.

책을 활용하는 방법

이 책을 시작하기 전에 Python 프로그래밍과 API 개념에 대한 기본적인 이해가 있어야 합니다. 또한 애플리케이션 개발에 사용되는 프론트엔드 및 백엔드 기술의 기본 사항을 숙지하는 것이 좋습니다. 이러한 사전 지식은 이해도를 높이고 책 전체에 제시된 개념과 예제를 완전히 이해할 수 있게 해줍니다.

책에서 다루는 소프트웨어/하드웨어	운영 체제 필요 조건
Python	Windows, macOS, Linux
Django	Windows, macOS, Linux
Flask	Windows, macOS, Linux
PyQt	Windows, macOS, Linux
OpenAI library	Windows, macOS, Linux
Stripe	Windows, macOS, Linux
Azure CLI	Windows, macOS, Linux

이 책은 Python 및 PyCharm IDE를 포함하여 필요한 모든 설치에 대해 포괄적으로 다루고 있으니 안심하세요. 이 책에는 설치 과정을 안내하는 단계별 지침과 자세한 설명이 포함되어 있습니다. 제공된 지침을 따르면 Python 환경과 PyCharm IDE를 쉽게 설정할 수 있으므로 이 책의 내용을 원활하게 진행할 수 있습니다.

이 책의 디지털 버전을 사용하는 경우 코드를 직접 입력하거나 책의 GitHub 리포지토리에서 코드에 액세스하는 것이 좋습니다(링크는 다음 섹션에서 확인할 수 있음). 이렇게 하면 코드 복사 및 붙여넣기와 관련된 잠재적인 오류를 방지하는 데 도움이 됩니다.

변수 변경을 실험하고 그 결과가 앱에 미치는 영향을 관찰함으로써 이 책에서 구축 중인 애플리케이션에 적극적으로 참여하기를 적극 권장합니다. 이러한 실습을 통해 다양한 변수가 애플리케이션의 동작에 미치는 영향에 대해 더 깊이 이해할 수 있습니다. 또한 이 책에서 얻은 지식을 활용하여 자신만의 애플리케이션 구축 여정을 시작하시기 바랍니다. 이 책의 애플리케이션을 기초로 삼아 새로 배운 기술과 창의력을 응용하여 자신만의 고유한 애플리케이션을 개발함으로써 다루는 개념을 더욱 깊이 있게 숙달할 수 있습니다.

예제 코드 다운로드

이 책의 예제 코드 파일은 GitHub에서 다운로드할 수 있습니다. 코드에 대한 업데이트가 있을 경우 GitHub 리포지토리에 업데이트됩니다:

(https://github.com/ PacktPublishing/Building-AI-Applications-with-ChatGPT-APIs)

Packt 출판사에서 제공하는 다양한 종류의 책과 동영상을 위한 다른 코드들은 다음 주소에서 확인할 수 있습니다. 확인해 보세요! https://github.com/PacktPublishing/

책에서 사용된 규칙

이 책에는 여러 가지 텍스트 규칙이 사용됩니다.

텍스트 코드: 텍스트, 데이터베이스 테이블 이름, 폴더 이름, 파일 이름, 파일 확장자, 경로 이름 및 사용자 입력으로 코드 단어를 표시합니다. 다음은 예시입니다: "app.py라는 새 파일을 만듭니다."

코드 블록은 다음과 같이 설정됩니다:

```
response = openai.Completion.create(
    engine="text-davinci-003",
    prompt=question,
    max_tokens=1024,
    n=1,
    stop=None,
    temperature=0.8,
)
```

코드 블록의 특정 부분에 주의를 환기시키고자 하는 경우 관련 줄이나 항목은 굵은 글씨로 표시됩니다:

```
answer = response["choices"][0]["text"]
print(answer)
```

모든 명령줄 입력 또는 출력은 다음과 같이 작성됩니다:

```
$ pip install openai
"What would you like to ask ChatGPT?
```

볼드체: 새로운 용어, 중요한 단어 또는 화면에 표시되는 단어를 나타냅니다. 예를 들어 메뉴나 대화 상자의 단어는 **볼드체**로 표시됩니다. 다음은 예시입니다: "**보기** 메뉴에서 **터미널** 버튼을 선택합니다."

> **팁이나 중요 참고사항**
>
> 이렇게 나타냅니다.

연락하기

독자들의 피드백은 언제나 환영합니다.

일반적인 피드백: 이 책의 내용에 대해 궁금한 점이 있으면 이메일(customercare@packtpub.com)을 보내 주시고 이메일 제목에 책의 제목을 기재해 주세요.

정오표: 오류 없이 책을 쓰기 위해 최선을 다하고 있지만, 실수는 언제나 발생하는 것 같습니다. 책에서 실수를 발견한 경우 알려주시면 감사하겠습니다. 다음 주소에 방문해서 양식을 채워주세요. www.packtpub.com/support/errata

불법 복제: 인터넷에서 어떤 형태로든 당사 저작물의 불법 복제물을 발견한 경우 해당 주소 또는 웹사이트 이름을 알려주시면 감사하겠습니다. 해당 자료의 링크를 다음으로 보내주세요. copyright@packt.com

저자가 되고 싶은 경우: 전문성을 갖고 있는 주제가 있고 책을 쓰거나 기고하는 데 관심이 있다면 다음 주소에 방문하세요. authors.packtpub.com

생각 공유하기

『ChatGPT API를 사용하여 AI 애플리케이션 구축』을 모두 읽으셨다면 여러분의 생각을 보내주세요! 이 책의 Amazon 리뷰 페이지로 가서 여러분의 피드백을 공유해 주세요

저자서문

https://packt.link/r/180512756X

여러분의 리뷰는 우리 출판사와 기술 커뮤니티에 매우 중요하며, 우수한 품질의 콘텐츠를 제공하는 데 도움이 됩니다.

이 책의 무료 PDF 사본 다운로드

이 책을 구입해 주셔서 감사합니다!

이동 중에도 책을 읽고 싶지만 인쇄된 책을 가지고 다니기 불편하신가요? 구매한 전자책이 원하는 기기와 호환되지 않나요?

걱정하지 마세요. 이제 어떤 Packt 도서를 구입하시든 해당 도서의 DRM이 없는 PDF 버전을 무료로 받으실 수 있습니다.

언제 어디서나 어떤 기기에서든 읽을 수 있습니다. 좋아하는 기술 서적의 코드를 찾아 복사해서 여러분의 어플리케이션에 바로 붙여 넣을 수 있습니다.

혜택은 여기서 그치지 않고 여러분의 받은 편지함에 할인, 뉴스레터 및 훌륭한 무료 콘텐츠를 전달받을 수 있습니다.

다음의 간단한 단계를 따라 혜택을 받으세요:

1. QR 코드를 스캔하거나 아래 링크를 방문하세요.

   https://packt.link/free-ebook/9781805127567

2. 구매 증빙 자료를 제출합니다.

3. 끝! 여러분의 이메일 주소로 무료 PDF 및 기타 혜택을 바로 보내드립니다.

차례

PART 1 Open AI 시작하기

차례

PART 2 ChatGPT API를 사용하여 웹 애플리케이션 구축

차례

PART 3 ChatGPT, DALL-E, 및 데스크톱용 Whisper API 앱 개발

Open AI 시작하기

PART 1

두 개의 장으로 구성된 첫 번째 파트에서는 ChatGPT에 대한 포괄적인 개요와 자연어 처리(NLP)에 대한 중요성을 제공하는 데 중점을 둡니다. 웹 애플리케이션에 미치는 영향과 사용법을 살펴보고 ChatGPT API를 독자에게 소개하는 등 ChatGPT의 기본 사항에 대해 논의합니다. 이 파트에서는 사용자 입력에 대해 사람과 유사한 응답을 생성하기 위해 OpenAI의 언어 모델을 활용하는 챗봇인 ChatGPT 클론을 구축하는 과정을 보여드립니다. 애플리케이션은 Python용 경량 웹 프레임워크인 Flask를 사용하여 구축합니다.

이 파트는 다음과 같은 장으로 구성되어 있습니다:

- 1장, NLP 작업을 위한 ChatGPT API로 시작하기
- 2장, ChatGPT 클론 구축하기

제1장
NLP 작업을 위한 ChatGPT API로 시작하기

자연어 처리(NLP)는 자연어를 통한 컴퓨터와 인간 간의 상호 작용에 초점을 맞춘 인공 지능의 한 분야입니다. 수년에 걸쳐 NLP는 언어 처리 분야에서 괄목할 만한 발전을 이루었으며, ChatGPT는 최근 몇 년 동안 큰 인기를 얻고 있는 혁신적인 NLP 도구 중 하나입니다.

ChatGPT는 OpenAI에서 개발한 고급 AI 언어 모델로, 책, 기사, 웹 페이지 등 다양한 텍스트의 방대한 데이터 세트를 학습했습니다. 인간과 유사한 텍스트를 생성할 수 있는 ChatGPT는 챗봇, 언어 번역, 콘텐츠 생성 등 다양한 자연어 처리 애플리케이션에 널리 사용되는 도구로 자리 잡았습니다.

이 장에서는 ChatGPT의 기본 사항과 NLP 작업에 어떻게 사용할 수 있는지 살펴봅니다. 먼저 ChatGPT에 대한 소개와 NLP 분야에 미치는 영향부터 살펴보겠습니다. 그런 다음 웹에서 ChatGPT를 사용하는 방법과 그 이점을 살펴보겠습니다. 그런 다음 계정 생성 및 API 키 생성을 포함하여 ChatGPT API를 시작하는 방법을 배웁니다. 그 다음에는 ChatGPT API를 사용할 수 있도록 개발 환경을 설정하는 방법을 안내해 드리겠습니다. 마지막으로 도구의 기본 기능을 이해하기 위해 간단한 ChatGPT API 응답 예제를 살펴봅니다.

이 장에서는 다음 주제를 다룹니다:

- ChatGPT 혁명.
- 웹에서 ChatGPT 사용.
- ChatGPT API 시작하기.
- Python 개발 환경 설정
- 간단한 ChatGPT API 응답.

이 장이 끝나면 ChatGPT에 대한 탄탄한 경험을 쌓고 이를 사용하여 NLP 작업을 효율적으로 수행하는 방법을 배우게 될 것입니다.

기술 요구 사항

이 장의 내용을 최대한 활용하려면 Python 코드와 ChatGPT API로 작업할 수 있는 몇 가지 기본 도구가 필요합니다. 이 장에서는 모든 소프트웨어 설치 및 등록을 안내합니다.

다음이 필요합니다:

- 컴퓨터에 Python 3.7 이상이 설치되어 있어야 합니다.
- OpenAI 계정에 가입하여 얻을 수 있는 OpenAI API 키
- Python 코드를 작성하고 실행하기 위한 PyCharm(권장) 등의 코드 편집기

이 장의 코드 예제는 https://github.com/PacktPublishing/Building-AI-Applications-with-ChatGPT-APIs/tree/ain/Chapter01%20ChatGPTResponse에서 찾을 수 있습니다.

ChatGPT 혁명

ChatGPT는 OpenAI에서 개발한 고급 AI 언어 모델로, **자연어 처리**Natural Language Processing, NLP 분야에 큰 영향을 미쳤습니다. 이 모델은 트랜스포머Transformer 설계도를 기반으로 하며 책, 기사, 웹 페이지 등 다양한 텍스트로 구성된 방대한 데이터 세트를 학습했습니다.

ChatGPT의 주요 기능 중 하나는 일관성 있고 문맥에 적합한 텍스트를 생성하는 기능입니다. 이전의 자연어 처리 모델과 달리 ChatGPT는 언어에 대한 이해도가 더 높기 때문에 사람이 작성한 텍스트와 스타일과 구조가 유사한 텍스트를 생성할 수 있습니다. 이러한 기능 덕분에 ChatGPT는 대화형 AI 및 콘텐츠 제작을 비롯한 다양한 애플리케이션에 유용한 도구로 활용되고 있습니다.

ChatGPT는 인간과 자연스럽게 상호작용할 수 있는 챗봇을 개발하는 대화형 AI 분야에서도 상당한 진전을 이루었습니다. 문맥을 이해하고 사람이 작성한 텍스트와 유사한 스타일의 텍스트를 생성할 수 있는 기능을 갖춘 ChatGPT는 대화형 AI 개발에 필수적인 도구로 자리 잡았습니다.

GPT-3와 같은 **대규모 언어 모델**Large Language Models, LLM의 등장은 챗봇의 환경을 혁신적으로 변화시켰습니다. 대규모 언어 모델이 등장하기 전의 챗봇은 사전 정의된 응답이 있는 규칙 기반

시스템에 의존하는 등 기능이 제한적이었습니다. 이러한 챗봇은 문맥 이해가 부족하고 의미 있는 대화에 참여하는 데 어려움을 겪었습니다. 하지만 대규모 언어 모델 기반 챗봇을 통해 큰 변화가 일어났습니다. 이러한 모델은 복잡한 쿼리Query를 이해하고, 일관되고 미묘한 응답을 생성하며, 더 광범위한 지식 기반을 보유하고 있습니다. 이러한 챗봇은 문맥 이해력이 향상되고 사용자 상호 작용을 통해 학습하며 지속적으로 성능을 향상시킵니다. 대규모 언어 모델 기반 챗봇은 보다 자연스럽고 개인화된 상호작용을 제공함으로서 사용자 경험을 향상시켜 챗봇 기술의 눈부신 발전을 보여줍니다.

ChatGPT는 자연어 처리 분야에서 오랫동안 성공적인 역사를 가지고 있습니다. 이 모델은 수년에 걸쳐 다음과 같은 몇 가지 발전을 거쳤습니다:

- GPT-1 (2018): 1억 1,700만 개의 매개변수Parameter를 보유하고 있으며 다양한 웹 페이지에 대해 학습되었습니다. 질문 답변, 감성 분석, 언어 번역 등 다양한 자연어 처리 작업에서 인상적인 결과를 보여주었습니다.
- GPT-2 (2019): 15억 개의 매개변수를 보유하고 있으며 800만 개 이상의 웹 페이지에 대해 학습되었습니다. 언어 이해 및 생성에 있어 괄목할 만한 진전을 보였으며 다양한 자연어 처리 애플리케이션에 널리 사용되는 도구가 되었습니다.
- GPT-3(2020): 기록적인 1,750억 개의 매개변수를 보유하고 언어 이해 및 생성에 대한 새로운 기준을 세웠습니다. 챗봇, 언어 번역, 콘텐츠 제작 등 다양한 애플리케이션에 사용되었습니다.
- GPT-3.5: OpenAI가 지속적인 개선과 보완을 거쳐 출시한 최신 버전의 모델입니다.

GPT-4는 폭넓은 일반 지식과 문제 해결 능력 덕분에 어려운 문제를 더욱 정확하게 해결할 수 있습니다. 개발자는 자체 모델을 처음부터 훈련할 필요 없이 GPT 모델의 성능을 활용할 수 있습니다. 특히 소규모 팀이나 개인 개발자의 경우 많은 시간과 리소스를 절약할 수 있습니다.

다음 절에서는 웹에서 ChatGPT를 사용하는 방법을 배웁니다. OpenAI 계정을 생성하고 ChatGPT 웹 인터페이스를 살펴보는 방법을 배우게 됩니다.

웹에서 ChatGPT 사용

OpenAI 웹사이트를 통해 ChatGPT와 상호작용하는 것은 매우 간단합니다. OpenAI는 https://chat.openai.com 에서 찾을 수 있는 웹 기반 인터페이스를 제공하므로 사용자는 사전 코딩 지식이나 설정 없이도 모델과 상호작용할 수 있습니다. 웹사이트를 방문하면 질문이나 프롬프트를 입력하기 시작하면 모델이 최상의 답변 또는 생성된 텍스트를 생성합니다. 특히 ChatGPT 웹은 사용자가 대화의 맥락을 추적하고 AI와의 모든 상호 작용 기록을 저장할 수 있는 다양한 설정과 옵션도 제공합니다. 웹 기반 AI 상호 작용에 대한 이러한 풍부한 기능을 통해 사용자는 모델의 기능을 손쉽게 실험하고 방대한 잠재적 애플리케이션에 대한 통찰력을 얻을 수 있습니다. 웹 기반 인터페이스를 시작하려면 다음 절에서 자세히 다룰 OpenAI에 계정을 등록해야 합니다. 계정을 만든 후에는 웹 인터페이스에 접근하여 AI 상호 작용을 향상시키기 위한 다양한 설정 및 옵션을 포함하여 모델의 기능을 탐색할 수 있습니다.

OpenAI 계정 만들기

ChatGPT 또는 ChatGPT API를 사용하기 전에 OpenAI 웹사이트에서 계정을 생성해야 하며, 이를 통해 회사가 개발한 모든 도구에 접근할 수 있습니다. 이를 위해 https://chat.openai.com 을 방문하면 그림 1.1과 같이 로그인하거나 새 계정을 등록하라는 메시지가 표시됩니다:

그림 1.1 OpenAI 시작 창

Sign up 버튼을 클릭하고 안내에 따라 등록 창에 접근하기만 하면 됩니다(그림 1.2 참조). 여기에서 이메일 주소를 입력하고 **Continue**를 클릭하거나 Google 또는 Microsoft 계정을 사용하여 등록할 수 있습니다. 이 단계가 완료되면 다른 웹사이트 등록 절차와 마찬가지로 비밀번호를 선택하고 이메일을 인증할 수 있습니다.

등록 절차를 완료하면 ChatGPT의 모든 기능을 탐색할 수 있습니다. 그림 1.1에 표시된 **로그인** 버튼을 클릭하고 **Log in** 창에 자격 증명을 입력하기만 하면 됩니다. 로그인에 성공하면 ChatGPT 및 기타 모든 OpenAI 제품에 대한 전체 접근 권한을 얻게 됩니다. 이렇게 간단한 접근 방식을 통해 ChatGPT의 모든 기능을 원활하게 탐색하고 자연어 처리 작업을 위한 강력한 도구가 된 이유를 직접 확인할 수 있습니다.

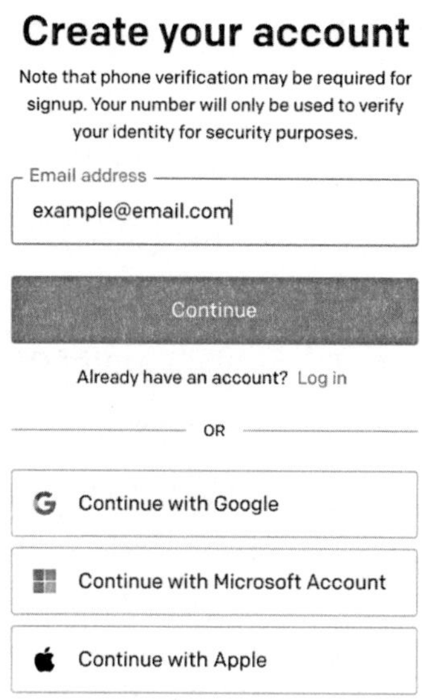

그림 1.2 OpenAI 등록 창

이제 ChatGPT 웹 인터페이스의 특징과 기능을 더 자세히 살펴볼 수 있습니다. 인터페이스를 탐색하고 다양한 옵션을 최대한 활용하여 AI 모델에서 최상의 결과를 얻는 방법을 보여드리겠습니다.

ChatGPT 웹 인터페이스

ChatGPT 웹 인터페이스를 통해 사용자는 AI 모델과 상호 작용할 수 있습니다. 사용자가 서비스에 등록하고 로그인하면 채팅 창에 텍스트 프롬프트나 질문을 입력하고 모델로부터 응답을 받을 수 있습니다. Message ChatGPT… 텍스트 필드를 사용하여 ChatGPT에 무엇이든 물어볼 수 있습니다. 채팅 창에는 그림 1.3과 같이 이전 메시지와 프롬프트도 표시되므로 사용자는 대화의 맥락을 추적할 수 있습니다:

그 외에도 ChatGPT를 사용하면 모델과의 상호 작용 기록을 쉽게 기록할 수 있습니다. 사용자의 채팅 로그는 자동으로 저장되며, 나중에 왼쪽 사이드바에서 참조 또는 분석을 위해 접근할 수 있습니다. 이 기능은 모델과의 대화를 추적하고 시간에 따른 성능을 평가하려는 연구자나 개인에게 특히 유용합니다. 채팅 로그는 다른 모델을 훈련하거나 다른 모델의 성능을 비교하는 데에도 사용할 수 있습니다. 이제 다양한 ChatGPT 모델의 발전된 기능을 구분하여 사용할 수 있습니다. 또한 웹에서 계정을 생성하고 API 키를 생성하는 등 ChatGPT를 사용할 수도 있습니다. ChatGPT API는 유연하고 사용자 정의가 가능하며 개발자의 시간과 리소스를 절약할 수 있

그림 1.3 대화 컨텍스트에 따른 ChatGPT

어 챗봇, 가상 비서 및 자동화된 콘텐츠 생성에 이상적인 선택입니다. 다음 절에서는 Python을 사용하여 ChatGPT API에 쉽게 접근하는 방법을 배워보겠습니다.

ChatGPT 시작하기 API

ChatGPT API는 OpenAI에서 개발한 애플리케이션 프로그래밍 인터페이스로, 개발자가 자연어 처리 작업을 위해 **생성형 사전 학습 트랜스포머**Generative Pre-trained Transformer, GPT 모델과 상호 작용할 수 있도록 해줍니다. 이 API는 최첨단 머신 러닝 모델을 사용하여 텍스트를 생성하고, 프롬프트를 완료하고, 질문에 답하고, 기타 자연어 처리 작업을 수행하기 위한 사용하기 쉬운 인터페이스를 제공합니다.

ChatGPT API는 챗봇, 가상 비서, 자동화된 콘텐츠 생성에 사용됩니다. 또한 언어 번역, 감성 분석, 콘텐츠 분류에도 사용할 수 있습니다. 이 API는 유연하고 사용자 정의가 가능하므로 개발자가 특정 사용 사례에 맞게 모델의 성능을 미세 조정할 수 있습니다. 이제 API 키를 얻는 과정에 대해 알아보겠습니다. 자체 애플리케이션에서 ChatGPT API에 접근하기 위한 첫 번째 단계입니다.

API 키 가져오기

ChatGPT API를 사용하려면 API 키를 받아야 합니다. 이 키는 OpenAI에서 얻을 수 있습니다. 이 키를 사용하면 API에 대한 요청을 인증하고 권한이 있는 사용자만 계정에 접근할 수 있도록 할 수 있습니다.

API 키를 받으려면 ChatGPT 자격 증명을 사용하여 https://platform.openai.com에서 OpenAI 플랫폼에 접근해야 합니다. OpenAI 플랫폼 페이지는 OpenAI 리소스를 관리할 수 있는 중앙 허브를 제공합니다. 가입한 후 API 접근 페이지(https://platform.openai.com/account/api-keys)로 이동할 수 있습니다. API 접근 페이지에서 ChatGPT API 및 기타 OpenAI 서비스에 대한 API 키를 관리할 수 있습니다. 새 API 키를 생성하고, 각 키에 연결된 권한을 확인 및 편집하고, API 사용량을 모니터링할 수 있습니다. 이 페이지에서는 이름, 유형, 생성 날짜 등 API 키에 대한 명확한 개요를 제공하며, 필요에 따라 키를 쉽게 해지하거나 다시 생성할 수 있습니다.

새로운 비밀 키 만들기 Create new secret key 버튼을 클릭하면 API 키가 생성됩니다:

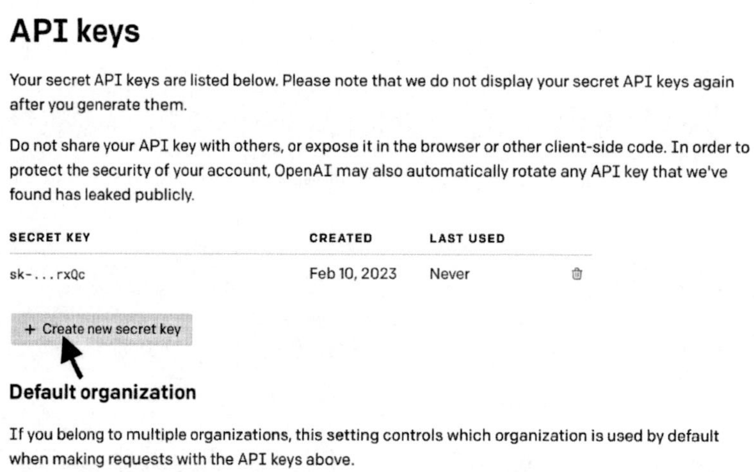

그림 1.4 API 키 생성하기

API 키를 생성한 후에는 한 번만 복사할 수 있습니다(그림 1.5 참조). 키에 접근할 수 있는 사람은 누구나 계정에 접근하여 리소스를 사용할 수 있으므로 API 키를 안전하게 기밀로 유지하는 것이 중요합니다. 또한 권한이 없는 사용자와 키를 공유하지 않도록 주의해야 하며, 공개 저장소에 키를 커밋하거나 안전하지 않은 채널을 통해 일반 텍스트로 공유하지 않도록 주의해야 합니다.

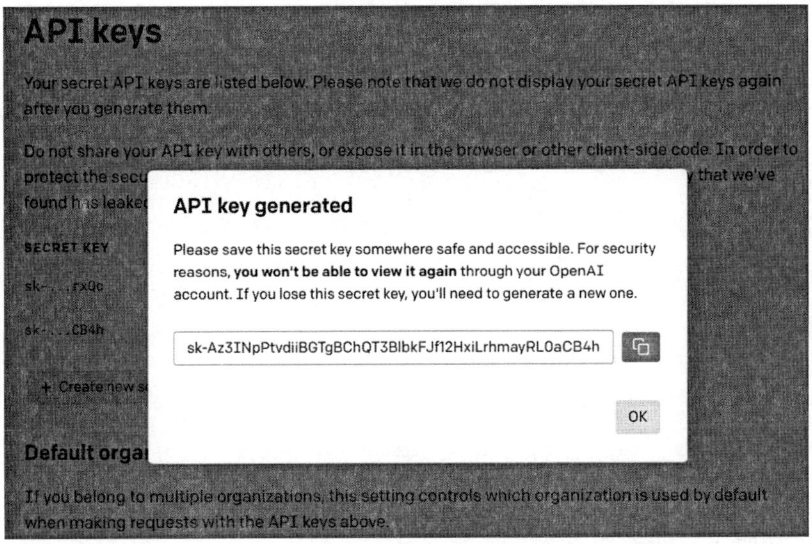

그림 1.5 API 키 저장하기

애플리케이션과 스크립트에 API 키를 복사하여 **붙여 넣으면** ChatGPT API를 사용할 수 있습니다. 이제 ChatGPT 토큰과 OpenAI 가격 모델에 대한 관련성을 살펴보겠습니다.

API 토큰 및 가격

ChatGPT API로 작업할 때는 토큰의 개념을 이해하는 것이 중요합니다. 토큰은 모델이 입력 및 출력 텍스트를 처리하고 이해하기 위해 사용하는 텍스트의 기본 단위입니다.

토큰은 단어 또는 문자 덩어리일 수 있으며, 텍스트를 더 작은 조각으로 나누어 생성됩니다. 예를 들어 '*햄버거*hamburger'라는 단어는 '*햄*ham', '*버*bur', '*거*ger'로 나눌 수 있으며, '*배*Pear'와 같이 짧은 단어는 하나의 토큰입니다. 토큰은 '*안녕하세요*Hello' 또는 '*잘 가*Bye'과 같이 공백으로 시작할 수도 있습니다.

API 요청에 사용되는 토큰의 수는 입력 및 출력 텍스트의 길이에 따라 달라집니다. 일반적으로 하나의 토큰은 영어 텍스트에서 약 4자 또는 0.75단어에 해당합니다. 텍스트 프롬프트와 생성된 응답의 길이를 합친 길이가 모델의 최대 컨텍스트 길이를 초과해서는 안 된다는 점에 유의해야 합니다. 표 1.1은 몇 가지 인기 있는 ChatGPT 모델의 토큰 제한을 보여줍니다.

표 1.1 API 모델 토큰 한도

모델	최대 토큰
gpt-4	8,192 토큰
GPT-4-32K	32,768 토큰
GPT-3.5-TURBO	4,096 토큰

텍스트가 토큰으로 변환되는 방식에 대해 자세히 알아보려면 OpenAI의 **토큰화** 도구를 확인하세요. 토큰화 도구는 텍스트가 토큰으로 변환되는 방식을 이해하는 데 유용한 리소스로, OpenAI에서 제공합니다. 이 도구는 텍스트를 개별 토큰으로 분류하고 해당 바이트 오프셋을 표시하여 텍스트의 구조를 분석하고 이해하는 데 유용할 수 있습니다.

토큰화 도구는 https://platform.openai.com/tokenizer 에서 찾을 수 있습니다. 토큰화 도구를 사용하려면 분석하려는 텍스트를 입력하고 적절한 모델과 설정을 선택하기만 하면 됩니다. 그러면 도구가 해당 바이트 오프셋과 함께 토큰 목록을 생성합니다(그림 1.6 참조).

그림 1.6 토큰화 도구

ChatGPT API 요금은 처리된 토큰 1,000개당 요금이 부과되는 구조로 되어 있으며, API 요청당 최소 요금이 부과됩니다. 즉, 입력 및 출력 텍스트가 길수록 더 많은 토큰이 처리되고 비용이 높아집니다. 표 1.2는 일반적으로 사용되는 몇 가지 ChatGPT 모델에 대한 1,000개의 토큰 처리 비용을 보여줍니다.

표 1.2 ChatGPT API 모델 가격

모델	프롬프트	컴플리션
gpt-4	$0.03 / 1K 토큰	$0.06 / 1K 토큰
GPT-4-32K	$0.06 / 1K 토큰	$0.12 / 1K 토큰
GPT-3.5-TURBO	$0.002 / 1K 토큰	$0.002 / 1K 토큰
text-davinci-003	$0.0200 / 1K 토큰	$0.0200 / 1K 토큰

중요 참고 사항

예기치 않은 요금이 청구되지 않도록 토큰 사용량을 주시하는 것이 중요합니다. **사용량** 대시보드 (https://platform.openai.com/account/usage)를 통해 사용량을 추적하고 청구 정보를 모니터링할 수 있습니다.

보시다시피 ChatGPT는 개발자가 자연어 처리 작업을 위해 GPT 모델과 상호 작용할 수 있는 사용하기 쉬운 인터페이스를 갖추고 있습니다. 토큰은 모델이 입력 및 출력 텍스트를 처리하고 이해하기 위해 사용하는 텍스트의 기본 단위입니다. ChatGPT API의 가격 구조는 처리된 토큰 수에 따라 결정되며, API 요청당 최소 요금이 부과됩니다.

다음 절에서는 ChatGPT API로 작업하기 위한 Python 개발 환경을 설정하는 방법에 대해 설명합니다. 여기에는 Python과 PyCharm IDE를 설치하고, 가상 환경을 설정하고, 필요한 Python 패키지를 설치하는 것이 포함됩니다. 또한 기본 제공 venv 모듈을 사용하여 Python 가상 환경을 만드는 방법과 PyCharm 내의 **터미널** 탭에 접근하는 방법에 대한 지침도 제공합니다.

Python 개발 환경 설정

첫 번째 코드 작성을 시작하기 전에 작업할 환경을 만들고 필요한 종속 요소를 설치하는 것이 중요합니다. 다행히도 Python에는 가상 환경을 관리하기 위한 훌륭한 도구 시스템이 있습니다. Python의 가상 환경은 복잡한 주제이지만, 이 책에서는 Global Python 설치와 고립[isolated] Python 환경이라는 것만 알아두면 충분합니다. 이러한 분리를 통해 개발자는 Python의 Global 설치를 방해하지 않고도 다양한 Python 버전으로 작업하고, 환경 내에 패키지를 설치하고, 프로젝트 종속성[project dependency]을 관리할 수 있습니다.

자연어 처리 프로젝트에서 ChatGPT API를 활용하려면 Python 개발 환경을 설정해야 합니다. 이 절에서는 다음을 포함하여 시작하는 데 필요한 단계를 안내합니다:

- Python 설치
- PyCharm IDE 설치
- pip 설치
- 가상 환경 설정
- 필요한 Python 패키지 설치하기

개발 환경이 올바르게 구성되면 ChatGPT에 API 요청을 하고 Python 코드에서 결과 응답을 처리할 수 있습니다.

Python 및 PyCharm IDE 설치하기

Python은 머신 러닝 및 데이터 분석 등 다양한 용도로 널리 사용되는 인기 프로그래밍 언어입니다. 공식 웹사이트(https://www.python.org/downloads/)에서 최신 버전의 Python을 다운로드하여 설치할 수 있습니다. Python 설치기[installer]를 다운로드한 후 지침에 따라 컴퓨터에 Python을 설치하기만 하면 됩니다. 다음 단계는 작업할 **통합 개발 환경** [Integrated Development Environment,] IDE을 선택하는 것입니다(그림 1.7 참조).

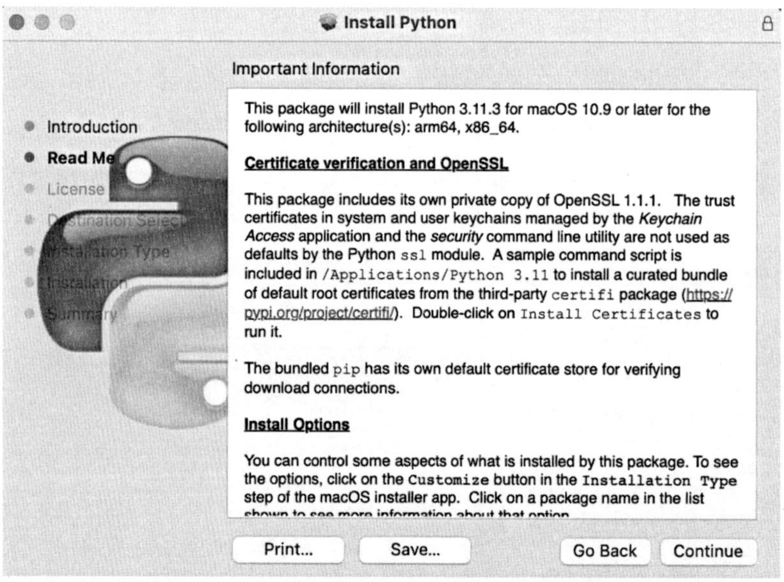

그림 1.7 Python 설치

Python 개발자들 사이에서 인기 있는 선택 중 하나는 JetBrains에서 개발한 강력하고 사용자 친화적인 IDE인 PyCharm입니다. PyCharm은 코드 완성, 디버깅 도구, 프로젝트 관리 기능 등

Python 애플리케이션을 쉽게 개발할 수 있는 다양한 기능을 제공합니다.

PyCharm을 설치하려면, JetBrains 웹사이트(https://www.jetbrains.com/pycharm/download/)에서 커뮤니티 에디션을 무료로 다운로드할 수 있습니다. 설치 프로그램을 다운로드한 후 지침에 따라 컴퓨터에 PyCharm을 설치하기만 하면 됩니다.

Python 가상 환경 설정

Python 가상 환경을 설정하는 것은 프로젝트를 위한 격리된 개발 환경을 만드는 데 있어 중요한 단계입니다. 가상 환경을 만들면 시스템의 다른 프로젝트를 방해하지 않고 특정 버전의 Python 패키지 및 종속 요소를 설치할 수 있습니다.

ChatGPT 애플리케이션 프로젝트에 맞는 Python 가상 환경을 만드는 것이 권장되는 모범 사례입니다. 이렇게 하면 컴퓨터의 Global Python 설치가 복잡해지지 않고 모든 패키지와 종속성이 프로젝트 폴더 안에 저장되도록 할 수 있습니다. 이 접근 방식은 프로젝트의 개발 및 실행을 위해 보다 체계적이고 격리된 환경을 제공합니다.

PyCharm을 사용하면 프로젝트 생성 과정 중에 직접 Python 가상 환경을 설정할 수 있습니다. 설치가 완료되면 PyCharm을 실행하고 Python으로 작업을 시작할 수 있습니다. PyCharm을 시작하면 **시작 창**Welcome Window이 표시되며 여기에서 새 프로젝트를 생성할 수 있습니다. 이렇게 하면 **새 프로젝트**New Project 창으로 이동하여 원하는 프로젝트 이름을 지정할 수 있습니다.

그리고 더 중요한 것은 Python 가상 환경을 설정하는 것입니다. 이렇게 하려면 **새 환경 사용**New environment using이 선택되어 있는지 확인해야 합니다. 이 옵션을 선택하면 장치에 설치된 Python 버전의 복사본이 생성되어 로컬 프로젝트에 저장됩니다.

그림 1.8에서 볼 수 있듯이 **위치**Location 필드에는 프로젝트 디렉터리 내에 위치한 로컬 Python 가상 환경의 디렉터리 경로가 표시됩니다. 그 아래에는 **기본 인터프리터**Base interpreter가 시스템에 설치된 Python 버전을 표시합니다. **생성**Create 버튼을 클릭하면 새 프로젝트 생성이 시작됩니다.

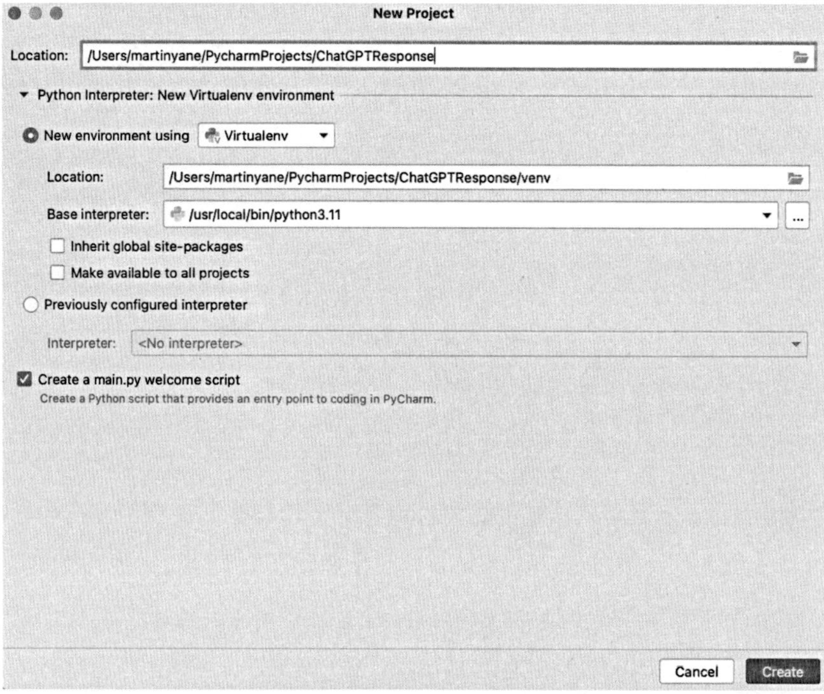

그림 1.8 PyCharm 프로젝트 설정

그림 1.9는 Python 가상 환경이 올바르게 설치 및 활성화되었음을 나타내는 두 가지 주요 표시기를 보여줍니다. 이러한 표시 중 하나는 PyCharm 프로젝트 내에 환경이 설치되었음을 증명하는 venv 폴더가 있다는 것입니다. 또한 오른쪽 아래 모서리에 Python 3.11(ChatGPTResponse)이 표시되어 가상 환경이 성공적으로 활성화되었음을 확인해야 합니다.

그림 1.9 Python 가상 환경 표시

Python에서 패키지를 설치하는 데 필요한 핵심 구성 요소는 pip입니다. 시스템에 pip가 이미 설치되어 있는지 확인하는 방법과 필요한 경우 설치하는 방법을 살펴보겠습니다.

pip 패키지 설치기

pip는 Python용 패키지 설치기입니다. 이를 통해 **openai와** 같은 타사 Python 라이브러리 및 패키지를 쉽게 설치하고 관리할 수 있습니다. 최신 버전의 Python을 사용하는 경우 **pip가** 이미 설치되어 있어야 합니다. 명령 프롬프트나 터미널을 열고 pip를 입력한 다음 Enter 키를 입력하면 시스템에 pip가 설치되어 있는지 확인할 수 있습니다. pip가 설치되어 있으면 사용법과 명령을 설명하는 몇 가지 출력이 표시될 것입니다.

시스템에 pip가 설치되어 있지 않은 경우 다음 단계에 따라 설치할 수 있습니다:

1. 먼저, 공식 Python 웹 사이트에서(https:// bootstrap.pypa.io/get-pip.py), get-pip.py 스크립트를 다운로드 합니다.
2. 데스크톱이나 다운로드 폴더 등 쉽게 접근할 수 있는 컴퓨터의 위치에 파일을 저장합니다.
3. 명령 프롬프트 또는 터미널을 열고 파일을 저장한 디렉터리로 이동합니다.
   get-pip.py 파일을 만듭니다.
4. 다음 명령을 실행하여 pip를 설치합니다: python get-pip.py
5. 설치가 완료되면 명령 프롬프트 또는 터미널에 pip를 입력하고 Enter 키를 눌러 pip가 설치되었는지 확인할 수 있습니다.

이제 시스템에 pip가 설치되어 Python용 패키지와 라이브러리를 설치하는 데 사용할 수 있습니다.

터미널에서 Python 가상 환경 구축하기

또는 Python 가상 환경을 만들려면 Python과 함께 제공되는 기본 제공 venv 모듈을 사용할 수 있습니다. PyCharm에서 프로젝트를 생성한 후 화면 하단에 있는 **터미널** 탭을 클릭합니다. **터미널**Terminal 탭이 보이지 않는 경우 메뉴 표시줄에서 **보기**View | **도구**Tool | **창**Windows | **터미널**Terminal로 이동하여 터미널 탭을 열 수 있습니다. 그런 다음 다음 명령을 실행합니다:

```
$ python3 -m venv myenv
```

이렇게 하면 가상 환경이 포함된 myenv라는 새 디렉터리가 생성됩니다. 이 디렉터리에서 myenv를 원하는 이름으로 바꾸세요.

가상 환경을 활성화하려면 다음 명령을 실행합니다:

- Windows에서

```
$ myenv\Scripts\activate.bat
```

- macOS 또는 Linux에서:

```
$ source myenv/bin/activate
```

활성화되면 명령 프롬프트나 터미널에 가상 환경의 이름이 표시됩니다. 여기에서 시스템의 다른 Python 설치를 방해하지 않고 프로젝트에 필요한 패키지나 종속 요소를 설치할 수 있습니다.

이 가이드는 자연어 처리 프로젝트에서 ChatGPT API를 사용하기 위한 Python 개발 환경을 설정하는 방법에 대한 전체 안내서입니다. 이 단계에는 Python, PyCharm IDE 및 pip 설치와 가상 환경 설정이 포함되어 있습니다. 가상 환경 설정은 프로젝트를 위한 격리된 개발 환경을 만드는 데 있어 매우 중요한 단계였습니다. 이제 Python으로 ChatGPT API를 사용하여 OpenAI 라이브러리와 상호 작용하는 첫 번째 실습을 완료할 준비가 되었습니다.

간단한 ChatGPT API 응답

Python에서 ChatGPT API를 사용하는 것은 비교적 간단한 과정입니다. 먼저 ChatGPTResponse라는 새 PyCharm 프로젝트를 만들어야 합니다(그림 1.8 참조). 일단 설정이 완료되면 OpenAI Python 라이브러리를 사용하여 ChatGPT API와 상호 작용할 수 있습니다. PyCharm에서 새 터미널을 열고 프로젝트 폴더에 있는지 확인한 다음 openai 패키지를 설치합니다:

```
$ pip install openai
```

다음으로 PyCharm 프로젝트에 새 Python 파일을 만들어야 합니다. 왼쪽 상단 모서리에서 **ChatGPTResponse | 새로 만들기 | Python 파일**을 마우스 오른쪽 버튼으로 클릭합니다. 파일 이름을 app.py로 지정하고 *Enter* 키를 누릅니다. 이제 프로젝트 디렉토리에 새 Python 파일이 생겼을 것입니다.

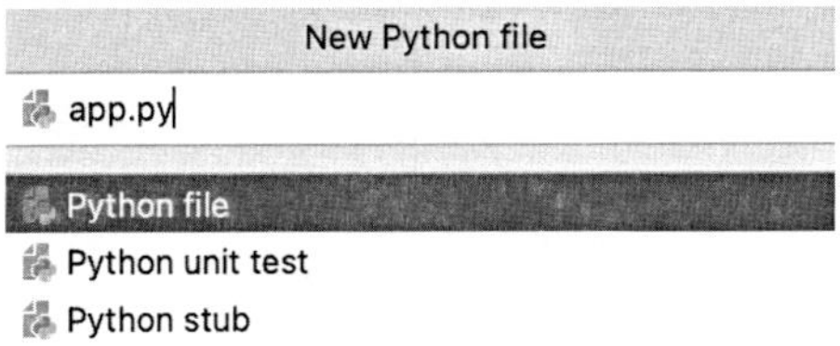

그림 1.10 Python 파일 만들기

시작하려면 먼저 Python 파일에 openAI 라이브러리를 가져와야 합니다. 또한 OpenAI API 키를 제공해야 합니다. 이 책의 이전 절에 설명된 단계에 따라 OpenAI 웹사이트에서 API 키를 얻을 수 있습니다. 그런 다음 Python 코드에서 매개변수로 설정해야 합니다. API 키가 설정되면 ChatGPT API와 상호작용을 시작할 수 있습니다:

```
import openai
openai.api_key = "YOUR_API_KEY"
```

YOUR_API_KEY를 OpenAI 플랫폼 페이지에서 얻은 API 키로 바꿉니다. 이제 input() 함수를 사용하여 사용자에게 질문을 할 수 있습니다:

```
question = input("What would you like to ask ChatGPT? ")
```

input() 함수는 사용자에게 ChatGPT API에 질문할 내용을 입력하라는 메시지를 표시하는 데 사용됩니다. 이 함수는 프로그램이 실행될 때 사용자에게 표시되는 문자열을 인수로 받습니다. 이 경우 질문 문자열은 "ChatGPT에 무엇을 묻겠습니까? What would you like to ask ChatGPT?"입니다. 사용자가 질문을 입력하고 Enter 키를 누르면 input() 함수는 사용자가 입력한 문자열을 반환합니다. 그런 다음 이 문자열이 question 변수에 할당됩니다.

Python 스크립트에서 ChatGPT로 사용자 질문을 전달하려면 ChatGPT API Completion 함수를 사용해야 합니다:

```
response = openai.Completion.create(
    engine="text-davinci-003",
    prompt=question,
    max_tokens=1024,
    n=1,
    stop=None,
    temperature=0.8,
)
```

코드의 openai.Completion.create() 함수는 사용자 입력 프롬프트의 완료를 생성하기 위해 ChatGPT API에 요청을 보내는 데 사용됩니다. 엔진 매개 변수를 사용하면 요청에 사용할 GPT 모델의 특정 변형 또는 버전을 지정할 수 있으며, 이 경우 "text-davinci-003"으로 설정되어 있습니다. 프롬프트 매개 변수는 API가 완료할 텍스트 프롬프트prompt (이 경우 사용자의 입력 질문)를 지정합니다.

max_tokens 매개변수는 요청과 응답에 함께 포함해야 하는 최대 토큰 수를 지정합니다. n 매개변수는 프롬프트에 대해 생성할 완료 횟수를 지정합니다. stop 매개 변수는 API가 응답 생성을 중지해야 하는 시퀀스를 지정합니다.

temperature 매개변수는 생성된 응답의 창의성을 제어합니다. 값이 클수록 창의성은 높아지지만 일관성이 떨어질 수 있고, 값이 작을수록 예측 가능성은 높아지지만 흥미도가 떨어질 수 있습니다. 이 책의 뒷부분에서 이러한 매개변수가 ChatGPT에서 수신한 응답에 어떤 영향을 미치는지 자세히 살펴보겠습니다.

이 함수는 ChatGPT API에서 생성된 응답이 포함된 **JSON 객체**를 반환하며, 다음 코드 줄에서 이 객체에 접근하여 콘솔에 인쇄할 수 있습니다:

```
print(response)
```

화면 왼쪽의 프로젝트 창에서 실행하려는 Python 파일을 찾습니다. app.py 파일을 마우스 오른쪽 버튼으로 클릭하고 컨텍스트 메뉴에서 **app.py 실행**Run app.py을 선택합니다. **실행**Run 창에 ChatGPT에 질문을 작성하라는 메시지가 표시될 것입니다(그림 1.11 참조).

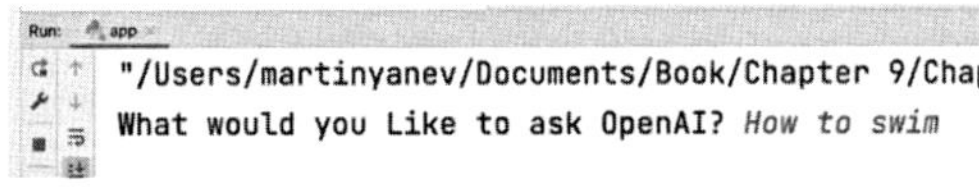

그림 1.11 ChatGPT에 질문하기

질문을 입력한 후 Enter 키를 눌러 ChatGPT API에 요청을 제출합니다. ChatGPT API 모델에 의해 생성된 응답은 **실행**Run 창에 완전한 JSON 객체로 표시됩니다:


```
{
    "choices": [
        {
            "finish_reason": "stop",
            "index": 0,
            "logprobs": null,
            "text": "\n\n1. Start by getting in the water. If you're
swimming in a pool, you can enter the water from the side, ………….
        }
    ],
    "created": 1681010983,
    "id": "cmpl-73G2JJCyBTfwCdIyZ7v5CTjxMiS6W",
    "model": "text-davinci-003",
    "object": "text_completion",
    "usage": {
    "completion_tokens": 415,
    "prompt_tokens": 4,
    "total_tokens": 419
    }
}
```


OpenAI API에서 생성된 이 JSON 응답에는 GPT-3 모델에서 생성된 응답에 대한 정보가 포함되어 있습니다. 이 응답은 다음 필드로 구성됩니다:

- choices 필드에는 생성된 응답이 있는 객체 배열이 포함되며, 이 경우 매개 변수 n=1로 하나의 응답 객체만 포함됩니다.
- 응답 개체 내의 text 필드에는 GPT-3 모델에 의해 생성된 실제 응답이 포함됩니다.
- finish_reason 필드는 응답이 생성된 이유를 나타내며, 이 경우 모델이 요청에 제공된 **중지**Stop 조건에 도달했기 때문입니다. 이 경우 stop=None이므로 ChatGPT API의 전체 응답이 반환되었습니다.
- created 필드에는 응답이 생성된 시점의 유닉스 타임스탬프Unix Timestamp가 지정됩니

다.

- id 필드는 이 응답을 생성한 API 요청의 고유 식별자입니다.
- model 필드에는 응답을 생성하는 데 사용된 GPT-3 모델을 지정합니다.
- object 필드는 반환된 객체의 유형을 지정하며, 이 경우 text_completion입니다.
- usage 필드는 API 요청의 리소스 사용량에 대한 정보를 제공합니다. 여기에는 완료에 사용된 토큰 수, 프롬프트에 사용된 토큰 수, 사용된 총 토큰 수에 대한 정보가 포함됩니다.

응답에서 가장 중요한 매개변수는 ChatGPT API에 요청한 질문에 대한 답변이 포함된 text 필드입니다. 그렇기 때문에 대부분의 API 사용자는 JSON 객체에서 해당 매개변수만 접근하기를 원합니다. 다음과 같이 본문에서 텍스트를 쉽게 분리할 수 있습니다:

```
answer = response["choices"][0]["text"]
print(answer)
```

이 접근 방식을 따르면 응답 변수에 완전한 ChatGPT API 텍스트 응답이 저장되도록 보장할 수 있으며, 이를 인쇄하여 확인할 수 있습니다. ChatGPT 응답은 입력에 따라 크게 다를 수 있으므로 각 응답이 고유하다는 점에 유의하세요.

```
OpenAI:
1. Start by getting in the water. If you're swimming in a pool, you can enter the water from
   the side, ladder, or diving board. If you are swimming in the ocean or lake, you can enter
   the water from the shore or a dock.

2. Take a deep breath in and then exhale slowly. This will help you relax and prepare for
   swimming.
```

```
1. 먼저 물에 들어가세요. 수영장에서 수영하는 경우 측면, 사다리 또는 다이빙 보드에서 물에 들어
   갈 수 있습니다. 바다나 호수에서 수영하는 경우 해안가나 선착장에서 물에 들어갈 수 있습니다.

2. 숨을 깊게 들이마셨다가 천천히 내쉬세요. 이렇게 하면 긴장을 풀고 수영을 준비하는 데 도움이
   됩니다.
```

ChatGPT는 방대한 데이터에서 접근할 수 있는 다양한 주제에 걸쳐 수많은 NLP 작업에 사용할 수 있습니다. 여기에 설명된 것처럼 스크립트를 활용하여 다양한 전문 분야에 대해 문의하고 ChatGPT API로부터 고급 응답을 받을 수 있습니다:

1. 수학[Mathematic]:

  - 사용자: 256의 제곱근은 무엇인가요?[User: What is the square root of 256?]

  - ChatGPT: 256의 제곱근은 16입니다.[ChatGPT: The square root of 256 is 16]

2. 감정 분석[Sentiment analysis]:

  - 사용자: "오늘 좋은 하루를 보냈어요!"라는 문장의 감성을 분석합니다.[User: Analyze the sentiment of the sentence "I had a great day today!"]

  - ChatGPT: "오늘 좋은 하루를 보냈어요!"라는 문장의 감정은 긍정적입니다.[ChatGPT: Th e sentiment of the sentence "I had a great day today!" is positive.]

3. 프로그래밍[Programming]:

  - 사용자: Python에서 변수를 어떻게 선언하나요?[User: How do you declare a variable in Python?]

  - ChatGPT: Python에서 변수를 선언하려면 다음과 같은 구문을 사용할 수 있습니다: variable_ name = value.[ChatGPT: To declare a variable in Python, you can use the following syntax: variable_name = value.]

4. 과학[Science]:

  - 사용자: 식물의 광합성 과정은 무엇인가요?[User: What is the process of photosynthesis in plants?]

  - ChatGPT: 식물의 광합성 과정은 빛 에너지를 화학 에너지로 변환하는 기본적인 작용입니다.[ChatGPT: The process of photosynthesis in plants is the fundamental mechanism by which they convert light energy into chemical energy.]

5. 문학[Literature]:

  - 사용자: 셰익스피어Shakespeare의희곡'햄릿Hamlet '의 주요 테마는 무엇인가요?[User: What are the major themes in Shakespeare's play "Hamlet"?]

  - ChatGPT: 셰익스피어의 가장 유명한 비극인 '햄릿'은 관객을 사로잡고 생각을 자극하는 몇 가지 주요 테마를 탐구합니다.[ChatGPT: "Hamlet," one of Shakespeare's most renowned tragedies, explores several major themes that continue to captivate audiences and provoke thought.]

이 절에서는 OpenAI Python 라이브러리를 사용하여 사용자의 입력 프롬프트/질문 완료를 생성하는 요청을 전송하여 ChatGPT API와 상호 작용하는 방법을 배웠습니다. 또한 API 키를 설정하는 방법과 사용자에게 질문을 입력하라는 메시지를 표시하는 방법, 마지막으로 응답에 대한 정보가 포함된 JSON 객체 형태로 ChatGPT에서 생성된 응답에 접근하는 방법도 배웠습니다. 이제 더 복잡한 프로젝트를 구축하고 ChatGPT API를 다른 프레임워크와 통합할 준비가 되었습니다.

요약

이 장에서는 ChatGPT API를 시작하기 위한 기본 사항을 배웠습니다. 자연어 처리의 개념과 ChatGPT가 이 분야에 어떤 혁신을 가져왔는지 살펴보았습니다. 또한 웹 인터페이스를 통해 ChatGPT API에 접근하는 방법과 OpenAI 계정을 만드는 방법도 배웠습니다.

API 키, API 토큰, 가격 책정 등 ChatGPT API 사용에 대한 기술적 세부 사항을 자세히 살펴보았습니다. 특히 PyCharm IDE를 사용하여 Python 개발 환경을 설정하는 방법과 가상 환경을 만드는 방법을 다루었습니다. ChatGPT API 사용을 시작하는 데 도움을 드리기 위해 ChatGPT API 응답을 얻는 간단한 예제를 안내해 드렸습니다.

2장, 'ChatGPT 클론 구축하기'에서는 이전 장에서 습득한 기초 지식을 바탕으로 Flask 프레임워크를 사용해 자신만의 ChatGPT 클론을 만드는 과정을 안내합니다. 이 장에서는 첫 번째 엔드 투 엔드 AI 애플리케이션을 개발하기 위해 ChatGPT API를 Flask와 원활하게 통합하는 방법에 대한 포괄적인 개요를 제공합니다.

제2장
ChatGPT 클론 구축하기

이 장과 이 책에서 소개하는 첫 번째 애플리케이션은 OpenAI의 강력한 언어 모델을 활용하여 사용자 입력에 대해 사람과 같은 응답을 생성하는 ChatGPT 클론입니다. 이 애플리케이션은 Python용 경량 웹 프레임워크인 Flask를 사용하여 구축하고, 사용자가 상호 작용할 수 있는 간단하고 우아한 프론트엔드 인터페이스를 갖추고 있습니다. 사용자는 몇 줄의 코드만으로 텍스트를 입력하고 OpenAI 언어 모델에 의해 생성된 응답을 받을 수 있습니다. 구체적으로 이 애플리케이션은 다음과 같은 작업을 수행할 수 있습니다:

- 챗봇과 상호작용할 수 있는 간단한 브라우저 채팅 인터페이스를 렌더링합니다.
- 챗봇은 사용자 입력을 수락하여 ChatGPT API로 전송합니다.
- ChatGPT API의 응답을 사용자에게 표시합니다.
- 채팅 기록을 표시합니다.

복제 앱은 사용자의 입력을 받아 OpenAI의 API로 전송하고 응답을 받아 사용자에게 실시간으로 표시할 수 있습니다. 이 앱은 다양한 OpenAI 모델과 생성된 텍스트의 길이와 같은 기타 옵션을 사용할 수 있도록 사용자 정의할 수 있습니다.

프로젝트를 단순하게 유지하기 위해 챗봇은 상황에 맞는 대화를 유지할 수 있는 기능이 부족합니다. 개별 쿼리를 기반으로 응답을 생성하지만 이전 상호 작용의 정보를 유지할 수 있는 메모리를 보유하지 않습니다. 6장, *ChatGPT*와 *Microsoft Word을 포함한 언어 번역 데스크톱 앱*에서 GPT-3.5 터보 언어 모델을 사용하는 ChatGPT API 대화 컨텍스트를 살펴보겠습니다. 여기서는 챗봇이 진행 중인 대화의 맥락에서 일관되게 이해하고 응답할 수 있도록 하는 기술과 도구를 살펴봅니다.

이 장에서는 다음 주제를 다룹니다:

- Flask를 사용하여 ChatGPT 클론 만들기.
- ChatGPT 클론에 대한 프론트엔드 HTML을 생성합니다.
- ChatGPT API 엔드포인트 가로채기.
- 텍스트 생성을 위한 OpenAI의 ChatGPT API.
- AJAX를 사용하여 프론트엔드에서 백엔드로 사용자 입력을 전달합니다.
- 생성된 텍스트를 프론트엔드에 표시합니다.

플라스크에서 ChatGPT 클론을 구축할 때 몇 가지 유의해야 할 사항이 있습니다. 의존성을 컴퓨터의 다른 프로젝트와 분리하기 위해 Python 가상 환경을 설정하는 것이 중요합니다. 이렇게 하면 프로젝트에 필요한 모든 종속성이 있고 다른 프로젝트와 충돌하지 않도록 보장할 수 있습니다. 또한 무단 접근을 방지하기 위해 ChatGPT API 키를 안전하게 저장해야 합니다. 또한, 처리된 토큰 수에 따라 가격이 책정되므로 API 요청을 신중하게 관리하는 것이 중요합니다. 마지막으로 플라스크는 애플리케이션을 구성하는 방식에 유연성을 제공하지만, 프로젝트가 성장함에 따라 코드를 체계적이고 유지 관리하기 쉽게 유지하는 것이 중요합니다.

기술 요구 사항

이 장의 내용을 충분히 활용하려면 몇 가지 기본 도구가 필요합니다. 이전 장에서 다루지 않은 모든 설치에 대한 심층적인 설명이 제공됩니다.

다음이 필요합니다:

- 컴퓨터에 Python 3.7 이상이 설치되어 있어야 합니다.
- OpenAI 계정에서 얻은 OpenAI API 키
- PyCharm과 같은 코드 편집기(권장)
- Python 가상 환경에 설치된 Flask 프레임워크

이 장의 코드 예제는 https://github.com/ PacktPublishing/Building-AI-Applications-with-ChatGPT-APIs/tree/ main/Chapter02%20ChatGPTClone에서 확인할 수 있습니다.

다음 절에서는 사용자 입력에 대한 응답을 생성하기 위해 ChatGPT API와 통신하는 백엔드를 설정하여 Flask로 ChatGPT 클론 구축을 시작하겠습니다. 간단한 Flask 애플리케이션을 만들고

ChatGPT API를 통합하여 점진적으로 개선해 나가겠습니다. 또한 보안을 강화하기 위해 코드를 구조화하고 ChatGPT API 키를 환경 변수로 저장할 것입니다.

Flask를 사용하여 ChatGPT 클론 만들기

Flask로 ChatGPT 클론을 만들려면 사용자 입력에 대한 응답을 생성하기 위해 ChatGPT API와 통신하는 백엔드를 설정해야 합니다. Flask는 ChatGPT 클론을 포함한 웹 애플리케이션을 만드는 데 사용할 수 있는 인기 있는 Python 웹 프레임워크입니다. 간단한 Flask 애플리케이션을 만드는 것으로 프로젝트를 시작하고 ChatGPT API, 추가 웹 페이지 및 프론트엔드를 통합하여 점차적으로 개선해 나갈 것입니다.

시작하려면 새 PyCharm 프로젝트를 시작하고 ChatGPT_Clone이라는 이름을 지정합니다. 애플리케이션의 백엔드 역할을 할 app.py라는 새 파일을 생성하여 Flask를 정의합니다.

애플리케이션을 다운로드하고 ChatGPT API와 상호 작용합니다. 프로젝트를 생성한 후에는 pip를 사용하여 플라스크 패키지를 설치해야 합니다. 프로젝트의 터미널에서 다음 명령을 실행하면 됩니다:

```
$ pip install flask
```

Flask를 설치한 후 Flask 애플리케이션 구축을 시작할 수 있습니다. 이렇게 하려면 새 Python 파일을 생성하고 Flask 모듈을 임포트해야 합니다. 그런 다음 Flask 클래스의 새 인스턴스를 생성하고 애플리케이션의 이름을 인수로 전달해야 합니다. app.py 파일에서 새 Flask 앱을 생성하는 방법은 다음과 같습니다:

```
from flask import Flask
app = Flask(__name__)
```

Flask에서 경로는 사용자가 애플리케이션에서 방문할 수 있는 URL 경로입니다. app.route 데코레이터[Decorator]와 Python 함수를 사용하여 경로를 정의할 수 있습니다. Hello, World!를 표시하는 경로를 다음과 같이 만들어 보겠습니다:

```
@app.route("/")
def index():
    return "Hello, World!"
```

마지막으로 app.run() 메서드를 사용하여 Flask 앱을 실행할 수 있습니다. 이렇게 하면 웹 브라우저에서 접근할 수 있는 개발 서버를 시작할 수 있습니다:

```
if __name__ == "__main__":
 app.run()if __name__ ==    "__main__":
 app.run()
```

실행 구성을 생성했으면 PyCharm의 도구 모음에서 **실행**[Run] 버튼을 클릭하거나 app.py를 마우스 오른쪽 버튼으로 클릭하고 **실행**[Run] 옵션을 선택하여 Flask 애플리케이션을 실행할 수 있습니다. 그러면 그림 2.1과 같이 **실행**창에 Flask 애플리케이션의 URL이 표시됩니다:

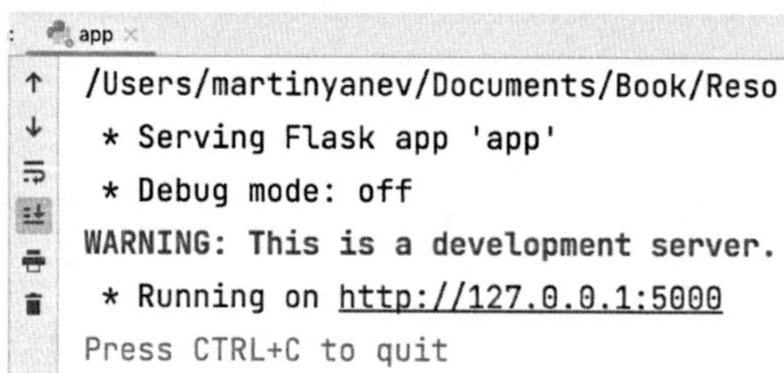

그림 2.1 플라스크 애플리케이션 URL

이 단계를 통해 사용자가 애플리케이션의 루트 URL을 방문할 때 Hello, World!를 표시하는 기본 Flask 애플리케이션을 구축할 수 있습니다. 여기에서 Flask 앱에 더 많은 경로, 템플릿, 기능을 추가하여 ChatGPT API로 더 복잡한 웹 애플리케이션을 구축할 수 있습니다(그림 2.2 참조).

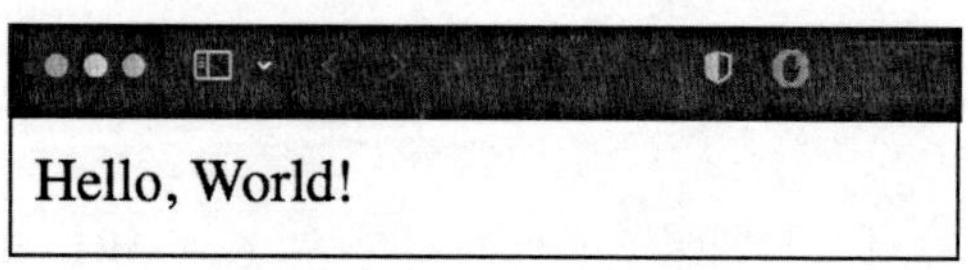

그림 2.2 플라스크 신청 페이지

모든 ChatGPT 애플리케이션은 API 키 설정으로 시작됩니다. Python 파일에서 ChatGPT API 키를 사용할 때는 일반적으로 *간단한 ChatGPT API 응답을* 작성할 때와 마찬가지로 파일에 직접 키를 하드코딩하므로 코드 자체에서 키를 볼 수 있습니다. 누군가 코드에 접근하거나 실수로 코드를 공개 **레파지토리**에 푸시push하는 경우 보안 위험이 발생할 수 있습니다.

반면에 ChatGPT API 키를 환경 변수로 추가하면 키가 코드 베이스code bass 외부에 저장되어 런타임에 코드에서 접근할 수 있습니다. 이렇게 하면 키가 코드 자체에 보이지 않고 코드를 수정하지 않고도 쉽게 변경할 수 있으므로 보안이 더욱 강화됩니다.

API 키를 안전하게 저장하는 또 다른 방법은 Git **레파지토리** 외부에 보관하는 별도의 파일에 추가하는 것입니다. 이 접근 방식을 따르기 위해 config.py를 생성한 다음 config 패키지를 사용하여 app.py에서 이 파일에 접근해 보겠습니다. 다음 코드는 두 파일을 적절하게 구조화 하는 방법의 예시입니다:

config.py

```
API_KEY = "YOUR_API_KEY"
```

app.py

```
from flask import Flask
import config

openai.api_key = config.API_KEY

app = Flask(__name__)

@app.route("/")
def index():
    return "Hello, World!“

if __name__ == "__main__":
    app.run()
```

중요 참고 사항

프로젝트를 Git 레파지토리에 푸시push하려는 경우, 실수로 API 키를 버전 제어에 커밋하는 것을 방지하기 위해 프로젝트의 .gitignore 파일에 config.py 파일을 추가하는 것이 중요합니다.

index() 함수가 프론트엔드에서 HTML 템플릿을 반환하도록 구성하여 함수의 기능을 수정해

보겠습니다:

```
@app.route("/")
def index():
    return render_template("index.html")
```

이 코드는 애플리케이션의 루트 URL인 ("/")에 대한 Flask 경로를 정의합니다. 사용자가 루트 URL로 이동하면 Flask는 @app.route("/")로 장식된 함수를 호출합니다.

이 함수는 render_template("index.html")의 결과를 반환합니다. render_template 함수는 HTML 템플릿을 렌더링하는 Flask 메서드입니다. 이 경우 텍스트 절에 생성될 index.html 템플릿을 렌더링합니다. render 함수를 통합하도록 임포트[import]를 수정할 수도 있습니다:

```
from flask import Flask, render_template
```

이 코드의 목적은 사용자가 애플리케이션으로 이동할 때 초기 웹 페이지를 제공하는 것입니다. index.html 파일은 일반적으로 사용자가 웹 애플리케이션을 불러올 때 가장 먼저 보게 되는 페이지입니다. 이 페이지에서 사용자는 ChatGPT API로 채팅을 시작하기 위해 초기 입력을 입력하게 됩니다.

다음 단계는 ChatGPT API에서 응답을 가져오는 함수를 구축하여 채팅 클론에서 해당 응답을 사용할 수 있도록 하는 것입니다. index() 함수 바로 아래에 get_bot_response() 함수를 구축하면 쉽게 할 수 있습니다:

```
@app.route("/get")
def get_bot_response():
    userText = request.args.get('msg')
    response = openai.Completion.create(
        engine="text-davinci-003",
        prompt=userText,
        max_tokens=1024,
        n=1,
        stop=None,
        temperature=1,
    )
    answer = response["choices"][0]["text"]
    return str(answer)
```

이 코드는 Flask 앱에 대한 /get 경로를 설정합니다. 사용자가 이 경로에 요청을 하면 get_bot_response()가 호출됩니다.

request.args.get() 메서드는 URL 쿼리 문자열Query string에서msg 매개변수 값을 검색하는데 사용됩니다. 이 매개변수는 ChatGPT API의 입력으로 사용됩니다. 나중에 프론트엔드에 선택 시 /get을 활성화하는 버튼을 만들 것입니다.

openai.Completion.create() 메서드는 ChatGPT API에서 응답을 생성하는 데 사용됩니다. 이 메서드에는 사용할 엔진과 API에 제공할 프롬프트와 응답에 생성할 토큰 수와 같은 여러 매개 변수가 사용됩니다.

응답을 생성한 후 함수는 사전 키dictionary keys를 사용하여 API의 JSON 응답에서 응답 텍스트를 추출합니다. 마지막으로 응답은 문자열로 반환됩니다.

사용자가 메시지를 입력하고 보내기를 누르면 자바스크립트 코드가 이 경로로 HTTP 요청을 보내 AI 응답을 가져온 다음 웹 페이지에 표시합니다.

챗봇 애플리케이션의 백엔드를 완성하려면 임포트import를 업데이트하고 get_bot_response()에 필요한 패키지를 추가하는 것이 중요합니다:

```
from  flask import Flask, request, render_template
import openai
import config
```

Flask를 설치하고, 경로를 정의하고, API 키를 설정하고, HTML 템플릿을 만들고, ChatGPT API에서 응답을 가져오는 함수를 작성하여 Flask 애플리케이션을 효율적으로 만들 수 있는 방법을 설명합니다. 또한 구성 파일을 구성하는 방법과 API 키 보안의 중요성에 대해 강조했습니다.

다음 절에서는 백엔드 엔드포인트를 채팅 애플리케이션의 프론트엔드에 연결하는 방법을 배웁니다. 또한 jQuery를 사용하여 프론트엔드와 백엔드 간의 통신을 처리하여 채팅 애플리케이션에서 실시간 메시징이 가능하도록 할 것입니다.

프론트엔드 HTML 생성

채팅 애플리케이션의 프론트엔드를 생성하는 데 필요한 HTML과 CSS를 만들어 보겠습니다. HTML, CSS, **부트스트랩**Bootstrap을 사용하여 사용자 인터페이스를 만들고 jQuery를 사용하여 프론트엔드와 백엔드 간의 통신을 처리할 것입니다. HTML과 CSS는 사용자 인터페이스의 구조와 스타일을 만드는 역할을 담당합니다.

Flask 웹 애플리케이션을 만들 때 HTML 파일은 템플릿이라는 별도의 폴더에 보관하는 것이 좋습니다. Flask는 재사용 가능한 HTML 코드를 템플릿이라는 더 작고 다시 사용 가능한 조각으로 분리하여 보다 모듈화를 한 방식으로 작성할 수 있는 Jinja2 템플릿 엔진을 사용하기 때문입니다.

템플릿 폴더를 만들려면 프로젝트 디렉토리에 새 디렉토리를 만들고 이름을 템플릿으로 지정하면 됩니다. 템플릿 폴더 안에 HTML 파일(이 경우 index.html)을 만들 수 있습니다. 이렇게 하려면 템플릿 폴더를 마우스 오른쪽 버튼으로 클릭하고 **새로 만들기 | HTML 파일**[New | HTML files]을 선택합니다. 프로젝트 디렉토리의 모습은 다음과 같습니다:

```
ChatGPTChatBot/
├── config.py
├── app.py
├── templates/
│   └── index.html
```

templates 폴더를 생성하는 것이 중요한 이유는 HTML 파일을 Python 코드와 별도로 구성할 수 있어 웹 애플리케이션을 더 쉽게 관리하고 수정할 수 있기 때문입니다. 또한 Flask 프레임워크는 HTML 템플릿을 렌더링하기 위해 템플릿 폴더를 찾도록 특별히 설계되었기 때문에 Flask 애플리케이션이 제대로 작동하려면 이 폴더를 만들어야 합니다.

이제 HTML과 **부트스트랩**[Bootstrap]을 사용하여 채팅 애플리케이션의 프론트엔드를 만들 수 있습니다. 처음에 프론트엔드 코드에는 채팅 창[chat window], 입력 필드[input field], 제출 버튼[submit button]이 있는 기본 레이아웃이 포함됩니다. index.html 파일에 다음 코드를 포함할 수 있습니다:

```
<!DOCTYPE  html>
<html>
<head>
    <title>OpenAI GPT Chat</title>
</head>
<body>
    <div class="container">
        <h2>OpenAI GPT Chat</h2>
```

```
        <hr>
        <div class="panel panel-default">
            <div class="panel-heading">Chat Messages</div>
            <div class="panel-body" id="chat">
                <ul class="list-group">
                </ul>
            </div>
        </div>
        <div class="input-group">
            <input type="text" id="userInput" class="form-control">
            <span class="input-group-btn">
                <button class="btn btn-default" id="submit">Submit
                    </button>
            </span>
        </div>
    </div>
</body>
</html>
```

코드 시작 부분의 <!DOCTYPE html> 선언은 문서 유형과 버전을 나타냅니다. <html> 태그는 HTML 문서의 시작을 나타내며, <head> 태그에는 <title> 태그에 지정된 문서 제목과 같은 문서에 대한 정보가 포함되어 있습니다. <body> 태그에는 채팅 내역 및 사용자 메시지를 포함하여 브라우저에 표시되는 문서의 볼 수 있는 콘텐츠가 포함됩니다.

HTML에서 div 요소는 다른 HTML 요소를 그룹화하여 그룹으로 스타일을 적용하는 데 사용되는 컨테이너입니다. 고유한 의미론적 의미는 없지만 웹 개발자가 레이아웃을 만들고 콘텐츠를 구조적으로 구성할 수 있는 유연성을 제공합니다.

첫 번째 <div> 요소에는 컨테이너의 클래스 특성이 있습니다. 전체 채팅 애플리케이션이 이 컨테이너 안에 포함됩니다. 또한 "OpenAI GPT Chat"이라는 텍스트가 있는 <h2> 요소도 있습니다. 이것이 채팅 애플리케이션의 제목입니다.

다음으로, 제목을 나머지 채팅 인터페이스와 구분하기 위해 가로줄을 만드는 데 사용되는 <hr> 요소가 있습니다. 그 다음에는 panel panel-default의 클래스 속성을 가진 또 다른 <div> 요소가 있습니다. 패널은 테두리가 있는 컨테이너를 구성하여 그 안의 콘텐츠를 포함하며 패딩을 통해 주변에 추가 공간을 제공합니다. 이 클래스는 채팅 메시지 기록을 담을 패널을 만드는 데 사용됩니다. 채팅 내역 창에는 두 가지 요소가 더 있습니다.

첫 번째 <div> 요소에는 panel-heading의 클래스 속성이 있으며 "Chat Messages"라는 텍스트가 포함되어 있습니다. 이것이 채팅 메시지가 표시될 패널의 제목입니다.

두 번째 <div> 요소에는 panel-body 라는 클래스 속성과 chat이라는 id 속성이 있습니다. 이 요소는 채팅 메시지를 표시하는 데 사용됩니다. 이 <div> 요소 안에는 정렬되지 않은 목록이 있습니다. <ul> 요소에 list-group 클래스 속성을 사용하여 개별 채팅 메시지를 포함할 수 있습니다.

다음으로, 사용자가 메시지를 입력할 수 있는 입력 상자와 메시지를 서버로 전송하여 처리할 수 있는 제출 버튼을 만들겠습니다. 입력 상자는 type="text"인 <input> 태그를 사용하여 생성됩니다. 입력 상자에는 양식 컨트롤 요소의 스타일을 지정하기 위한 부트스트랩 클래스Bootstrap class인 "form-control"이라는 클래스가 있습니다.

제출 버튼submit button은 제출 ID가 있는 <button> 태그를 사용하여 생성됩니다. input-group 클래스는 입력 상자와 제출 버튼을 함께 그룹화하는 데 사용되는 부트스트랩 클래스입니다.

기본 HTML 파일이 생성되면 app.py 파일을 실행하여 애플리케이션을 활성화할 수 있습니다 (그림 2.3 참조).

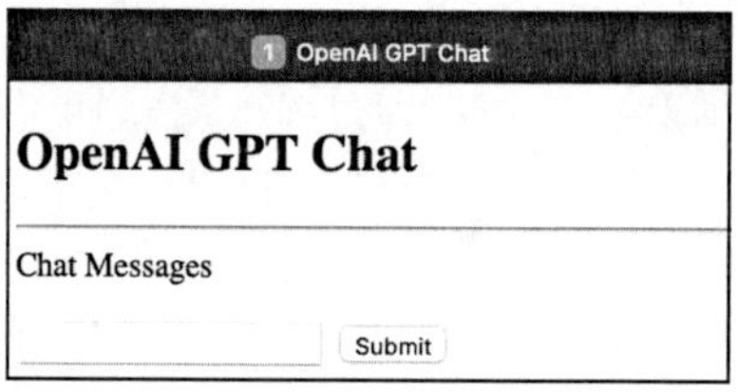

그림 2.3 초기 ChatGPT 클론 프론트엔드

인터페이스에는 OpenAI GPT Chat이라는 제목과 메시지가 표시되는 채팅 패널, 그리고 하단에 사용자가 메시지를 입력할 수 있는 입력 상자가 있습니다. 입력 상자 옆에는 **제출**Submit 버튼도 있습니다. 그러나 백엔드 엔드포인트가 애플리케이션의 프론트엔드에 연결되어 있지 않기 때문에 채팅 기능은 아직 작동하지 않습니다.

이 절에서는 HTML을 사용하여 채팅 애플리케이션의 프론트엔드를 만드는 방법에 대해 설명했습니다. 채팅 창, 입력 필드, 제출 버튼이 있는 기본 채팅 인터페이스를 위한 재사용 가능한 HTML 템플릿을 위해 Flask에 템플릿 폴더를 만들었습니다. 이제 글꼴을 변경하고 아이콘을 추가하는 등 애플리케이션의 외관을 사용자 지정하여 시각적으로 더욱 매력적으로 만드는 다양한 방법을 살펴볼 수 있습니다.

ChatGPT 클론 디자인 개선

ChatGPT 클론의 디자인과 미학을 향상시키기 위해 일부 CSS 코드를 적용할 예정입니다. CSS 수정을 적용함으로써 채팅 애플리케이션의 전반적인 시각적 매력을 개선하고 보다 사용자 친화적인 인터페이스를 만들 수 있습니다.

먼저 부트스트랩 프레임워크에서 제공하는 외부 스타일 시트를 추가해 보겠습니다. 이를 위해 페이지 제목 아래에 다음을 추가하면 됩니다:

```
<link rel="stylesheet" href="https://maxcdn.bootstrapcdn.com/
bootstrap/3.3.7/css/bootstrap.min.css">
```

HTML 코드에 추가하면 부트스트랩에서 제공하는 다양한 클래스를 사용하여 웹 페이지의 스타일을 지정할 수 있습니다. 이 링크는 부트스트랩 프레임워크 버전 3.3.7을 가리키며, 여기에는 제목headings, 단락paragraphs, 양식forms, 버튼buttons 등 일반적인 HTML 요소의 스타일을 지정하기 위한 다양한 CSS 규칙이 포함되어 있습니다. 부트스트랩을 사용하면 웹 페이지 디자인의 일관성을 유지하는 동시에 다양한 화면 크기에 맞게 페이지의 스타일을 지정하고 반응하는 작업을 간소화할 수 있습니다.

다음으로 부트스트랩 링크 아래에 본문 요소의 배경색 및 텍스트 색상 사용자 지정, container 클래스의 margin-top 속성 설정, 채팅 메시지 영역의 높이 및 오버플로 속성 조정, 제출 버튼 및 입력 필드 스타일 지정이 포함된 CSS 코드를 포함할 수 있습니다:

```
<style>
    body {
        background-color: #35372D;
        color: #edf2;
    }
    .container {
        margin-top: 20px;
    }
    #chat {
        height: 400px;
        overflow-y: scroll;
        background-color: #444654;
    }
    .list-group-item {
```

```
            border-radius: 5px;
            background-color: #444654;
        }
        . submit {
            background-color:#21232e;
            color: white;
            border-radius: 5px;
        }
        .input-group input {
            background-color:#444654;
            color: #edf2;
            border: none;
        }
}
    </style>
```

본문 규칙은 페이지의 배경색을 짙은 녹색을 띤 회색으로, 텍스트 색상을 밝은 회색으로 설정합니다. .container 규칙은 컨테이너 요소 위에 20픽셀의 여백을 적용하여 채팅 인터페이스를 페이지 상단에서 약간 아래로 밀어냅니다. chat 규칙은 채팅 메시지 표시 영역의 높이를 400픽셀로 설정하고 콘텐츠가 높이 제한을 초과하는 경우 해당 영역에 세로 스크롤바를 적용합니다.

.list-group-item 블록은 채팅 패널에 표시되는 목록 항목의 테두리 반경 및 배경색을 설정합니다. .submit 블록은 제출 버튼의 배경색, 텍스트 색상 및 테두리 반경을 설정합니다. .input-group 입력 블록은 입력 그룹 내의 입력 필드에 스타일을 지정하여 배경색과 텍스트 색을 설정하고 테두리를 제거합니다.

이러한 스타일은 일관성 있고 시각적으로 매력적인 디자인에 기여합니다. 이제 애플리케이션을 다시 실행하여 ChatGPT 복제 애플리케이션의 최종 스타일을 확인할 수 있습니다.

이 절에서는 부트스트랩의 외부 스타일 시트와 사용자 정의 CSS 수정을 포함한 CSS 코드를 사용하여 ChatGPT 클론의 디자인을 개선했습니다. 다음 절에서는 플라스크를 사용하여 ChatGPT API 엔드포인트를 가로채는 방법을 배워보겠습니다. 이를 통해 ChatGPT 클론 애플리케이션의 프론트 엔드와 백엔드 서버 간에 HTTP 요청을 보내고 받는 사용자 지정 경로를 만들 수 있습니다.

ChatGPT API 엔드포인트 가로채기

ChatGPT 클론은 채팅 애플리케이션과의 사용자 상호작용을 실시간으로 처리하기 위해 JavaScript를 사용해야 합니다. 이를 위해 제출 버튼 클릭을 수신하고, 입력 필드에서 사용자 입력을 가져오고, 사용자 입력을 쿼리 매개변수로 사용하여 서버에 얻기[GET] 요청을 보낸 다음 ChatGPT로부터 응답을 수신하는 jQuery 스크립트를 사용할 수 있습니다. 이러한 방식으로 JavaScript를 사용하면 채팅 애플리케이션이 페이지를 새로 고칠 필요 없이 새 채팅 메시지를 업데이트하고 표시할 수 있으므로 보다 원활하고 사용자 친화적인 환경을 제공할 수 있습니다.

다음과 같이 input-group 클래스 바로 아래에 자바스크립트 코드를 작성할 수 있습니다:

```
    <div class="input-group">
        <input type="text" id="userInput" class="form-control">
        <span class="input-group-btn">
            <button class="btn btn-default" id="submit">Submit
                </button>
            </span>
        </div>
    </div>
    <script src="https://ajax.googleapis.com/ajax/libs/
        jquery/3.2.1/jquery.min.js"></script>
    <script>
        ("#submit").click(function(){
            var userInput = $("#userInput").val();
            $.get("/get?msg=" + userInput, function(data){
                ("#chat").append("<li class='list-group-item'><b>You:
                    </b> " + userInput + "</li>");
                ("#chat").append("<li class='list-group-item'><b>
                    OpenAI:</b> " + data + "</li>");
            });
        });
    </script>
</body>
</html>
```

먼저 Google **콘텐츠 전송 네트워크**[Content Delivery Network, CDN]의 jQuery 라이브러리를 포함했습니다. jQuery 라이브러리는 제출 버튼에 이벤트 리스너를 추가하는 데 사용됩니다. $("#submit") 선택기는 채팅 애플리케이션에서 제출 버튼인 submit의 ID를 가진 HTML 요소를 선택하는 데 사용됩니다. 그런 다음 .click() 메서드를 사용하여 클릭 이벤트 리스너를 이 요소에 연결합니다.

사용자가 제출 버튼을 클릭할 때마다 자바스크립트 함수의 나머지 코드가 작업을 수행합니다.

다음 function() 코드 블록은 제출 버튼이 클릭될 때 실행되는 이벤트 핸들러 함수입니다. 이 함수 내에서 var userInput 변수는 사용자가 채팅 입력 필드에 입력한 값을 검색하는 데 사용됩니다. 이 값은 jQuery 선택기를 사용하여 가져옵니다.

$("#userInput")을 사용하여 채팅 입력 필드인 userInput의 ID를 가진 HTML 요소를 선택합니다. 그런 다음 .val() 메서드를 사용하여 사용자가 이 필드에 입력한 값을 가져와 userInput 변수에 저장합니다.

그런 다음 jQuery 라이브러리의 $.get() 메서드를 사용하여 사용자 입력 메시지를 매개변수로 사용하여 서버로 GET 요청을 보냅니다. 서버의 응답은 익명 함수의 데이터 매개변수로 수신됩니다.

응답이 수신되면 코드는 jQuery 라이브러리의 append() 메서드를 사용하여 HTML 문서의 채팅 영역(#chat)에 두 개의 새 목록 항목을 추가합니다. 첫 번째 목록 항목은 사용자의 입력 메시지를 굵은 글씨로 "You: <message>"로 표시합니다. 이 항목은 채팅 기록에 사용자 입력을 기록하여 표시합니다. 두 번째 목록 항목은 ChatGPT API의 응답을 "OpenAI:" 로 채팅 기록에 표시합니다.

이 단계가 완료되면, 사용자 친화적인 인터페이스를 통해 ChatGPT 클론 애플리케이션을 활용하고 ChatGPT API와 쉽게 응답을 교환할 준비가 완료된 것입니다. 시작하려면 app.py 파일을 실행하고 채팅을 시작하기만 하면 됩니다. 무엇이든 자유롭게 질문하면 채팅 기록 창에 답변이 저장됩니다. 다음은 몇 가지 예시입니다(그림 2.4 참조):

- 전구는 누가 발명했나요?
- 판다는 곰의 일종인가요?
- 숫자를 0으로 나눌 수 있나요?
- 사과 두 개가 있는데 사과 반 개를 먹으면 사과가 몇 개 남게 되나요?

당신: 누가 전구를 발명했나요?

OpenAI: 토마스 에디슨이 첫 번째 전구를 발명하는데 많은 기여를 하였습니다. 에디슨은 1879년 특허를 받았어요.

당신: 판다는 곰의 종류인가요?

OpenAI: 네, 자이언트 판다는 곰의 한 종류예요.

당신: 어느 숫자를 0으로 나눌 수 있어요?

OpenAI: 아니요, 0으로 나누는 것을 정의할 수 없기 때문에 어느 숫자를 0으로 나눌 수 없어요.

당신: 만약 사과 2개를 가지고 있고 사과 반 쪽을 먹었다면 사과는 몇 개가 남았을까요?

OpenAI: 사과 1개 반 쪽이 남아있어요.

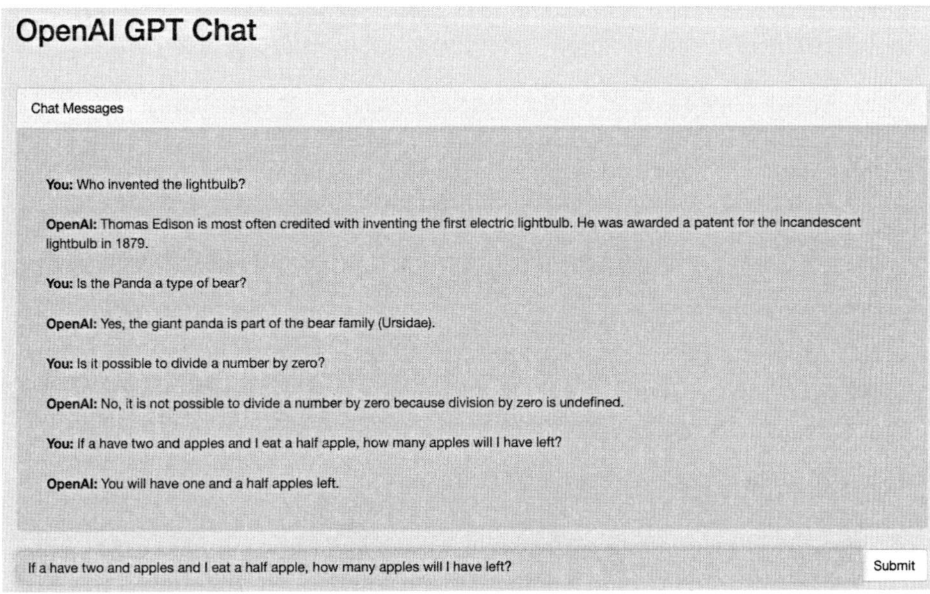

그림 2.4 ChatGPT 클론 응답

> **중요 참고 사항**
>
> 여기에 표시된 스크린샷은 선명도와 가시성을 위해 밝은 색상 모드의 애플리케이션을 보여줍니다. 실제 애플리케이션은 기본 설정에 따라 어두운 모드에 있습니다.

PyCharm **실행**Run 창으로 돌아가서 모든 **얻기**get 요청이 ChatGPT로 제대로 전송되었는지 확인할 수 있습니다. 보시다시피 코드 200이 포함된 응답을 받았는데, 이는 HTTP 요청이 성공했으며 서버가 요청된 데이터를 반환했음을 의미합니다. 서버는 클라이언트의 요청을 처리하고 요청된 데이터를 전달할 수 있을 때 이 코드를 HTTP 응답의 일부로 보냅니다:

```
127.0.0.1 - - [11/Apr/2023 14:37:04] "GET / HTTP/1.1" 200 -
127.0.0.1 - - [11/Apr/2023 14:37:26] "GET /get?msg=Who%20invented%20
the%20lightbulb? http/1.1" 200 -
127.0.0.1 - - [11/Apr/2023 14:37:53] "GET /get?msg=Is%20the%20Panda%20
a%20type%20of%20bear? http/1.1" 200 -
127.0.0.1 - - [11/Apr/2023 14:38:24] "GET /get?msg=Is%20it%20
possible%20to%20divide%20a%20number%20by%20zero? http/1.1" 200 -
127.0.0.1 - - [11/Apr/2023 14:44:39] "GET /get?msg=If%20I%20have%20
two%20apples%20and%20I%20eat%20a%20half%20apple,%20how%20many%20
apples%20will%20I%20have%20lest? http/1.1" 200 -
```

위는 JavaScript를 사용하여 채팅 애플리케이션과의 사용자 상호작용을 처리하는 방법에 대한 지침입니다. jQuery 스크립트를 사용하여 사용자 입력을 수신하고 사용자 입력을 쿼리 매개변수로 사용하여 서버에 얻기[get] 요청을 전송한 다음 ChatGPT API로부터 응답을 받았습니다. 또한 ChatGPT 클론을 사용하여 모든 GET 요청이 응답 코드 200으로 ChatGPT에 제대로 전송되었는지 확인하는 몇 가지 예제를 완료했습니다. 이제 더 기능적인 AI 애플리케이션을 구축할 준비가 되었습니다.

요약

이 장에서는 사용자 입력에 대해 사람과 유사한 응답을 생성하기 위해 OpenAI의 언어 모델을 활용하는 챗봇인 ChatGPT 클론을 구축하는 과정을 소개했습니다. 이 애플리케이션은 Python용 경량 웹 프레임워크인 Flask를 사용하여 구축되었으며, 생성된 텍스트의 길이와 같은 기타 옵션과 다양한 OpenAI 모델을 사용할 수 있도록 사용자 정의할 수 있었습니다.

또한 ChatGPT 클론을 위한 프론트엔드 HTML 생성 및 생성, ChatGPT API 엔드포인트 가로채기, AJAX를 사용하여 프론트엔드에서 백엔드로 사용자 입력 전달, 생성된 텍스트를 프론트엔드에 표시하는 등의 주제도 다루었습니다.

3장에서는 Flask와 ChatGPT 언어 모델을 사용하여 AI 기반 코드 버그 수정 SaaS 애플리케이션을 만들고 배포하는 방법을 배웁니다. ChatGPT API를 능숙하게 사용할 수 있게 됩니다. 사용자 입력을 수락하는 웹 양식을 만들고, 애플리케이션을 Azure 클라우드 플랫폼에 배포하고, WordPress 웹사이트와 통합하는 방법을 배우게 됩니다. 이 장을 완료하면 전 세계 개인이 ChatGPT 애플리케이션에 접근할 수 있도록 하는 데 필요한 기술을 갖추게 됩니다.

ChatGPT API를 사용하여 웹 애플리케이션 구축

PART 2

이 파트에서는 ChatGPT와 Django 및 스트라이프와 같은 유명한 Python 웹 프레임워크의 완벽한 통합을 통해 웹 애플리케이션 개발을 통달하게 됩니다. 동적 코드 수정 도구dynamic code-fixing tool와혁신적인퀴즈 생성애플리케이션이라는두가지최첨단애플리케이션을처음부터제작하는여정을시작하여 ChatGPT API의 막대한 잠재력을 활용하게 됩니다. 또한 웹 애플리케이션을 Azure 클라우드에 배포하고, 웹사이트에 업로드하고, Stripe API로 사용자 결제 기능을 구현하는 데 대한 귀중한 통찰력을 얻게 됩니다.

이 파트는 다음과 같은 장으로 구성되어 있습니다:

이 파트는 다음과 같은 장으로 구성되어 있습니다:

제3장
Flask를 사용하여 AI 코드 버그 수정 SaaS 애플리케이션 생성 및 배포하기

이 장에서는 Flask를 사용하여 AI 기반 코드 버그 수정 SaaS 애플리케이션을 만들고 배포하는 방법에 대해 자세히 알아보겠습니다. 이 애플리케이션은 OpenAI의 GPT-3 언어 모델을 활용하여 사용자에게 코드 오류 설명과 수정 사항을 제공합니다. 소프트웨어 개발이 빠르게 성장함에 따라 효과적이고 효율적인 오류 디버깅 솔루션error-debugging solutions의필요성이 그 어느 때보다 중요해졌습니다. 이 SaaS 애플리케이션을 구축함으로써 개발자에게 디버깅 과정의 속도를 높이고 코드의 품질을 개선할 수 있는 강력한 도구를 제공하는 것을 목표로 합니다.

이 SaaS 애플리케이션을 개발하기 위해 여러분도 이미 잘 알고 있는 도구, 즉 Python으로 웹 애플리케이션을 구축하기 위한 Flask 프레임워크를 활용할 것입니다. 우리의 목표는 이 프레임워크를 능숙하게 활용하여 사용자에게 효율적인 코드 오류 솔루션을 제공할 수 있는 효과적이고 확장 가능한 웹 애플리케이션을 구축하는 것입니다. 또한, 자연어 설명과 코드 수정 기능을 제공하기 위해 OpenAI의 GPT-3 언어 모델을 활용할 예정입니다.

이 장에서는 다음 사항에 대해 알아봅니다:

- Flask를 사용하여 코드 버그 수정 SaaS 애플리케이션 구축하기.
- ChatGPT API를 사용하여 코드 오류에 대한 설명과 해결책을 생성하기.
- 코드 및 오류 메시지에 대한 사용자 입력을 허용하는 웹 양식 만들기
- 생성된 설명과 솔루션을 표시하는 웹 인터페이스를 디자인합니다.
- Azure 클라우드 플랫폼에 애플리케이션 배포.
- 애플리케이션과 워드프레스 웹사이트 통합하기.

이 장을 완료하면 전 세계 개인이 ChatGPT 애플리케이션에 접근할 수 있도록 하는 데 필요한

기술을 갖추게 됩니다.

기술 요구 사항

이 프로젝트의 기술 요구 사항은 다음과 같습니다:

- 컴퓨터에 Python 3.7 이상이 설치되어 있어야 합니다.
- PyCharm과 같은 코드 편집기(권장).
- Python 가상 환경.
- 가상 환경에 설치된 Flask 웹 프레임워크
- OpenAI API 키.
- Microsoft Azure에 접근하기.

이 장의 코드 예제는 https://github.com/ PacktPublishing/Building-AI-Applications-with-ChatGPT-APIs/tree/ main/Chapter03%20CodeBugFixer에서 확인할 수 있습니다.

여러 ChatGPT API 요청 수행

먼저 ChatGPT API 요청에 대해 살펴보고 프로젝트와 app.py 파일을 구축하는 방법을 알아보겠습니다. 이 프로젝트에서는 입력 쿼리에 대한 설명과 고정 코드를 얻기 위해 여러 개의 ChatGPT API 요청을 만드는 방법을 살펴볼 것입니다. 과정의 각 단계를 살펴보고 명확한 예제를 제공하여 쉽게 따라할 수 있습니다.

사용자의 코드를 수정하기 위해 ChatGPT는 두 가지 핵심 구성 요소, 즉 버그가 있는 코드와 시스템에서 제공하는 오류가 필요합니다. 코드 버그 수정 애플리케이션의 기본 아이디어는 두 개의 개별 요청을 동시에 ChatGPT에 제공하는 것입니다(그림 3.1 참조):

- **요청 1**: ChatGPT는 버그 코드와 오류를 사용하여 코드를 수정합니다.
- **요청 2**: ChatGPT는 버그 코드와 오류를 사용하여 사용자에게 알기 쉬운 영어[plain English]로 오류를 설명합니다.

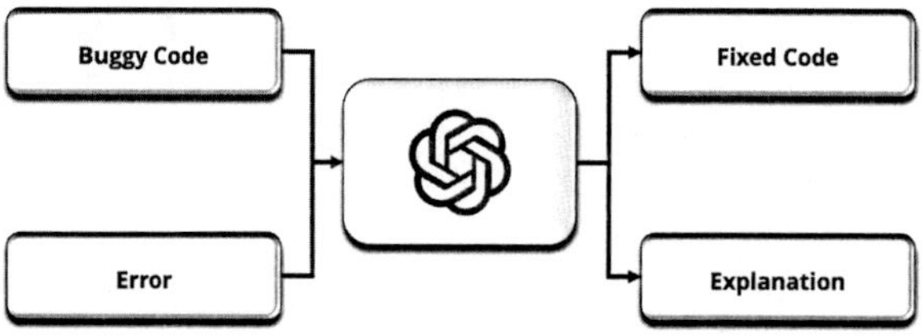

그림 3.1 코드 버그 수정 요청/응답 맵

그림 3.2에서 볼 수 있듯이 코드 버그 수정 앱의 디자인은 깔끔하고 현대적인 인터페이스를 갖춘 웹 애플리케이션입니다. 여기에는 사용자가 코드와 관련 오류를 입력할 수 있는 양식이 포함되어 있습니다. 양식을 제출하면 앱은 코드와 오류를 서버로 전송하고 결과 설명과 수정된 코드를 두 개의 별도 텍스트 영역에 표시합니다.

사용자 인터페이스의 디자인은 간단하고 직관적이며, 코드 및 오류 입력을 위한 두 개의 텍스트 영역과 생성된 설명 및 고정 코드를 표시하기 위한 두 개의 읽기 전용 텍스트 영역이 있습니다. 앱의 레이아웃은 파란색과 흰색의 배색과 앱 이름을 표시하는 헤더가 중앙에 배치되어 깔끔합니다. 이 앱은 코드 오류를 식별하고 수정할 수 있는 원활한 사용자 경험을 제공하도록 설계되었습니다.

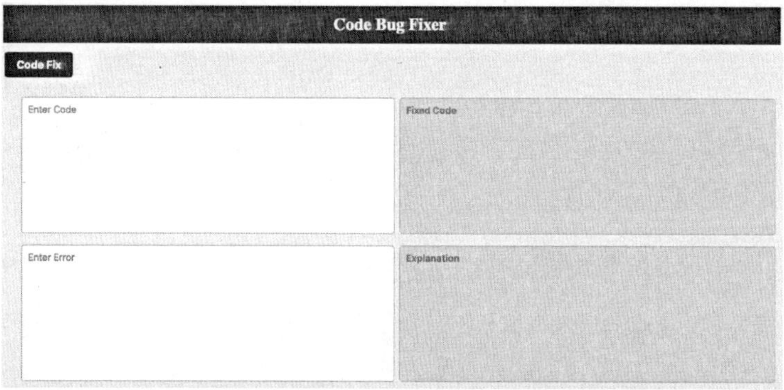

그림 3.2 코드 버그 픽서 앱 사용자 인터페이스

이 애플리케이션은 버그가 있는 코드와 오류가 발생하면 코드 수정과 사용자에게 오류를 설명하는 두 가지 요청을 동시에 제공합니다. 이 앱은 간단한 레이아웃의 효율적인 인터페이스를 갖추고 있어 원활한 사용자 경험을 제공합니다. 이제 Flask 앱의 HTML 템플릿을 보관할 템플릿 폴더, 그리고 CodeBugFixer 앱에서 ChatGPT API를 활용하기 위한 기반을 구축하기 위한 config.py 및 app.py 파일을 포함하여 PyCharm에서 CodeBugFixer 프로젝트에 필요한 파일과 폴더를 생성하는 과정을 살펴볼 수 있습니다.

코드 버그 수정 프로젝트 설정하기

PyCharm 프로젝트를 생성하는 것은 모든 Python 개발 과정에서 필수적인 첫 단계입니다. 몇 가지 간단한 단계를 수행하면 단 몇 분 만에 새 PyCharm 프로젝트를 만들 수 있습니다. 프로젝트를 설정하고 나면 코드 구축 및 테스트를 시작할 준비가 된 것입니다:

1. PyCharm을 엽니다: 바탕화면에서 PyCharm 아이콘을 두 번 클릭하거나 애플리케이션 폴더에서 검색하여 엽니다.
2. PyCharm 시작 화면에서 **새 프로젝트 만들기**Create New Project를 클릭하거나 **파일 | 새 프로젝트**File | New Project로 이동합니다.
3. 프로젝트를 저장할 디렉터리를 선택합니다. 새 디렉터리를 만들거나 기존 디렉터리를 선택할 수 있습니다.
4. Python 인터프리터interpreter를 선택합니다: 프로젝트에 사용할 Python 버전을 선택합니다.
5. 프로젝트 설정을 구성합니다: 프로젝트 이름을 CodeBugFixer로 지정하고 프로젝트 위치를 선택합니다.
6. 모든 설정을 구성했으면 만들기를 클릭하여 새 PyCharm 프로젝트를 만듭니다.

새 PyCharm 프로젝트를 만든 후 다음 단계는 CodeBugFixer 프로젝트에 필요한 파일과 폴더를 만드는 것입니다.

먼저 프로젝트의 루트 디렉토리에 app.py와 config.py라는 두 개의 Python 파일을 새로 생성합니다. app.py 파일에는 CodeBugFixer 앱의 메인 코드가 작성되고 config.py 파일에는 API 키 및 비밀번호와 같은 민감한 정보가 포함됩니다.

그런 다음 프로젝트의 루트 디렉터리에 템플릿이라는 새 폴더를 만듭니다. 이 폴더에는 플라스크 앱이 렌더링할 HTML 템플릿이 들어갑니다. 템플릿 폴더 안에 index.html이라는 새 파일을 만듭니다. 이 파일에는 CodeBugFixer 앱의 홈 페이지에 대한 HTML 코드가 포함됩니다.

프로젝트 구조는 다음과 같아야 합니다:

```
CodeBugFixer/
├── config.py
├── app.py
├── templates/
│ └── index.html
```

이 단계를 수행하면 PyCharm 프로젝트에서 CodeBugFixer 프로젝트에 필요한 파일과 폴더를 만들었습니다. 이제 app.py 파일에서 Flask 앱의 코드를 작성하고 index.html 파일에서 HTML 코드를 작성하기 시작할 수 있습니다.

올바른 인터프리터interpreter가 있으면 **보기**[View]로 이동하여 PyCharm 내에서 터미널을 열 수 있습니다.

| 도구 창 | 터미널[Tool Windows | Terminal]로 이동합니다. 터미널을 확인하고 가상 환경 내에서 작업하고 있는지 확인하기 위해 (venv) 표시기가 표시되는지 확인하세요. 이는 프로젝트 간 패키지 설치 충돌을 방지하고 올바른 종속성 집합을 사용하고 있는지 확인하기 위한 필수 단계입니다.

터미널 창에서 다음과 같이 필요한 라이브러리를 설치할 수 있습니다:

```
(venv)$ pip install flask
(venv)$ pip install openai
```

마지막으로, 코드 버그 픽서에서 ChatGPT API를 활용하기 위한 기반을 구축하기 위해서

앱을 사용하려면 config.py 및 app.py에 다음 코드를 추가해야 합니다:

config.py

```
API_KEY = <Your API Key> API_KEY = <Your API Key>
```

app.py

```
from flask import Flask, request, render_template
import openai
import config

app = Flask(__name__)

# API Token
openai.api_key = config.API_KEY

@app.route("/")
def index():
    return render_template("index.html")
```

```
if __name__ == "__main__":
    app.run()
```

config.py 파일에는 OpenAI API 키가 안전하게 보관됩니다. <Your API Key>를 OpenAI에서 얻은 실제 API 키로 바꾸어야 합니다.

app.py 파일은 Flask 애플리케이션을 정의하는 Python 스크립트입니다. 이 파일은 Flask 모듈과 CodeBugFixer 프로젝트에 필요한 라이브러리를 가져옵니다. 이 스크립트는 config.py 파일에 제공된 API 키를 사용합니다. 이 스크립트는 홈페이지의 경로를 정의하고 Flask의 render_template 함수를 사용하여 index.html 템플릿을 렌더링합니다.

CodeBugFixer 프로젝트를 설정하려면 새 PyCharm 프로젝트를 생성하고, 프로젝트 설정을 구성하고, 프로젝트에 필요한 파일과 폴더를 생성하고, Flask 및 OpenAI 라이브러리를 설치하고, config.py 및 app.py 파일에 코드를 추가해야 했습니다. config.py 파일은 OpenAI API 키를 안전하게 보관하고, app.py 파일은 Flask 애플리케이션을 정의하고 index.html 템플릿을 렌더링합니다.

다음 절에서는 코드 버그 수정 애플리케이션의 백엔드에서 index() 함수를 수정하여 GET 요청과 POST 요청을 구분할 수 있도록 하도록 하겠습니다. 또한 OpenAI GPT-3 API를 사용하여 사용자 입력에 대한 설명과 고정 코드를 생성한 다음 렌더링 템플릿 함수를 사용하여 index.html 템플릿에 전달할 것입니다.

코드 버그 픽서 백엔드 구현하기

코드 버그 수정 애플리케이션의 백엔드는 버그가 있는 코드를 ChatGPT에 올바르게 전송하고 다른 쪽에서 올바른 응답을 받을 수 있도록 해야 합니다. 따라서 index() 함수가 GET 요청과 POST 요청을 명확하게 구분할 수 있는지 확인해야 합니다. 이를 위해 index() 함수에 다음과 같은 수정을 추가할 수 있습니다:

```
app.route("/", methods=["GET", "POST"])
def index():
    if request.method == "POST":
        # Code Errr
        code = request.form["code"]
        error = request.form["error"]
```

```
prompt = (f" Explain the error in this code without fixing it: "
          f"\n\n{code}\n\nError:\n\n{error}")
model_engine = "text-davinci-003"
```

이 함수는 HTTP 요청 메서드(GET 요청인지 POST 요청인지)를 확인합니다. 요청 메서드가 POST인 경우 사용자가 index.html 템플릿에서 양식을 제출했음을 의미합니다. 이렇게 하면 사용자가 양식을 제출하고 다음 절에서 구성할 **코드 수정**Code Fix 버튼을 클릭한 후에만 ChatGPT API가 호출되도록 할 수 있습니다.

그런 다음 이 함수는 양식의 **오류 코드**Error Code 및 **오류 입력**Enter Code 필드에서 사용자의 입력을 검색하여 각각 코드 및 오류 변수에 저장합니다. 이러한 변수에는 사용자가 수정하려는 코드와 수신된 오류 코드가 저장됩니다. 그런 다음 추출된 코드와 error 변수를 사용하여 프롬프트를 생성하고, 이 프롬프트는 OpenAI GPT-3 API로 전달됩니다. 이러한 변수는 Python에서 **f-스트링**f-strings을 사용하여 포맷format됩니다.

예를 들어 code 및 error 변수가 다음과 같은 값을 갖는다고 가정해 보겠습니다:

```
code = print(1
error = SyntaxError: '(' was never closed
```

이 경우 다음과 같은 메시지가 표시됩니다:

```
Explain the error in this code without fixing it:
print(1
Error:
SyntaxError: '(' was never closed
The API is instructed to generate an explanation for the error in the code.
```

프롬프트 변수는 ChatGPT 모델이 수행할 명확하고 구체적인 작업을 제공하며, 모델에서 생성된 출력이 사용자의 입력과 관련이 있는지 확인합니다.

text-davinci-003 문자열 값을 model_engine 변수에 설정할 수 있습니다. 이 변수는 나중에 두 텍스트 완성 모두에 사용할 OpenAI 언어 모델을 지정하는 데 사용됩니다. 이 경우 text-davinci-003은 OpenAI에서 제공하는 **가장 기능적이고 다재다능한 모델입니다.**

이제 if문 내에서 ChatGPT API를 호출하여 사용자에 대한 explanation_completion및 고정 코드 완료를 모두 구성할 수 있습니다:

```
explanation_completions = openai.Completion.create(
    engine=model_engine,
    prompt=prompt,
    max_tokens=1024,
    n=1,
    stop=None,
    temperature=0.2,
)
    explanation = explanation_completions.choices[0].text
    fixed_code_prompt =
        (f"Fix this code: \n\n{code}\n\nError:\n\n{error}."
        f" \n Respond only with the fixed code."
    )
    fixed_code_completions = openai.Completion.create(
        engine=model_engine,
        prompt=fixed_code_prompt,
        max_tokens=1024,
        n=1,
        stop=None,
        temperature=0.2,
)
fixed_code = fixed_code_completions.choices[0].text
```

앞의 코드는 ChatGPT API를 사용하여 주어진 프롬프트에 따라 완성을 생성합니다. 이 코드 조각Code Snippet에서는 openai.Completion.create() 함수를 두 번 호출하여 explanation_completions 및 fixed_code_completions이라는 두 가지 다른 완성을 생성합니다.

openai.Completion.create() 함수가 두 번 호출되면 설명 및 fixed_code 변수에 두 개체의 선택 속성에서 생성된 텍스트가 각각 할당됩니다. 이렇게 생성된 텍스트는 코드의 다음 단계에서 사용자에게 설명과 고정 코드를 표시하는 데 사용됩니다.

마지막으로 렌더링_템플릿 함수를 사용하여 ChatGPT 응답으로 HTML 템플릿을 업데이트할 수 있습니다:

```
return render_template("index.html",
                       explanation=explanation,
                       fixed_code=fixed_code)
```

이 함수는 두 개의 매개변수를 받습니다. 첫 번째는 렌더링할 템플릿의 이름이고 두 번째는 템플릿에 사용될 변수의 사전입니다. 템플릿에 전달되는 변수는 설명과 fixed_code입니다. 설명은 사용자 코드의 오류를 설명하는 ChatGPT API에 의해 생성된 텍스트이고, fixed_code는 사용자 코드의 고정 버전을 나타내는 ChatGPT API에 의해 생성된 텍스트입니다.

변수는 index.html 템플릿으로 전달되어 사용자에게 표시될 수 있습니다. 템플릿은 이러한 변수를 사용하여 API에서 생성된 설명 및 고정 코드로 페이지 콘텐츠를 동적으로 업데이트합니다.

플라스크 애플리케이션을 실행한 후 오류가 표시되지 않아야 합니다. 하지만 index.html 파일이 비어 있기 때문에 브라우저에 완전히 빈 화면이 표시됩니다. 다음 작업은 해당 파일을 생성하는 것이며, 이에 대해서는 다음 절에서 설명하겠습니다.

이렇게 index() 함수를 수정하여 사용자가 양식을 제출하고 **코드 수정**[Code Fix] 버튼을 클릭한 후에만 ChatGPT API가 호출되도록 할 수 있습니다. 또한 사용자 입력에 따라 ChatGPT API를 사용하여 설명과 고정 코드를 생성하는 방법과 render_template 함수를 사용하여 ChatGPT 응답으로 HTML 템플릿을 업데이트하는 방법도 살펴봤습니다.

다음 절에서는 index.html 파일을 만들고 사용자가 디버깅을 위해 코드를 제출할 수 있는 **코드 수정** 버튼을 구성하는 방법을 배웁니다. 또한 JavaScript와 AJAX를 사용하여 양식 제출을 처리하고 페이지를 다시 불러오지 않고도 Flask 애플리케이션의 응답을 표시하는 방법도 배웁니다.

텍스트 영역 및 컨테이너 사용

이 절에서는 HTML과 CSS를 사용하여 코드 버그 픽서 애플리케이션을 위한 간단한 사용자 인터페이스를 만드는 방법을 배웁니다. 사용자가 코드와 오류 메시지를 입력할 수 있는 간단한 양식을 디자인하고 ChatGPT API 호출 결과를 표시하는 과정을 살펴볼 것입니다. 이 절이 끝나면 사용자가 코드의 오류를 수정하는 데 도움이 되는 완전한 기능을 갖춘 웹 애플리케이션을 갖게 됩니다.

index.html 파일을 수정하려면 먼저 프로젝트의 템플릿 폴더에 있는 파일을 열어야 합니다. 이 파일은 텍스트 편집기에서 열거나 PyCharm에 내장된 HTML 편집기를 사용할 수 있습니다. 파일을 열었으면 기본 HTML 구조를 추가합니다:

```
<!DOCTYPE html>
<html>
<head>
    <meta charset="UTF-8">
    <title>Code Bug Fixer</title>
</head>
<body>
<div class="header">
    <h1>Code Bug Fixer</h1>
</div>
</body>
</html>
```

<title> 태그는 HTML 페이지의 제목을 Code Bug Fixer로 설정합니다. 페이지가 로드될 때 브라우저 탭에 표시되는 텍스트입니다. 또한 검색 엔진에서 검색 결과에 페이지의 제목을 표시하는 데 사용됩니다.

그런 다음 <h1> 태그를 사용하여 웹 페이지에 큰 글꼴로 Code Bug Fixer라는 텍스트가 포함된 헤더를 만들 수 있습니다.

다음으로 index.html 파일에 입력 양식을 추가합니다. 이 양식을 통해 사용자는 코드와 해당 오류 메시지를 입력한 다음 **코드 수정** 버튼을 누르면 ChatGPT API가 코드를 수정하고 설명을 제공하도록 활성화trigger할 수 있습니다. 헤더 <div> 태그 바로 아래에 양식을 배치할 수 있습니다:

```
<div class="header">
    <h1>Code Bug Fixer</h1>
</div>
<form action="/" method="post">
    <button class="submit-button" type="submit">Code Fix</button>
    <div class="container">
        <div class="left-column">
            <textarea name="code" placeholder="Enter Code"></textarea>
            <textarea name="error" placeholder="Enter Error">
                </textarea>
        </div>
        <div class="right-column">
            <textarea class="fixed-code" name="fixed-code"
                placeholder="Fixed Code" readonly>{{ fixed_code }}
                </textarea>
            <textarea class="explanation" name="explanation"
                placeholder="Explanation" readonly>{{ explanation }}
```

```
                </textarea>
            </div>
    </div>
</form>
```

양식은 액션 속성이 "/"로 설정되고 메소드 속성이 post로 설정된 HTML <form> 태그로 묶여 있습니다. 즉, 사용자가 양식을 제출하면 HTTP POST 메서드를 사용하여 루트 URL("/")의 서버로 데이터가 전송됩니다. 이는 app.py 파일의 index() 함수를 참조합니다.

양식 내부에는 name 속성이 각각 code와 error로 설정된 두 개의 텍스트 영역이 있습니다. 이를 통해 사용자는 코드와 오류 메시지를 입력할 수 있습니다.

양식에는 제출 버튼 클래스가 있는 submit-button도 포함됩니다. 사용자가 이 버튼을 클릭하면, 양식이 제출되고 데이터가 백엔드 서버로 전송됩니다.

양식은 container 클래스와 함께 <div> 태그를 사용하여 두 개의 열로 나뉩니다. 왼쪽 열에는 코드 및 오류 메시지 텍스트 영역이 포함되고 오른쪽 열에는 고정 코드 및 설명 텍스트 영역이 포함됩니다.

고정 코드 및 설명 텍스트 영역의 이름 속성은 각각 fixed-code 및 explanation으로 설정되어 있습니다. 또한 읽기 전용[readonly]으로 설정되어 있으므로 사용자가 콘텐츠를 수정할 수 없습니다. 이러한 텍스트 영역은 사용자가 양식을 제출한 후 ChatGPT API에 의해 생성된 고정 코드 및 설명으로 업데이트됩니다.

이제 인덱스 페이지에 필요한 HTML 코드를 추가했으니 Flask 앱을 실행하여 브라우저에서 어떻게 보이는지 확인해 보겠습니다. Flask 앱을 실행하면 **코드 버그 픽서**라는 헤더가 있는 페이지와 코드와 오류 메시지를 입력할 수 있는 두 개의 텍스트 영역이 있는 양식이 표시됩니다. **코드 수정**[Code Fix]이라고 표시된 제출 버튼도 있습니다. 양식의 오른쪽에 수정된 코드와 설명을 표시하는 텍스트 영역이 두 개 더 표시됩니다. 그러나 이러한 텍스트 영역은 사용자가 코드와 오류 메시지를 입력하고 **코드 수정**[Code Fix] 버튼을 클릭할 때까지 처음에는 비어 있습니다(그림 3.3 참조).

현재 HTML에 스타일을 적용하지 않았기 때문에 앱의 모양이 시각적으로 매력적이지 않을 수 있습니다.

그림 3.3 코드 버그 픽서 앱의 HTML 기반 프론트엔드

마지막으로 HTML 요소의 스타일을 지정하기 위해 애플리케이션에 CSS를 추가합니다. CSS 코드는 페이지에 있는 요소의 글꼴, 색상, 크기 및 위치를 정의합니다. index.html 파일에 CSS 코드를 추가하여 애플리케이션의 모양과 느낌을 향상시킵니다. 이러한 스타일 개선을 통해 앱이 시각적으로 더욱 매력적이고 사용자가 사용하기 쉬워질 것입니다.

index.html 파일 head 안의 title 아래에 CSS 코드를 추가할 수 있습니다:

```
<title>Code Bug Fixer</title>
<style type="text/css">
    body {
        font-family: Arial sans-serif;
        background-color: #f6f7f9;
    }
```

먼저 CSS 스타일 블록을 열어 보겠습니다. 다음 코드가 CSS이며 웹 페이지의 HTML 요소에 적용될 것임을 나타냅니다.

CSS 코드는 HTML의 <body> 요소를 **표적화**[targeting]합니다. CSS에서는 태그 이름, 클래스 이름 또는 ID를 사용하여 요소를 **표적화**[targeting]할 수 있습니다. 여기서는 웹 페이지의 전체 본문을 **표적화**하고 있습니다.

여기에서 글꼴 가족을 Arial sans-serif로 설정하면 본문 요소 내의 모든 텍스트가 Arial 글꼴을 사용하여 표시되거나 Arial을 사용할 수 없는 경우 유사한 sans-serif 글꼴을 사용하여 표시됩니다. 또한 본문 배경색을 밝은 회청색으로 설정할 수도 있습니다:

```
.header {
    background-color: #3b5998;
    color: #ffffff;
    padding: 15px;
    text-align: center;
}
.header h1 {
    margin: 0;
    font-size: 28px;
    font-weight: bold;
}
.container {
    display: flex;
    justify-content: space-between;
    padding: 15px;
}
```

.header 클래스는 헤더의 배경색, 텍스트 색상, 패딩 및 정렬을 지정합니다. 여기서는 텍스트 정렬 속성을 사용하여 텍스트를 가운데에 맞춥니다.

.header h1 클래스 글꼴 크기 속성이 28픽셀로 설정되고 글꼴 굵기가 굵게, 여백이 0으로 설정되어 페이지 상단과 헤더 사이에 공백이 없습니다.

.container 클래스의 display 속성은 Flexbox를 레이아웃에 사용할 수 있도록 flex로 설정하고, 컨테이너의 내용을 가로 축에 균등하게 분배하기 위해 justify-content를 space-between으로 설정합니다:

```
.left-column, .right-column
    width: 49%;
    padding: 15px;
}
Textarea {
    width: 100%;
    height: 200px;
    font-size: 16px;
    padding: 10px;
    margin-bottom:15px;
    border:1px solid #cccccc;
    border-radius:5px;
    resize:none;
}
```

```
    .fixed-code, .explanation {
        background-color:#e9ebee;
        color:#3b5998;
        font-weight:bold;
    }
```

다음으로 왼쪽 열에는 사용자가 코드와 오류를 입력할 수 있는 입력 필드가 있고 오른쪽 열에는 프로그램의 출력이 표시되는 두 열 레이아웃을 디자인해 보겠습니다.

.left-column과 .right-column 클래스의 너비는 49%로 지정하여 페이지에서 거의 동일한 공간을 차지하도록 했습니다. textarea 요소는 너비가 100%, 높이가 200px로 고정되어 선명한 입력 필드를 만들도록 스타일을 지정했습니다. resize:none 속성은 사용자가 입력 필드의 크기를 조정할 수 없도록 합니다.

.fixed-code 및 .explanation 클래스는 입력 필드에서 눈에 잘 띄도록 font-weight를 굵게 지정했습니다. 이렇게 하면 사용자가 출력 필드를 빠르게 식별할 수 있습니다:

```
    .submit-button {
        background-color: #3b5998;
        color: #ffffff;
        font-size: 18px;
        font-weight: bold;
        padding: 10px 20px;
        border: none;
        border-radius: 5px;
        margin-top: 15px;
        cursor: pointer;
    }
    .submit-button:hover{
        background-color: #4b76be;
    }
</style>
```

최종 목표는 제출 버튼을 시각적으로 매력적으로 만들고 사용자가 버튼 위에 마우스를 가져갔을 때 피드백을 제공하는 것입니다. 배경색을 진한 파란색(#3b5998)으로 설정하고 글꼴 색상을 흰색(#ffffff)으로 설정하여 대비를 만들었습니다. 또한 패딩padding과 테두리 반경을 추가하여 버튼이 더 눈에 잘 띄고 매력적으로 보이도록 했습니다.

margin-top 속성은 버튼과 텍스트 영역 사이에 약간의 공간을 추가합니다. 마지막으로, 사용자가 버튼 위로 마우스를 가져가면 버튼의 배경색을 변경하여 버튼이 대화형이라는 시각적 피드백을 사용자에게 제공하는 :hover pseudo-class를 추가했습니다.

이제 CodeBugFixer 애플리케이션의 index.html 파일을 완성했습니다. 이제 app.py 파일을 실행하고 애플리케이션을 테스트하여 모든 것이 올바르게 작동하는지 확인할 수 있습니다. 다음 절에서는 애플리케이션을 사용하여 코드 버그를 수정하는 방법에 대한 몇 가지 예를 제공합니다. 또는 직접 코드 예제를 사용해 앱의 성능을 확인할 수도 있습니다.

이것이 HTML과 CSS를 사용하여 CodeBugFixer 애플리케이션의 사용자 인터페이스를 만드는 방법입니다. 사용자가 코드와 오류 메시지를 입력할 수 있는 폼을 디자인하고 ChatGPT API 호출 결과를 표시하는 방법을 살펴봤습니다.

다음 절에서는 테스트 케이스를 작성하고 다양한 시나리오를 올바르게 처리하는지 확인하여 코드 버그 픽서 애플리케이션을 테스트하는 방법을 배웁니다. 또한 코드 버그 픽서 앱이 두 가지 프로그래밍 언어인 Java와 Python으로 작성된 코드를 수정하는 방법에 대한 예제를 살펴보고 수정된 코드를 테스트하여 정확성을 확인하는 방법도 배웁니다.

코드 버그 픽서 앱 테스트

이제 코드 버그 픽서 애플리케이션을 테스트하는 방법을 배워보겠습니다. 애플리케이션이 올바르게 작동하고 다양한 시나리오를 적절하게 처리하는지 확인하기 위해 몇 가지 테스트 케이스를 작성해 보겠습니다. 테스트는 애플리케이션이 의도한 대로 작동하고 사용자의 요구 사항을 충족하는지 확인하기 때문에 소프트웨어 개발에서 매우 중요한 부분입니다.

코드 버그 픽서 앱은 모든 프로그래밍 언어를 수정할 수 있어 다용도 도구로 사용할 수 있습니다. 따라서 두 가지 프로그래밍 언어로 작성된 예제를 사용하여 그 효과를 보여드리겠습니다: Java와 Python.

Python 예제에는 다음과 같은 속성이 있습니다:

- 코드:

```
def factorial(n):
    if n == 0:
        return 1
```

```
    else:
        return n * factorial(n-1)
print("The factorial of 5 is: " + factorial(5))
```

- 오류: Type Error:

이 코드는 인쇄 문에서 문자열과 정수를 연결하려고 시도하기 때문에 오류를 반환하고 있습니다. 계승 함수는 정수를 반환하지만 문자열 " The factorial of 5 is: ".

코드 버그 픽서 앱에서 이 코드를 수정하려면 다음 단계를 따르세요:

1. **코드 입력**Enter Code 필드에 코드를 붙여 넣습니다.
2. **오류 입력**Enter Error 필드에 오류를 붙여 넣습니다.
3. **코드 수정**Code Fix 버튼을 마우스 왼쪽 버튼으로 클릭합니다.

나열된 단계를 완료하면 ChatGPT API에서 생성된 고정 코드와 설명이 해당 필드에 표시됩니다. 그림 3.4에 표시된 것처럼 ChatGPT의 응답은 굵은 글꼴로 표시되며 편집할 수 없습니다. 또한 설명이 정확한지 확인할 수 있습니다.

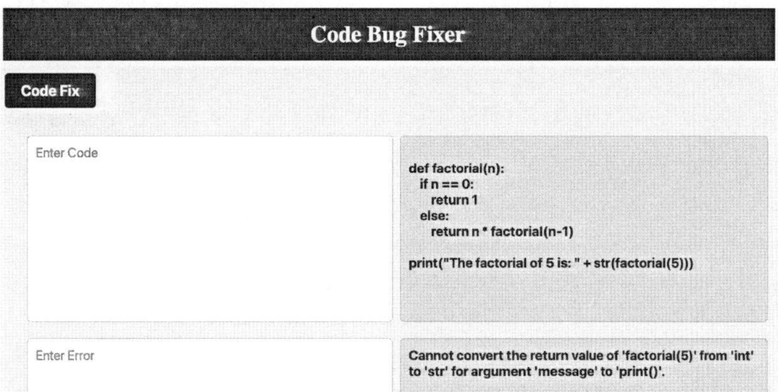

그림 3.4 일부 Python 코드를 처리하는 코드 버그 픽서

수정된 코드가 올바르게 작동하는지 확인하려면 PyCharm 등의 Python IDE 또는 기타 온라인 Python 컴파일러에서 실행하여 테스트할 수 있습니다. 고정 코드와 함께 제공되는 설명을 검토하여 오류에 대한 정확하고 자세한 설명을 제공하는지 확인할 수 있습니다.

마지막으로 코드 버그 픽서 앱이 모든 프로그래밍 언어에서 작동하는지 확인하기 위해 다음 Java 코드를 수정해 보겠습니다:

1. 코드:

```
public class ComplexError {
    public static void main(String[] args) {
        String str = "Hello, World!";
        int length = str.length();
        for (int i = 0; i <= length; i++) {
            System.out.println(str.charAt(i));
        }
    }
}
```

2. 오류:

```
Exception in thread "main" java.lang.
StringIndexOutOfBoundsException
```

코드가 오류를 반환하는 이유는 for 루프가 0에서 문자열의 길이인 length까지 반복하고 있기 때문입니다. 그러나 문자열의 마지막 문자의 인덱스는 길이 -1이므로 i가 길이와 같으면 프로그램은 범위를 벗어난 인덱스에 접근하려고 시도하고 IndexOutOfBoundsException 메시지를 던집니다.

코드 버그 픽서를 통해 코드를 실행하면 그림 3.5에 표시된 것과 유사한 응답을 받게 됩니다. 수정된 코드와 설명이 올바른지 확인할 수 있습니다. ChatGPT가 오류를 수정한 이유는 for 루프에서 조건을 i <= length에서 i < length로 변경했기 때문입니다. 조건을 i < length로 변경하면 루프가 문자열의 마지막 인덱스[index]까지만 반복하고 존재하지 않는 인덱스에 접근하는 것을 방지할 수 있습니다.

이는 코드 버그 픽서가 두 개의 서로 다른 프로그래밍 언어를 구별할 수 있으며 몇 초 내에 코드를 복구할 수 있음을 확인합니다.

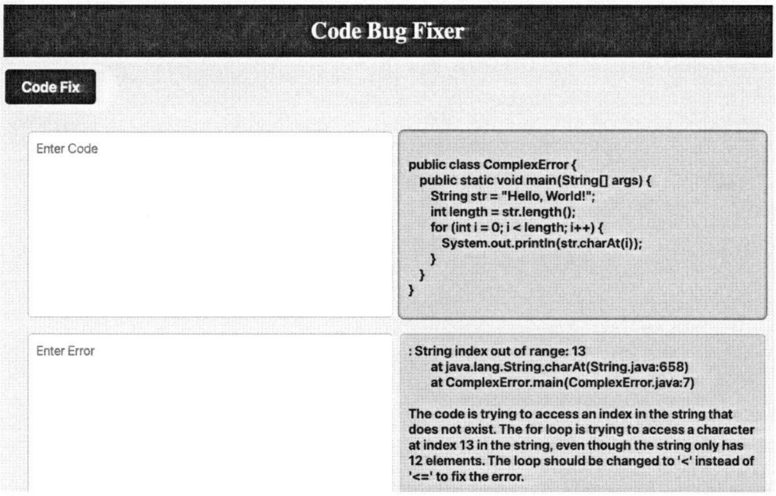

그림 3.5 일부 Java 코드를 처리하는 코드 버그 픽서

이 절에서는 Python 및 Java 프로그래밍 언어의 예제를 제공하여 코드 버그 픽서 애플리케이션을 테스트하는 방법을 설명했습니다. 이 애플리케이션은 모든 프로그래밍 언어를 수정할 수 있으며, 수정된 코드는 Python 또는 Java IDE에서 실행하여 확인할 수 있습니다. 애플리케이션이 두 가지 프로그래밍 언어를 구별하고 몇 초 안에 코드를 수정하는 방법을 확인했습니다.

다음 절에서는 Azure 계정을 설정하고, Azure CLI를 설치하고, CLI를 사용하여 애플리케이션을 클라우드에 배포하는 방법을 배웁니다. 또한 프로젝트의 루트 디렉터리에 앱 실행에 필요한 모든 Python 패키지와 특정 버전을 나열하는 요구 사항.txt 파일을 만드는 방법도 알아봅니다.

Azure 클라우드에 ChatGPT 앱 배포하기

이제 코드 버그 픽서 애플리케이션을 Azure 클라우드 플랫폼에 업로드해 보겠습니다. Azure는 개발자가 클라우드에서 애플리케이션을 호스팅, 관리 및 확장할 수 있는 Microsoft에서 제공하는 클라우드 컴퓨팅 서비스입니다. Azure에서 애플리케이션을 호스팅하면 더 많은 사용자가 애플리케이션에 접근할 수 있습니다. Azure 계정을 만들고, 배포를 위해 애플리케이션을 설정하고, Azure CLI를 사용하여 애플리케이션을 Azure에 배포하는 데 필요한 단계를 살펴보겠습니다.

다음 단계에 따라 Azure 계정을 만들 수 있습니다:

1. Azure 웹 사이트(https://azure.microsoft.com/free/)로 이동하여 무료로 시작하세요.

2. Microsoft 계정으로 로그인하거나 계정이 없는 경우 계정을 만듭니다.
3. 개인 정보 및 결제 세부 정보를 입력합니다. 유료 요금제로 업그레이드하지 않는 한 요금이 청구되지 않습니다.
4. 구독 유형을 선택하고 이용약관에 동의합니다.
5. 전화번호를 입력하고 받은 코드를 입력하여 계정을 인증합니다.
6. https://signup.azure.com/ 에서 계정에 로그인할 수 있습니다.
7. 로그인한 후 **시작** 페이지에서 **계정의 기존 구독 사용을 마우스** 왼쪽 버튼으로 클릭합니다. Azure 서비스 사용을 시작할 수 있는 portal.azure.com/#home으로 자동으로 리디렉션 됩니다(그림 3.6 참조).

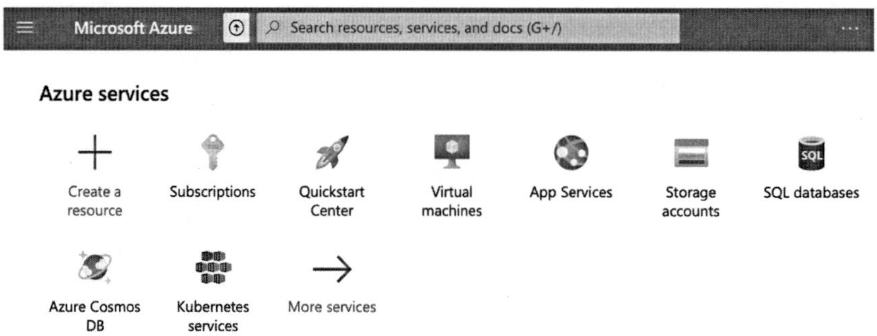

그림 3.6 Azure 홈 페이지

> **중요 참고 사항**
>
> 코드 버그 해결사 앱을 Azure 클라우드에 배포할 때 Flask 앱이 포함된 파일의 이름을 app.py로 지정하는 것이 중요합니다. Azure는 배포가 제대로 작동하려면 기본 파일의 이름이 app.py여야 한다고 예상하기 때문입니다.

Azure에 애플리케이션을 배포하려면 Azure **CLI(명령행 인터페이스)**를 설치해야 합니다. CLI는 Azure 리소스를 자동화하고 관리할 수 있는 효율적인 방법을 제공합니다. 다음은 Azure CLI를 설치하는 단계입니다.

다음은 macOS 사용자를 위한 단계입니다(https://learn.microsoft.com/en-us/cli/azure/install-azure-cli-macos):

1. macOS 터미널을 엽니다.
2. brew를 설치합니다. Homebrew는 macOS에서 널리 사용되는 패키지 관리자입니다:

```
$ /bin/bash -c "$(curl -fsSL https://raw.githubusercontent.
com/Homebrew/install/HEAD/install.sh)"
```

3. Homebrew가 설치되면 다음 명령을 실행하여 Azure CLI를 설치합니다:

```
brew update && brew install azure-cli
```

4. 다음 명령을 실행하여 설치가 성공적으로 완료되었는지 확인합니다:

```
$ az --version
```

5. 방금 설치한 Azure CLI의 버전 번호가 표시되어야 합니다:

```
azure-cli                          2.47.0

core                               2.47.0

telemetry                          1.0.8

Dependencies:
msal                               1.20.0

azure-mgmt-resource                22.0.0

Python location '/opt/homebrew/Cellar/azure-cli/2.47.0/libexec/
bin/python'
Extensions directory '/Users/martinyanev/.azure/cliextensions'
Python (Darwin) 3.10.11 (main, Apr 7 2023, 07:24:47) [Clang
14.0.0 (clang-1400.0.29.202)]
Legal docs and information: aka.ms/AzureCliLegal
Your CLI is up-to-date..
```

Windows 사용자를 위한 단계는 다음과 같습니다(https://learn.microsoft.com/en-us/cli/ azure/install-azure-cli-windows?tabs=azure-cli):

1. 웹 브라우저를 열고 https://docs.microsoft.com/en-us/cli/ azure/install-azure-cli-windows로 이동합니다.
2. **설치 또는 업데이트 부분**까지 아래로 스크롤하여 Microsoft **설치 관리자**(MSI) 탭을 클릭합니다.
3. **최신 버전의** Azure CLI 버튼을 클릭하여 MSI 패키지 다운로드를 시작합니다.

4. MSI 패키지가 다운로드 되면 파일을 두 번 클릭하여 설치 과정을 시작합니다.
5. 설치 마법사의 안내에 따라 설치 과정을 완료합니다.
6. 설치가 완료되면 명령 프롬프트 창 또는 PowerShell 창을 열고 다음을 입력합니다:

```
$ az -version
```

Linux 사용자(https://learn.microsoft.com/en-us/cli/azure/install- azure-cli-linux?pivots=script)의 경우 터미널에 다음을 입력할 수 있습니다:

```
curl -L https://aka.ms/InstallAzureCli | bash
```

이 줄에서 설치 스크립트를 자동으로 다운로드하고 Azure CLI를 설정하기 위한 모든 단계를 수행할 수 있습니다.

> **중요 참고 사항**
> Azure CLI를 설치한 후 CLI가 완전히 인식되고 작동하는지 확인하기 위해 터미널 창을 닫았다가 다시 열어야 할 수 있습니다.

이제 Linux 머신에서 Azure CLI를 사용할 수 있어야 합니다.

CLI를 사용하여 앱을 Azure에 배포하기 전에 CLI에서 Azure 계정에 로그인해야 합니다. 이렇게 하면 리소스를 관리하고 계정과 관련된 다른 작업을 수행할 수 있습니다.

Azure CLI를 사용하여 Azure 계정에 로그인하려면 터미널 창에 다음을 입력하면 됩니다:

```
$ az login
```

Azure 계정 자격 증명을 입력하라는 팝업 창이 나타납니다. 계정 이메일과 비밀번호를 입력하고 **로그인**Sign in 버튼을 클릭합니다. 로그인에 성공하면 명령 프롬프트에 인증되었음을 나타내는 메시지가 표시됩니다.

앱을 배포할 준비를 하려면 CodeBugFixer 프로젝트의 루트 디렉터리에 requirements.txt라는 파일을 만들어야 합니다. 이 파일에는 앱 실행에 필요한 모든 Python 패키지와 특정 버전이 나열됩니다. requirements.txt 파일을 사용하는 것은 프로젝트의 종속성을 문서화하고 관리하기 위해 Python 프로젝트에서 일반적인 관행입니다. 이 파일에는 모든 외부 패키지와 해당 패키지의 애플리케이션이 제대로 작동하는 데 필요한 버전입니다. txt 파일의 각 줄은 일반적으로 별도의 패키지를 나타내며 특정 버전 번호 또는 버전 범위를 포함할 수 있습니다. Azure는 이 파일을 사용하여 앱이 호스팅될 서버에 종속성을 설치합니다.

프로젝트 구조는 다음과 같아야 합니다:

```
CodeBugFixer/
├── config.py
├── app.py
├── requirements.txt
├── templates/
│   └── index.html
```

PyCharm 프로젝트에서 요구 사항.txt 파일을 만들려면 다음 단계를 따르세요:

1. PyCharm의 왼쪽에 있는 프로젝트 탐색기에서 CodeBugFixer 프로젝트 폴더를 마우스 오른쪽 버튼으로 클릭합니다.
2. Context 메뉴에서 **새로 만들기 | 파일**New | FIle을 선택합니다.
3. **새 파일**New file 대화 상자에서 requirements.txt를 파일 이름으로 입력합니다.
4. **만들기**Create 버튼을 클릭합니다.

파일이 생성되면 필요한 라이브러리를 추가할 수 있습니다. Flask 및 OpenAI 라이브러리를 포함하려면 requirememts.txt 파일에 다음 줄을 추가합니다:

```
Flask==2.2.3
openai==0.27.4
```

이제 모든 설정이 완료되었으므로 이제 앱을 Azure에 배포할 차례입니다. 이 작업을 수행하기 위해 Azure CLI를 사용하겠습니다. 먼저 프로젝트의 루트 디렉터리로 이동하여 app.py 및 requirements.txt 파일이 있는 위치를 찾습니다.

그런 다음 CLI에서 다음 명령을 실행합니다:

```
$ az webapp up --name <app_name>
```

이 명령에서 webapp up은 웹 앱을 Azure에 배포합니다. <app-name>을 원하는 고유 이름으로 바꿉니다.

앱을 배포한 후 모든 것이 올바르게 설정되었다면 Azure CLI 터미널에 JSON 출력이 표시되어야 합니다. 이 출력에는 앱 이름, URL, 위치, 리소스 그룹 및 기타 세부 정보와 같이 배포된 앱에 대한 정보가 포함됩니다. 또한 배포가 성공했는지 또는 오류가 있었는지 여부와 같은 배포 상태도 포함됩니다:

```
{
    "URL": "http:/<app_name>.azurewebsites.net",
    "appserviceplan":"martinyanev94_asp_7277",
    "location":"location",
    "name":"Your App Name",
    "os":"Linux",
    "resourcegroup":"resourcegroup",
    "runtime_version":"python|3.10",
    "runtime_version_detected":"-",
    "sku":"PREMIUMV2",
    "src_path":"//Local/app/path“
}
```

Azure에 앱을 성공적으로 배포한 후에는 JSON 출력에 제공된 URL을 사용하여 전 세계 어디에서나 앱에 접근할 수 있습니다. URL을 복사하여 웹 브라우저의 주소 표시줄에 붙여넣기만 하면 앱이 열립니다. 이 URL을 다른 사람과 공유하여 다른 사람이 Code Bug Fixer 앱을 사용하도록 할 수도 있습니다.

코드 버그 픽서 앱을 워드프레스 웹사이트에 업로드하려면 iframe을 사용하여 쉽게 업로드할 수 있습니다. 다음 코드를 복사하여 텍스트 편집기에 붙여넣고 <your_ app_url>을 배포한 앱의 URL로 바꾸기만 하면 됩니다:

```
<iframe src="<your_app_URL> " width="100%" height="1000"></iframe>
```

이렇게 하면 웹사이트에 앱이 임베드[embed]되어 방문자가 페이지에서 바로 앱에 접근할 수 있습니다.

마지막으로, 배포된 애플리케이션은 Azure 웹 포털에서 접근할 수 있습니다. Azure 웹 계정에서

앱에 접근하려면 다음 단계를 따르세요:

1. Azure 포털(https://portal.azure.com/#home)에 로그인합니다.
2. 왼쪽 메뉴에서 **앱 서비스**App Services를 클릭합니다.
3. 여기에서 배포한 앱을 관리할 수 있습니다.

여기에서 Azure 웹 계정에서 배포를 수정하거나 삭제할 수 있습니다(그림 3.7 참조):

- 배포를 수정하려면 Azure CLI 또는 Azure 포털을 사용하여 코드의 새 버전을 업로드하면 됩니다.
- 배포deployment를 삭제하려면 Azure 포털의 앱 **개요**Overview 페이지에서 **삭제**Delete 버튼을 클릭하기만 하면 됩니다.

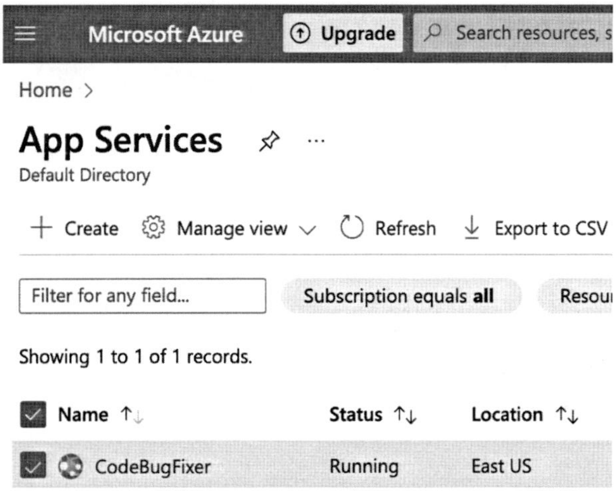

그림 3.7 Azure 클라우드 앱 관리

이것이 Azure CLI를 사용하여 Azure 클라우드에 앱을 배포하는 방법입니다. Azure 계정을 만들고, Azure CLI를 설치하고, 앱을 배포할 준비를 하는 모든 단계를 나열했습니다. 또한 이 절에서는 올바른 배포를 위해 앱의 메인 파일 이름을 app.py로 지정해야 하며, 앱 실행에 필요한 모든 Python 패키지를 나열하기 위해 requirements.txt 파일이 필요하다는 점을 강조했습니다. macOS 및 Windows 사용자를 위한 Azure CLI를 설치하는 단계도 나열되었습니다.

요약

이 장에서는 사용자에게 코드 오류 설명과 수정 사항을 제공하기 위해 OpenAI의 GPT-3 언어 모델을 사용하는 AI 기반 SaaS 애플리케이션인 코드 버그 픽서의 생성 및 배포에 대해 설명했습니다. 플라스크를 사용하여 애플리케이션을 구축하고, 코드 및 오류 메시지에 대한 사용자 입력을 받는 웹 양식을 만들고, 생성된 설명과 해결책을 표시하기 위한 웹 인터페이스를 디자인하는 방법을 다루었습니다. 또한 이 장에서는 애플리케이션에 보안 및 확장성 기능을 제공하는 Azure 클라우드 플랫폼에 애플리케이션을 테스트하고 배포하는 방법에 대한 지침도 제공했습니다.

또한 HTML과 CSS를 사용하여 기본 HTML 구조, 헤더, 입력 양식, 사용자가 코드와 오류 메시지를 입력할 수 있는 텍스트 영역이 포함된 두 개의 열을 추가하여 코드 버그 픽서의 사용자 인터페이스를 만드는 방법을 배웠습니다. 테스트 과정에는 두 가지 프로그래밍 언어인 Python과 Java로 애플리케이션에 대한 테스트 케이스를 실행하는 것이 포함되었습니다. 사용자는 주어진 단계를 따라 애플리케이션이 코드를 정확하게 복구하는지 여부를 확인할 수 있습니다. 이 장에서는 사용자가 코드의 오류를 수정하는 데 도움이 되는 AI 기반 SaaS 애플리케이션을 구축, 테스트 및 배포하는 데 대한 포괄적인 가이드를 제공했습니다.

*4장, '코드 버그 픽서 애플리케이션과 결제 서비스 통합하기'*에서는 Stripe API를 사용하여 인기 있는 Stripe 결제 서비스를 웹 애플리케이션에 통합하는 방법을 알아봅니다. 이 장에서는 Stripe 계정을 설정하고, API 키를 구성하고, 사용자 결제 정보를 수집하기 위한 양식을 만들고, Stripe를 통해 안전하게 결제를 처리하는 단계별 과정을 다룹니다. 또한 향후 거래 및 분석을 위해 사용자 데이터를 안전하게 추적하고 저장하는 방법도 설명합니다.

제4장
코드 버그 픽서 애플리케이션과 결제 서비스 통합하기

이 장에서는 Stripe API를 사용하여 ChatGPT 코드 버그 해결사 애플리케이션에 결제 서비스를 통합하는 방법을 살펴보겠습니다. 이를 통해 사용자가 ChatGPT 애플리케이션에서 수행한 방문 횟수를 추적하고 프리미엄 기능이나 콘텐츠에 대한 결제 메커니즘을 구현할 수 있습니다. 또한 사용자 데이터와 트랜잭션을 추적하는 데 필요한 ChatGPT 프로젝트에서 기본 데이터베이스를 사용하는 방법도 배우게 됩니다.

먼저 Stripe을 소개하고 계정과 API 키를 설정하는 방법을 보여드리겠습니다. 그런 다음 사용자 데이터와 거래 내역을 저장하는 데 사용되는 SQL 사용자 데이터베이스를 생성하는 단계를 안내합니다. 마지막으로 결제 과정 생성, 결제 웹훅webhook 처리, 데이터베이스 업데이트 등 Stripe API를 사용하여 ChatGPT 애플리케이션에 결제 기능을 추가하는 과정을 안내해 드리겠습니다.

이 장에서는 다음을 수행하는 방법을 알아봅니다:

- Stripe를 사용하여 ChatGPT 애플리케이션에서 결제를 구현하기.
- 사용자 관리를 위한 기본 SQL 데이터베이스를 설정하기.
- Stripe을 ChatGPT API와 통합하여 앱 사용 횟수를 추적할 수 있습니다.
- Stripe의 테스트 모드를 사용하여 결제 흐름을 테스트하기.
- Stripe의 대시보드 및 분석 기능을 사용하여 결제 데이터를 모니터링하고 분석하기.

이 장이 끝나면 ChatGPT 애플리케이션에 결제 서비스를 추가하고 성공적인 온라인 비즈니스를 구축하는 데 필요한 지식과 도구를 갖추게 됩니다.

기술 요구 사항

이 프로젝트의 기술 요구 사항은 다음과 같습니다:

- 컴퓨터에 Python 3.7 이상이 설치되어 있어야 합니다.
- PyCharm과 같은 코드 편집기(권장).
- Python 가상 환경.
- OpenAI API 키.
- Stripe 계정 및 API 키.

다음 절에서는 Stripe와 결제를 통합하는 방법을 배웁니다. Stripe 계정을 생성하고, 필요한 API 키를 얻고, 애플리케이션에서 사용할 Stripe API를 설정하는 방법을 확인할 수 있습니다.

이 장의 코드 예제는 https://github.com/ PacktPublishing/Building-AI-Applications-with-ChatGPT-APIs/tree/ main/Chapter04%20CodeBugFixer에서 확인할 수 있습니다.

결제와 Stripe 통합

Stripe는 온라인에서 간편하게 결제를 수락할 수 있는 인기 있는 결제 게이트웨이gateway입니다. 이를 통해 기업과 개인은 인터넷을 통해 결제를 수락하고, 구독을 관리하고, 수익을 한 곳에서 모두 추적할 수 있습니다. Stripe에는 개발자가 웹사이트와 애플리케이션에 결제 기능을 통합할 수 있는 사용하기 쉬운 API가 있습니다. 먼저 Stripe 계정을 생성하고 Stripe API에 대한 요청을 인증하는 데 사용할 Stripe API 키를 구성합니다. 여기서는 Stripe API를 사용하여 결제 양식을 생성하고 Python 코드에서 안전하게 결제를 처리합니다.

코드 빅 픽서Code Big Fixer 애플리케이션에서 결제를 수락하기 위한 첫 번째 단계는 Stripe 계정을 생성하는 것입니다. Stripe는 비즈니스가 온라인에서 결제를 수락할 수 있게 해주는 인기 있는 결제 처리 플랫폼입니다. Stripe 계정을 설정하면 ChatGPT 애플리케이션과 통합하여 사용자로부터 결제를 수락할 수 있습니다. Stripe 계정 설정은 쉽고 간단하며 모든 단계를 안내해 드립니다.

Stripe를 시작하려면 계정을 만들어야 합니다. 다음 단계에 따라 새 Stripe 계정을 만듭니다:

1. Stripe 웹사이트 등록 양식으로 이동: https://dashboard.stripe.com/ 등록(그림 4.1 참조).
2. 등록 양식에 개인 또는 비즈니스 정보를 입력합니다. 이름, 이메일 주소, 비밀번호를 입력

해야 합니다.

3. Stripe에서 보내는 확인 이메일의 링크를 클릭하여 이메일 주소를 확인합니다.
4. 비즈니스 이름, 주소, 납세자 식별 번호(선택 사항) 등 비즈니스 세부 정보를 입력합니다.
5. 결제 설정을 설정합니다. 모든 주요 신용카드와 직불카드는 물론 Apple Pay, Google Pay (선택 사항)와 같은 디지털 지갑을 통한 결제를 허용하도록 선택할 수 있습니다.

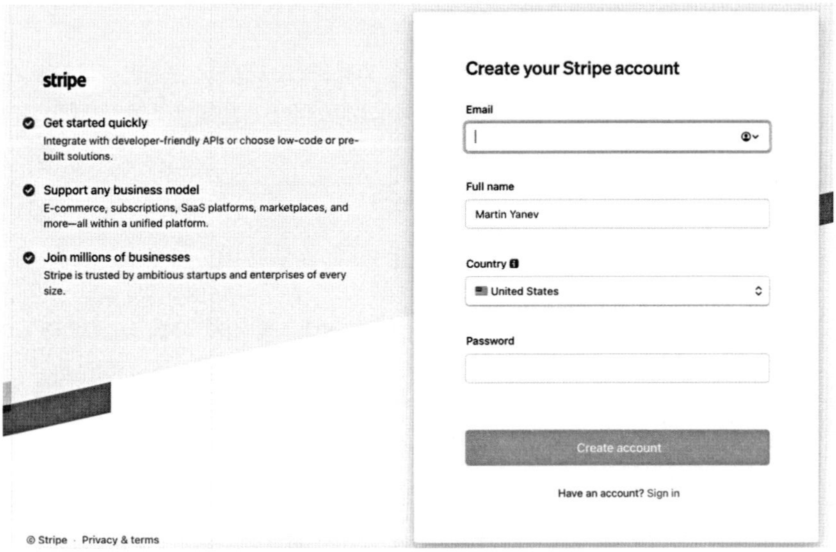

그림 4.1 스트라이프 등록 양식

Stripe 계정을 생성하고 나면 고객으로부터 결제를 받을 수 있습니다. 그림 4.2에 표시된 것처럼 Stripe의 대시보드를 사용하여 거래를 관리하고 환불을 발행하며 결제 활동에 대한 보고서를 볼 수도 있습니다. Stripe는 플랫폼을 통해 처리되는 각 거래에 대해 수수료를 부과하지만 수수료는 경쟁력 있고 투명합니다.

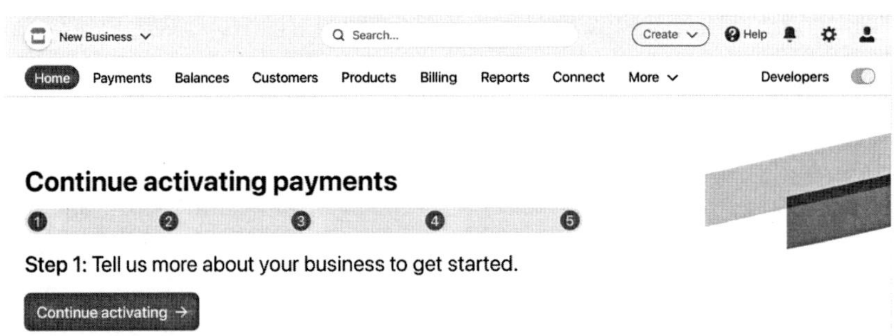

그림 4.2 스트라이프 대시보드

다음으로, 나중에 애플리케이션에서 결제 처리를 용이하게 하는 데 사용되는 Stripe API 키에 접근해야 합니다. 대시보드에서 화면 왼쪽에 있는 **개발자**Developers 탭을 클릭한 다음 **API 키**API keys 를 클릭합니다. 이 페이지에는 라이브 및 테스트 API 키와 함께 각 키의 비밀을 공개하는 옵션이 표시됩니다. ChatGPT 애플리케이션에서 Stripe에 API 요청을 할 때 키가 필요하므로 키를 복사하여 안전하게 저장해야 합니다.

> **중요 참고 사항**
>
> 라이브 API 키는 Stripe 계정의 민감한 데이터에 액세스하고 사용자가 변경할 수 있도록 허용하므로 공개적으로 공유하지 말고 비공개로 유지해야 합니다. 대신 개발 및 테스트 목적으로 테스트 API 키를 사용할 수 있습니다.

Stripe는 게시 가능한 키, 비밀 키, 테스트 키 등 세 가지 유형의 API 키를 제공합니다:

1. **게시 가능한 키**Publishable Key는 클라이언트 측에서 Stripe에 안전하게 요청하는 데 사용됩니다. 계정에 대한 접근 권한이 없으며 공개적으로 공유할 수 있습니다. 이 키는 일반적으로 애플리케이션 프론트엔드에 배치됩니다.
2. **비밀 키**Secret Key는 서버 측에서 Stripe에 요청하는 데 사용되며, 청구 기능을 포함하여 계정에 대한 모든 접근 권한을 가집니다. 비밀 키는 비밀로 유지해야 하며 절대 공개적으로 공유해서는 안 됩니다. 이 키는 일반적으로 애플리케이션 백엔드에 배치됩니다.
3. **테스트 키**Test Key는 테스트 환경에서 비용을 청구하지 않고 테스트 트랜잭션을 수행하는 데 사용됩니다. 비밀 키처럼 작동하지만 테스트 데이터에만 영향을 미치므로 프로덕션 환경에서는 사용해서는 안 됩니다.

API 키API Keys 페이지에 **게시 가능**Publishable 키와 **테스트** API 키가 모두 표시됩니다. **게시 가능**Publishable 키는 애플리케이션의 프론트엔드에서 Stripe에서 귀하의 계정을 식별하는 데 사용되며, **테스트** 키는 Stripe와의 서버 측 통신에 사용됩니다. **게시 가능**Publishable 키는 ChatGPT 애플리케이션의 프론트엔드 코드에 추가하고 **테스트 키**는 백엔드 코드에 추가해야 합니다.

온라인에서 간편하게 결제를 수락할 수 있는 인기 있는 결제 게이트웨이인 **Stripe**를 사용하여 웹사이트나 애플리케이션에 결제를 통합하는 방법입니다. 이 절에서는 Stripe를 사용하기 위해 Stripe 계정을 생성하고 접근 수준이 다르므로 보안을 유지해야 하는 게시 가능한 키와 비밀 키를 포함한 API 키를 얻었습니다. 또한 Stripe 계정을 생성하고 필요한 API 키를 얻는 방법에 대한 단계별 가이드도 확인했습니다.

다음 절에서는 코드 빅 픽서Code Big Fixer 애플리케이션을 위한 SQL 사용자 데이터베이스를 설정하는 방법을 배웁니다. 다양한 결제 모델을 살펴보고 구독 기반 결제 플랜을 설계하는 방법을 이해합니다.

SQL 사용자 데이터베이스 설정

애플리케이션에 결제 인프라를 구현하기 전에 웹 애플리케이션 사용자에게 요금을 부과하는 방법과 관련된 비즈니스 전략을 결정하는 것이 중요합니다. 이를 달성하는 방법에는 여러 가지가 있습니다:

- **구독 요금제**Subscription plan: 사용자가 월별 또는 연간 등 정기적으로 서비스 또는 제품에 대한 비용을 지불할 수 있는 반복 결제 모델입니다. 사용자가 서비스 또는 콘텐츠에 대한 접근 비용을 지불하는 **서비스형 소프트웨어**Software-as-a-Service SaaS 제품 및 온라인 출판물에 대한 일반적인 결제 옵션입니다.
- **단번 결제 요금제**One-time payment plan: 고객이 제품 또는 서비스에 대해 한 번만 결제합니다.
- **종량제 요금제**Usage-based plan: 고객은 조회수 당 단가pay-per-view 또는 클릭 당 단가pay-per-click와 같은 제품 또는 서비스 사용량에 따라 요금이 부과됩니다.

코드 빅 픽서code big fixer 애플리케이션의 경우 사용자가 선택할 수 있는 세 가지 요금제를 제공하는 구독 모델을 설계할 예정입니다. 또한, 사용자 온보딩onboarding 과정을 보다 원활하게 진행하기 위해 사용자가 결제 요금제에 가입하기 전에 애플리케이션을 일정 횟수 사용해 볼 수 있는 **무료 체험** 기간을 포함할 예정입니다.

무료 체험 기간을 통해 사용자는 애플리케이션의 기능을 살펴보고 자신의 필요에 맞는지 판단할 수 있습니다. 평가판 기간 동안 사용자는 특정 횟수 동안 무료로 애플리케이션을 사용할 수 있습니다. 평가판 기간이 지나면 애플리케이션을 계속 사용하려면 결제 요금제를 선택하라는 메시지가 표시됩니다. 이러한 구독 기반 접근 방식은 사용자와 애플리케이션 소유자 모두에게 유익합니다. 사용자는 자신의 예산과 사용량에 가장 적합한 구독 요금제를 선택할 수 있고, 회사는 구독 요금으로 꾸준한 수익을 창출할 수 있습니다.

애플리케이션의 결제 메커니즘을 구현하기 위해서는 사용자 방문과 사용량을 추적할 수 있는 데이터베이스를 설정해야 합니다. 데이터베이스에는 애플리케이션에 접근하는 각 사용자에게 고유한 브라우저 ID(표 4.1 참조)와 각 사용자가 애플리케이션에 접근한 횟수를 추적하는 사용량 카운터라는 두 가지 유형의 정보가 기록되어야 합니다. 이 정보를 추적하면 고유한 사용자를 식별하고 구독 요금제를 선택하라는 메시지가 표시되기 전에 허용된 무료 방문 횟수를 초과하지 않았는지 확인할 수 있습니다.

표 4.1 데이터베이스에 수집된 사용자 데이터

브라우저 ID	사용량 카운터
28ec523f092	3
58c9f5702fd	6
c59523926d	10

이제 탄탄한 비즈니스 계획을 수립했으므로 이제 결제 서비스를 ChatGPT 애플리케이션에 통합하기 위한 기술적 세부 사항을 살펴볼 수 있습니다. 하지만 그 전에 SQL 데이터베이스를 초기화해야 합니다.

SQL 데이터베이스 초기화

SQL 데이터베이스는 사용자가 애플리케이션에서 수행한 방문 횟수를 추적하는 데 필수적이며, 이를 통해 Stripe API를 사용하여 결제 메커니즘을 구현할 수 있습니다. 데이터베이스를 보유하면 사용자 및 사용자와 애플리케이션의 상호 작용과 관련된 데이터를 쉽게 저장하고 검색할 수 있으므로 결제 과정을 원활하게 관리할 수 있습니다.

이제 PyCharm에서 코드 버그 픽서 애플리케이션의 app.py 파일을 열고 Stripe 및 SQL 데이터베이스에 접근하는 데 필요한 모든 라이브러리를 가져와 보겠습니다:

app.py

```
from flask import Flask, request, render_template
import openai
import config
import hashlib
import sqlite3
import stripe
```

방금 app.py 파일에 다음 라이브러리를 추가했습니다:

- hashlib: 보안 해시 알고리즘을 위한 인터페이스를 제공합니다. 데이터의 해시값을 생성

하는 데 사용됩니다. 저희의 경우 보안을 위해 사용자 정보를 데이터베이스에 저장하기 전에 해시값을 생성하는 데 hashlib를 사용합니다.

- sqlite3: 이 라이브러리는 별도의 서버 과정이 필요 없는 경량 디스크 기반 데이터베이스를 제공하며, SQL 명령을 사용하여 데이터베이스에 접근할 수 있습니다. 사용자 정보를 저장할 데이터베이스를 생성하고 관리하는 데 사용합니다.
- stripe: 애플리케이션에서 결제를 처리할 수 있도록 Stripe API용 Python 클라이언트를 제공하는 타사 라이브러리입니다. 당사는 이를 사용하여 사용자가 애플리케이션을 통해 결제한 금액을 처리합니다.

sqlite3 및 hashlib는 Python에 내장된 라이브러리이지만, 스트라이프를 설치해야 합니다. **보기 | 도구 창 | 터미널**View | Tool Windows | Terminal로 이동하여 새 PyCharm 터미널을 열고 다음을 입력하면 간단히 설치할 수 있습니다:

```
$ pip install stripe
```

Stripe를 성공적으로 설치한 후에는 Stripe 테스트 키 구성을 진행할 수 있습니다. 이렇게 하려면 Stripe 대시보드로 이동한 다음 **개발자**Developers 탭으로 이동한 다음 **API 키**API keys 절로 이동하면 됩니다. 여기에서 테스트 키를 표시하는 옵션을 클릭하면 테스트 키를 복사하여 사용할 수 있습니다.

새 API 키 항목을 만들려면 코드 버그 픽서 프로젝트에 나열된 파일을 필요한 대로 수정합니다:

config.py

```
api_key = "<YOUR_OPENAI_API_KEY>"
STRIPE_TEST_KEY = "<YOUR_STRIPE_API_TEST_KEY>"
```

app.py

```
openai.api_key = config.API_KEY
stripe.api_key = config.STRIPE_TEST_KEY
```

이 코드는 config.py 파일에 Stripe API 테스트 키를 추가한 다음 app.py 파일에서 이 키를 검색하여 애플리케이션이 지정된 키를 사용하여 Stripe API와 안전하게 통신할 수 있도록 합니다.

다음 단계는 app.py의 API 키 바로 아래에 initialize_database() 함수를 추가하는 것입니다. 이 함수는 표 4.1에 표시된 것처럼 지문과 사용량 카운터에 대한 두 개의 열이 있는 SQLite 데이터베이스와 사용자 테이블을 생성합니다:

```
def initialize_database():
    conn = sqlite3.connect('app.db') c = conn.cursor()
    c.execute(
        '''CREATE TABLE IF NOT EXISTS users (fingerprint text primary
key, usage_counter int)''')
    conn.commit()
    conn.close()
```

앞의 함수는 Python의 sqlite3 라이브러리를 사용하여 app. db라는 이름의 새로 생성된 SQLite 데이터베이스에 대한 연결을 설정합니다. 그런 다음 SQL 명령을 실행하고 데이터베이스에서 결과를 가져오는 데 사용되는 c라는 **커서 객체**cursor object를 만듭니다. 커서 객체를 사용하면 테이블 생성, 데이터 삽입, 데이터 업데이트 등 데이터베이스에서 다양한 작업을 수행할 수 있습니다.

그런 다음 커서 개체를 사용하여 연결된 SQLite 데이터베이스에 users라는 테이블을 생성하는 SQL 명령을 실행합니다. 이 테이블에는 fingerprint와 usage_counter;는 두 개의 열이 있으며, 지문 열에는 사용자 브라우저 ID가, 사용량_카운터에는 특정 사용자의 애플리케이션 사용 횟수가 저장됩니다. primary key 키워드는 fingerprint 열이 테이블의 기본 키primary key임을 지정합니다.

마지막으로 이전 SQL 명령으로 데이터베이스에 변경한 내용을 커밋하여 영구적으로 적용하고 데이터베이스 연결을 닫아 연결에서 사용하던 리소스를 확보할 수 있습니다.

코드 버그 픽서 애플리케이션을 위한 SQL 데이터베이스를 초기화하는 방법입니다. 이 라이브러리들은 모두 SQL 데이터베이스를 생성하고 Stripe 테스트 키를 구성하는 데 필요한 라이브러리입니다. 다음 단계에서는 애플리케이션을 사용하는 개별 사용자를 인식하는 데 도움이 되는 지문 브라우저를 획득하는 과정을 살펴봅니다.

브라우저 지문 ID 가져오기

웹 애플리케이션의 고유 사용자를 추적하고 식별하려면 해당 사용자의 브라우저 지문을 얻을 수 있는 방법이 필요합니다. 브라우저 지문은 브라우저 유형, 화면 해상도, 설치된 글꼴 등 다양한 매개변수를 기반으로 브라우저에서 생성한 고유 식별자입니다. 이 절에서는 Python에서 브라우저 지문 ID를 얻는 방법을 살펴보겠습니다.

애플리케이션의 각 개별 작업에 대해 전용 Python 함수를 사용하는 것이 좋은 관행으로 간주되며 브라우저 지문을 생성하는 것도 예외는 아닙니다. 따라서 initialize_database() 함수 아래에 get_fingerprint()라는 함수를 새로 만드는 것이 적절합니다:

```
def get_fingerprint():
    browser = request.user_agent.browser
    version = request.user_agent.version and float(
    request.user_agent.version.split(".")[0])
    platform = request.user_agent.platform
    string = f"{browser}:{version}:{platform}"
    fingerprint = hashlib.sha256(string.encode("utf-8")).hexdigest()
    print(fingerprint)
    return fingerprint
```

get_fingerprint() 함수는 대부분의 경우 애플리케이션과 상호 작용하는 각 사용자에 대해 고유한 브라우저 지문을 생성하는 Flask view 함수입니다. 지문은 브라우저 유형, 버전 및 플랫폼을 기반으로 사용자를 고유하게 식별하는 문자열의 해시입니다.

> **중요 참고 사항**
>
> 브라우저 지문이 모든 사용자에 대해 100% 고유하다고 보장할 수는 없지만, 브라우저 지문은 종종 한 사용자를 다른 사용자와 구별하는 비교적 고유한 식별자를 생성할 수 있습니다. IP 주소나 MAC 주소와 같은 디바이스별 식별자 같은 식별자는 실제 애플리케이션에 더 적합합니다.

먼저, 이 함수는 request.user_ agent를 사용하여 request.user_agent 객체를 가져옵니다. 이 객체에는 사용자의 브라우저, 플랫폼, 버전에 대한 정보가 포함되어 있습니다.

다음으로 이 함수는 브라우저, 버전, 플랫폼 정보를 콜론(:)으로 구분하여 연결하여 문자열을 구성합니다. 이 문자열은 **SHA-256** 알고리즘을 사용하여 입력 문자열의 해시를 생성하는 sha256() 함수에 대한 입력으로 사용됩니다. 결과 해시는 고유한 브라우저 지문을 나타내는 64자 16진수 문자열입니다. 또한 PyCharm 로그에서 지문을 확인할 수 있도록 print() 문을 추가합니다.

이 함수는 생성된 **지문** 문자열을 반환합니다. 나중에 애플리케이션에서 사용자가 애플리케이션에 접근한 횟수를 추적할 수 있도록 각 사용자에 대한 사용 카운터와 함께 지문을 SQLite 데이터베이스에 저장합니다. 이 정보는 사용자가 애플리케이션을 계속 사용하기 위해 비용을 지불해야 하는지 여부를 결정하는 데 사용됩니다.

이제 다음 절에서 사용자당 앱 사용 횟수를 가져와 사용자 추적 메커니즘의 마지막 부분을 다룰 차례입니다.

애플리케이션 사용자 추적

이 절에서는 애플리케이션 백엔드의 사용량 카운터 기능에 대해 자세히 살펴보겠습니다. 특히, 사용자의 브라우저 지문 ID와 연결된 사용량 카운터를 검색하고 업데이트하는 get_usage_counter() 및 update_usage_counter() 함수를 살펴보겠습니다. 이 함수는 사용자가 사용 한도를 초과하여 애플리케이션을 계속 사용하기 위해 결제를 해야 하는 시점을 판단하는 데 중요한 역할을 합니다.

get_usage_counter() 함수는 SQLite 데이터베이스에서 특정 브라우저 지문에 대한 사용 카운터를 검색하는 역할을 담당합니다. 이 카운터는 해당 지문을 가진 사용자가 코드 오류를 제출한 횟수를 추적합니다:

```
def get_usage_counter(fingerprint):
    conn = sqlite3.connect('app.db')
    c = conn.cursor()
    result = c.execute('SELECT usage_counter FROM users WHERE
                        fingerprint=?', [fingerprint]).fetchone()
    conn.close()
    if result is None:
        conn = sqlite3.connect('app.db')
        c = conn.cursor()
        c.execute('INSERT INTO users (fingerprint, usage_counter)
                   VALUES ' '(?, 0)', [fingerprint])
        conn.commit()
        conn.close()
        return 0
    else:
        return result[0]
```

이 함수는 주어진 브라우저 지문에 대한 사용 카운터를 검색하는 데 사용되므로 fingerprint을 인수로 받습니다. 지문은 애플리케이션의 각 사용자에 대한 고유 식별자 역할을 하며, 함수는 데이터베이스에서 해당 지문과 연관된 사용 카운터를 조회합니다. 이 함수는 app.db라는 SQLite 데이터베이스에 대한 연결을 생성한 다음 데이터베이스에서 SQLite 명령을 실행할 수 있는 커서 객체를 생성합니다.

그런 다음 c.execute() 명령은 fingerprint 및 usage_counter라는 두 개의 열이 있는 users라는 새 데이터베이스 테이블을 만듭니다. 이 명령은 테이블이 아직 존재하지 않는 경우에만 테이블을 생성합니다.

result는 SQL 쿼리를 실행하여 사용자 테이블에서 지정된 지문에 대한 usage_counter 열의 값을 가져옵니다. 이 쿼리는 **매개변수화 된** 쿼리와 fetchone() 메서드를 사용하여 수행됩니다. 지정된 지문에 대한 레코드가 없으면 새 사용자에 대한 결과가 없음으로 설정됩니다.

데이터베이스와의 연결이 닫히면 함수는 이전 데이터베이스 쿼리 결과가 None인지 아닌지 확인합니다. None이면 사용자 테이블에 제공된 지문에 대한 레코드가 없음을 의미합니다. 이 경우 함수는 다음을 수행합니다:

1. 데이터베이스에 연결합니다.
2. 커서 개체를 만듭니다.
3. usage_counter 값이 0인 지문에 대한 새로운 기록를 삽입합니다.
4. 데이터베이스에 변경 사항을 커밋commit합니다.
5. 연결을 닫습니다.
6. 0을 반환합니다.

결과가 None이 아니라면 user 테이블에 제공된 fingerprint에 대한 레코드record가 이미 있다는 뜻입니다. 이 경우 이 함수는 레코드record의 usage_counter 열의 값을 반환합니다. 본질적으로 이 함수는 새 사용자의 경우 0 값을 반환하거나 데이터베이스에 이미 있는 사용자의 사용 횟수를 반환하는 것을 목표로 합니다.

반면 update_usage_counter() 함수는 주어진 브라우저 지문에 대한 데이터베이스의 사용 카운터를 업데이트하는 역할을 담당합니다. 이 함수는 브라우저 지문과 업데이트된 사용량 카운터 값이라는 두 가지 인수를 받습니다:

```
def update_usage_counter(fingerprint, usage_counter):
    conn = sqlite3.connect('app.db')
    c = conn.cursor()
    c.execute('UPDATE users SET usage_counter=? WHERE fingerprint=?',
              [usage_counter, fingerprint])
    conn.commit()
    conn.close()
```

데이터베이스에 연결되고 에디션 커서가 생성되면 이 함수는 코드 버그 픽서 앱을 사용할 때마다 사용량 카운터를 업데이트합니다. 커서 객체의 실행 메서드를 사용하여 제공된 지문을 가진 사용자에 대한 사용량 카운터 필드를 업데이트하는 SQL 문을 실행합니다.

SQL 문은 placeholders ? 를 사용하여 usage_counter 및 fingerprint 값을 삽입해야 하는 위치를 나타냅니다. 삽입할 값은 SQL 문에 나타나는 순서대로 execute()의 두 번째 인수에 목록으로 전달됩니다. WHERE 절을 사용하면 지정된 fingerprint과 일치하는 행에만 업데이트가 적용되도록 할 수 있습니다.

요약하자면, get_usage_counter() 함수는 SQLite 데이터베이스에서 사용자의 브라우저 지문 ID에 대한 사용 카운터를 검색하고, update_usage_counter() 함수는 코드 버그 수정 앱을 사용할 때마다 주어진 지문에 대한 데이터베이스의 사용 카운터 값을 업데이트합니다. 이러한 함수는 사용자가 사용 한도를 초과하여 애플리케이션을 계속 사용하려면 결제하라는 메시지를 표시해야 하는 시점을 판단하는 데 매우 중요합니다. 이제 지금까지 만든 모든 함수를 코드 버그 픽서 애플리케이션 index() 페이지에 구현할 수 있습니다.

사용량 카운터 구현

이 절에서는 앞서 만든 모든 함수를 코드 버그 픽서 애플리케이션의 index() 페이지에 통합하겠습니다. 이렇게 하면 사용자가 코드 오류를 제출한 횟수와 제출 횟수 제한인 3회에 도달했는지, 따라서 계속 제출하려면 비용을 지불해야 하는지 여부를 추적할 수 있습니다. 또한 각 제출을 고유한 브라우저 지문과 연결하여 사용자가 다른 별칭을 사용하여 여러 오류를 제출하는 것을 방지할 수 있습니다:

```
app.route("/", methods=["GET", "POST"])
def index():
    initialize_database()
    fingerprint = get_fingerprint()
    usage_counter = get_usage_counter(fingerprint)
```

앞의 코드 스니펫code snippet은 세 가지 필수 작업을 수행합니다. 먼저 데이터베이스를 초기화한 다음 사용자의 브라우저 지문을 검색하고 데이터베이스에서 현재 사용 카운터를 가져옵니다. 사용자에 대한 데이터베이스 테이블이 아직 존재하지 않는 경우 생성됩니다. 지문 변수는 사용자를 고유하게 식별하고 사용 카운터를 추적할 수 있게 해줍니다.

초기화가 완료되면 사용량 카운터가 특정 숫자보다 높을 경우 결제 페이지로 제어권을 넘기는 규칙을 설정해야 합니다:

```
if request.method == "POST":
    if usage_counter > 3:
        return render_template("payment.html")
```

그런 다음 HTTP 요청 메서드가 사용자가 웹사이트에서 양식을 제출했음을 나타내는 POST인지 확인합니다. 이 경우 사용자가 코드 버그 픽서에서 수정할 코드를 제출했음을 의미합니다. 그런 다음 앱은 사용자의 사용 카운터가 3보다 큰지 확인합니다. 3보다 크면 사용자가 무료 사용 한도를 초과했음을 의미하며 결제 페이지로 이동해야 합니다. 이 함수는 payment.html 페이지의 렌더링 된 템플릿을 반환합니다. 또한 PyCharm 로그에서 카운터 증가를 확인할 수 있도록 print() 문을 추가합니다.

사용 카운터가 초기화되고 허용된 사용 횟수보다 많은지 확인하는 메커니즘을 갖춘 후, 마지막 단계는 사용자가 코드 버그 픽서를 사용할 때마다 사용 카운터가 증가하도록 하는 것입니다:

```
fixed_code_prompt = (f"Fix this code: \n\n{code}\n\nError:\n\n{error}."
    f" \n Respond only with the fixed code."
)
fixed_code_completions = openai.Completion.create(
    engine=model_engine,
    prompt=fixed_code_prompt,
    max_tokens=1024,
    n=1,
    stop=None,
    temperature=0.9,
)
fixed_code = fixed_code_completions.choices[0].text
usage_counter += 1
print(usage_counter)
update_usage_counter(fingerprint, usage_counter)
```

앞서 설명한 것처럼 두 번째 ChatGPT API 완료 코드 뒤에 이러한 증분을 추가할 수 있습니다. 먼저 사용자가 서비스를 한 번 더 사용했음을 의미하는 usage_counter 변수를 1씩 증가시킵니다. 그런 다음 브라우저 지문으로 식별된 사용자에 대한 데이터베이스의 usage_counter 값을 업데이트합니다. 이렇게 하면 사용 카운터가 사용자 세션 전체에 걸쳐 영구적으로 유지되고 사용자가 서비스를 사용한 총 횟수를 반영할 수 있습니다. 또한 PyCharm 로그에서 카운터 증가를 확인할 수 있도록 print() 문을 추가합니다.

이제 코드 버그 픽서 애플리케이션을 실행하여 사용량 추적 방법이 성공적으로 작동하는지 확인할 수 있습니다. 코드 버그 픽서가 실행되면 관련 필드에 샘플 버그 코드와 오류를 입력한 다음 코드 수정Code Fix 버튼을 클릭할 수 있습니다. 이 작업을 두 번 수행하여 사용량 카운터가 두 번 증가하도록 합니다. ChatGPT API에 대한 응답을 받고 코드 버그 픽서의 고정 코드Fixed Code 및 설명Explanation 필드가 채워지면 PyCharm 실행Run 창으로 돌아가서 지문과 사용 카운터가 표시되는지 확인할 수 있습니다(그림 4.3 참조).

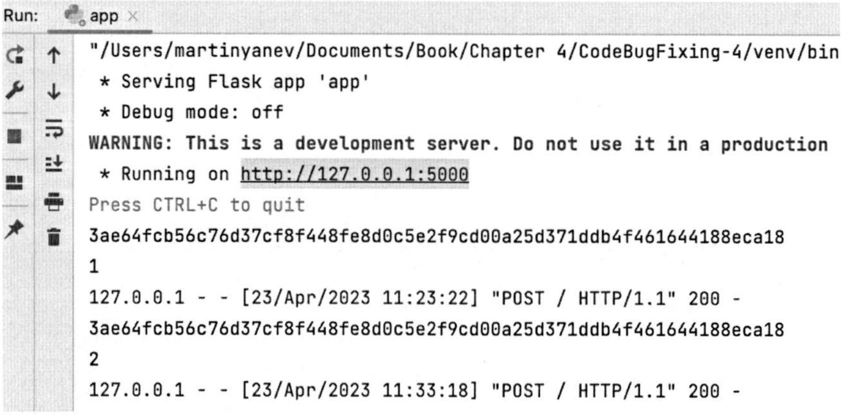

그림 4.3 브라우저 지문 및 사용 카운터 로깅

3ae64fc...는 특정 브라우저 지문이며, 이 숫자는 현재 애플리케이션을 사용한 횟수를 나타냅니다. ChatGPT API에 두 번의 요청을 수행했으므로 카운터는 두 번 증가했습니다.

새 데이터베이스가 생성되었는지 확인하려면 프로젝트 디렉터리에서 app.db라는 파일을 확인하면 됩니다. 이 파일에는 모든 사용자 데이터가 저장되며 애플리케이션을 종료했다가 다시 시작해도 유지됩니다.

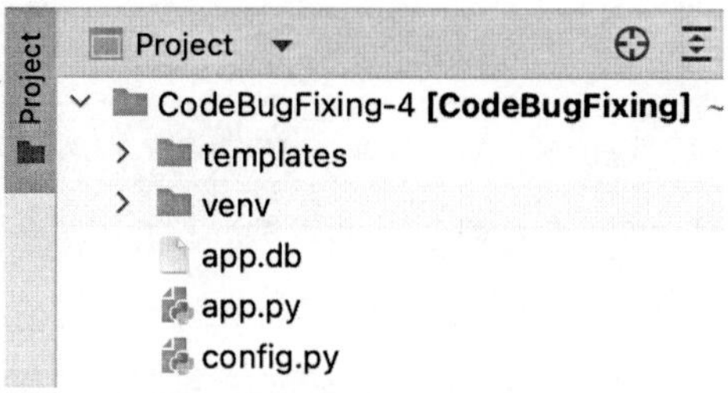

그림 4.4 데이터베이스 디스플레이

코드 버그 픽서 애플리케이션에 주요 백엔드 기능을 추가하는 마지막 단계였습니다. 다음 절에서는 무료 평가판이 종료되면 사용자가 리디렉션 되는 /charge 페이지를 구축하는 방법을 알아봅니다.

ChatGPT 애플리케이션에 결제 추가하기

이 절에서는 코드 버그 해결사에서 결제 페이지 및 기능을 생성하는 과정을 안내합니다. Stripe와 연결된 결제 페이지를 생성하여 사용자에게 세 가지 구독 요금제를 제공합니다:

- **월간 요금제:** 사용자에게 매월 $5가 청구됩니다.
- **분기 요금제:** 분기마다 사용자에게 $12가 청구됩니다.
- **연간 요금제:** 사용자에게 매년 $50의 요금이 청구됩니다.

또한 "*코드 버그 해결사 무제한 접근을 위한 분기별 요금제 12달러를 성공적으로 결제했습니다.*You have successfully paid $12 for the quarterly plan for unlimited access to the Code Bug Fixer."와 같은 간단한 문구를 사용하여 사용자가 구매한 요금제를 확인할 수 있는 확인 페이지를 생성할 것입니다.

다음으로 payment.html 파일을 만드는 방법을 배웁니다.

결제 페이지 구축

여기서는 사용자로부터 결제 정보를 수집하는 양식이 포함된 완전한 HTML 문서를 만들겠습니다. 페이지 스타일을 지정하기 위해 Bulma CSS 프레임워크를 사용하고 결제 처리를 처리하기 위해 jQuery와 Stripe API를 포함하겠습니다.

페이지는 세 개의 열로 나뉘며, 각 열에는 서로 다른 결제 요금제 옵션이 표시됩니다. 각 옵션에는 요금제 제목, 부제 및 설명이 포함된 카드가 포함되어 있습니다. 결제 양식은 각 카드의 바닥글에 있으며 요금제 유형 및 결제 금액에 대한 숨겨진 입력 필드가 포함되어 있습니다. Stripe API는 결제 정보를 수집하고 결제 처리를 시작하는 결제 버튼을 생성하는 데 사용됩니다(그림 4.5 참조).

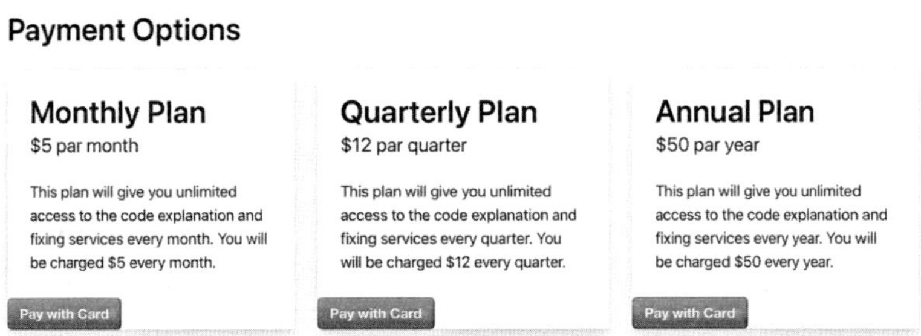

그림 4.5 결제 페이지

결제Payments 페이지를 생성하려면 템플릿 폴더에 새 파일 두 개를 생성합니다. 이 두 파일의 이름은 payments.html과 charge.html입니다. 이렇게 하면 코드 버그 픽서 프로젝트 구조는 다음과 같습니다:

```
CodeBugFixer/
├── templates/
│   ├── charge.html
│   ├── index.html
│   └── payment.html
├── venv/
├── app.db
├── app.py
└── config.py
```

payments.html 페이지의 헤드head를 작성하는 것부터 시작하겠습니다:

```
<!DOCTYPE html>
<html lang="en">
<head>
    <meta charset="UTF-8">
    <meta name="viewport" content="width=device-width,
        initial-scale=1.0">
    <link rel="stylesheet" href="https://cdn.jsdelivr.net/npm/
        bulma@0.9.0/css/bulma.min.css">
    <script src="https://ajax.googleapis.com/ajax/libs/
        jquery/3.5.1/jquery.min.js"></script>
    <script src="https://js.stripe.com/v3/"></script>
    <title>Payment</title>
</head>
</html>
```

헤드에는 문서가 올바르게 표시되는 데 필요한 메타데이터와 외부 리소스가 포함되어 있습니다. 문자 집합은 문서에 사용되는 문자 인코딩(이 경우 UTF-8)을 지정하며, 뷰포트viewport 메타 태그는 화면 크기가 다양한 여러 장치에서 문서가 올바르게 표시되도록 보장합니다.

링크 태그는 외부 프레임워크를 가져오는 데 사용됩니다. 반응형 웹 페이지를 빠르고 쉽게 구축할 수 있도록 미리 디자인된 CSS 스타일 세트를 제공하는 Bulma CSS 프레임워크를 사용할 것입니다.

그런 다음 HTML 문서를 조작하고 이벤트를 처리하는 과정을 간소화하는 널리 사용되는 JavaScript 라이브러리인 jQuery 라이브러리를 가져옵니다. 두 번째로 가져오는 것은 온라인 결제를 처리하는 기능을 제공하는 Stripe API 라이브러리입니다.

이제 </head> 아래에서 <body> 태그 안에 포함된 HTML 파일의 본문을 작성할 수 있습니다:

```
<body>
    <section class="section">
        <div class="container">
            <h1 class="title">Payment Options</h1>
            <div class="columns">
        </div>
    </div>
    </section>
</body>
```

다른 요소와 독립적으로 스타일을 지정할 수 있는 페이지의 별도 절임을 나타내는 <section> 요소를 사용합니다. 열 클래스가 있는 <div> 요소가 있습니다. 이 요소는 콘텐츠를 열에 배치하는 그리드 시스템을 만드는 데 사용됩니다. 이는 반응형 레이아웃을 만드는 일반적인 접근 방식이며, 사용하는 화면 크기나 장치에 따라 열의 수가 달라질 수 있습니다. 이 경우 열에는 사용자가 선택할 수 있는 다양한 결제 요금제 옵션이 포함되며, 각 요금제에는 고유한 기능 및 가격이 설정됩니다.

이제 열 <div> 요소 안에 앞서 언급한 세 가지 결제 요금제를 나타내는 세 개의 열을 만들 수 있습니다:

전체 payments.html 파일은 다음 링크에서 확인할 수 있습니다:

https://github.com/PacktPublishing/ Building-AI-Applications-with-ChatGPT-APIs/blob/main/Chapter04%20 CodeBugFixer/templates/payment.html:

```
<div class="column">
    <div class="card">
        <div class="card-content">
            <p class="title">Monthly Plan</p>
            <p class="subtitle">$5 월</p>
            <p>This plan will give you unlimited access.
                to the code explanation and fixing services every month.
```

```
                You will be charged $5 every month.</p>
        </div>
        <footer class="card_footer">
            <form action="/charge" method="post">
                <input type="hidden" name="plan" value="monthly">
                <input type="hidden" name="amount" value="500">
                <script
                    src="https://checkout.stripe.com/checkout.js"
                    class="stripe-button"
                    data-key="<YOUR_PUBLIC_KEY>"
                    data-amount="500"
                    data-name="Monthly Plan"
                    data-description="$5 per month"
                    data-image="https://stripe.com/img/
                        documentation/checkout/marketplace.png"
                    data-locale="auto" data-zip-code="false">
                </scripaat>
            </form>
        </footer>
    </div>
</div>
<div class="column">
    <div class="card">
        <div class="card-content">
            <p class="title">Quarterly Plan</p>
            <p class="subtitle">$12 per quarter</p>
            <p>This plan will give you unlimited access.
                To the code explanation and fixing services every quarter.
                You will be charged $12 every quarter.</p>
        </div>
        <footer class="card_footer">
            <form action="/charge" method="post">
                <input type="hidden" name="plan" value="quarterly">
                <input type="hidden" name="amount" value="1200">
                <script
                    src="https://checkout.stripe.com/checkout.js"
                    class="stripe-button"
                    data-key="<YOUR_PUBLIC_KEY>" data-amount="1200"
                    data-name="Quarterly Plan"
                    data-description="$12 per month"
                    data-image="https://stripe.com/img/documentation/
                        checkout/marketplace.png"
                    data-locale="auto" data-zip-code="false">
                </script>
            </form>
```

```
        </footer>
    </div>
</div>
<div class="column">
    <div class="card">
        <divclass="card-content">
            <p class="title">AnnualPlan</p>
            <p class="subtitle">$50per year</p>
            <p>This plan will give you unlimited access.
                to the codeexplanation and fixing services every year.
                You will be charged $50 every year.</p>
        </div>
        <footerclass="card_footer">
            <formaction="/charge" method="post">
                <input type="hidden"name="plan" value="annual">
                <input type="hidden" name="amount"value="5000">
                <script
                    src="https://checkout.stripe.com/checkout.js"
                    class="stripe-"button
                    data-key="<YOUR_PUBLIC_KEY>" data-amount="5000"
                    data-name="Yearly Plan"
                    data-description="$50 per month"
                    data-image="https://stripe.com/img/documentation/
                        checkout/marketplace.png"
                    data-locale="auto"data-zip-code="false">
                </script>
            </form>
        </footer>
    </div>
</div>
```

중요 참고 사항

"<YOUR_PUBLIC_KEY>" 태그를 Stripe 계정에서 얻은 공개 키로 바꾸어야 합니다.

column 클래스가 있는 첫 번째 <div> 요소는 사용자에게 제공되는 월간 요금제에 대한 정보를 표시하는 카드형 요소를 생성하는 역할을 합니다. 카드에는 요금제 이름, 구독료 및 사용자가 이 요금제에서 기대할 수 있는 사항에 대한 정보가 포함됩니다.

card 클래스가 있는 <div> 요소는 월간 정기결제 플랜에 대한 정보를 표시하는 카드를 만드는 데 사용됩니다. 카드 내 카드 콘텐츠는 card-content 클래스로 정의됩니다. 카드 콘텐츠는 세 단락으로 구성되며, 첫 번째 단락에는 요금제 제목인 Monthly Plan, 두 번째 단락에는 $5 per month 구독료, 세 번째 단락에는 요금제 가입의 이점을 강조하는 요금제 설명이 포함됩니다.

바닥글 안에는 구독 요청을 서버에 제출하는 데 form 요소가 정의되어 있습니다. 양식의 작업 속성은 /charge로 설정되어 있으며, 이는 구독 요청이 서버의 /charge 경로로 전송됨을 나타냅니다. 충전 페이지 백엔드 함수는 나중에 구축할 예정입니다. 이 함수는 결제 요금제를 구매하면 사용자에게 확인 메시지가 표시되도록 합니다.

이 양식에는 요금제 이름과 값을 전송하는 데 사용되는 두 개의 숨겨진 입력 필드가 있습니다. 이 경우 요금제 이름은 monthly으로 설정되어 있고 금액 속성의 값은 센트 단위로 구독 금액을 나타내는 500으로 설정되어 있습니다. 이 정보는 확인 페이지를 렌더링하는 데 사용됩니다.

마지막으로 양식 요소 내부에 스크립트 태그가 포함되어 Stripe 결제 스크립트를 로드합니다. 이 스크립트는 사용자가 결제 세부 정보를 입력하고 구독 과정을 완료할 수 있는 **보안 결제 양식**secure payment form을 생성하는 역할을 합니다. 이 스크립트는 Stripe API 키, 구독 금액, 플랜 이름 및 설명, 결제 양식에 표시할 이미지 등 다양한 속성으로 구성됩니다. 또한 스크립트는 data-locale 속성을 auto으로 설정하여 결제 양식의 언어가 사용자의 위치에 따라 자동으로 설정되도록 합니다. data-zip-code 속성을 false로 설정하면 결제 양식에서 사용자가 우편 번호를 입력하지 않아도 됩니다.

코드 스니펫code snippet에서 볼 수 있듯이 분기별 및 연간 요금제 열은 월간 요금제와 동일한 방식으로 작성됩니다. 유일한 차이점은 요금제 이름, 부제 및 비용에 대한 값과 요금제 및 청구될 금액에 대한 숨겨진 입력 필드에 대한 값입니다.

payment.html 페이지를 모든 브라우저에 표시하여 제대로 작동하는지 확인할 수 있습니다. PyCharm을 사용하면 이 작업을 쉽게 수행할 수 있습니다. HTML 파일 위로 마우스를 가져가서 **편집**Edit 창의 오른쪽 상단에 있는 미리보기 옵션에서 선호하는 브라우저를 선택할 수 있습니다(그림 4.6 참조). 그러면 그림 4.5에 표시된 것과 유사한 결제 페이지가 표시됩니다.

사용자로부터 결제 정보를 수집하는 양식이 포함된 결제 페이지를 구축하는 방법입니다. 결제 페이지의 스타일은 Bulma CSS 프레임워크를 사용했으며, 결제 처리는 jQuery 및 Stripe API를 사용하여 처리합니다. 페이지는 세 개의 열로 나뉘며 각 열에는 서로 다른 결제 요금제 옵션이 표시되고 결제 양식은 각 카드의 바닥글에 있습니다. Stripe API는 결제 정보를 수집하고 결제 처리를 시작하는 결제 버튼을 생성하는 데 사용됩니다.

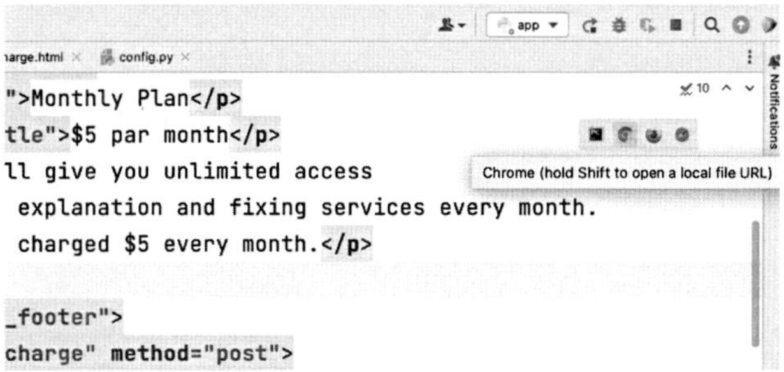

그림 4.6 PyCharm을 사용하여 브라우저에 HTML 파일 표시하기

다음 절에서는 Stripe API를 사용하여 사용자 결제를 처리하고 결제 확인 페이지를 반환하는 충전 함수를 애플리케이션에서 생성하는 방법을 알아봅니다.

사용자 결제 확인

이전 절에서 사용자가 애플리케이션에 접근하기 위해 결제 요금제를 구매하면 즉시 /charge 페이지가 활성화[trigger]되고 선택한 요금제의 이름과 해당 결제 금액이 센트[cent]로 제공된다는 사실을 알아보았습니다.

app.py 파일에서 index() 함수 아래에 charge() 함수를 구축할 수 있습니다. 이 함수는 코드 버그 픽서 웹 애플리케이션의 일부이며 사용자가 요금제를 선택하고 결제 정보를 제출할 때 청구 과정을 처리합니다. 이 함수는 사용자가 payment.html의 요금제 절에서 **카드로 결제**[Pay with Card]버튼을 클릭하면 활성화됩니다:

```
@app.route("/charge", methods=["POST"])
def charge():
    amount = int(request.form["amount"])
    plan = str(request.form["plan"])

    customer = stripe.Customer.create(
        email=request.form["stripeEmail"],
        source=request.form["stripeToken"])
    )

    charge = stripe.PaymentIntent.create(
        customer=customer.id,
        amount=amount,
        currency="usd",
        description="App Charge"
```

```
    )

    return render_template("charge.html", amount=amount, plan=plan)
```

전체 app.py 파일은 다음 링크에서 확인할 수 있습니다:

https://github.com/PacktPublishing/Building-AI-Applications-with-ChatGPT-APIs/blob/main/Chapter04%20 CodeBugFixer/app.py.

@app.route("/charge", methods=["POST"]) 데코레이터[Decorator]는/charge 엔드포인트로 전송되는 POST 요청을 처리하는 경로를 생성합니다. 즉, HTML 템플릿의 양식이 제출되면 이 엔드포인트로 POST 요청이 전송됩니다.

금액 및 요금제 변수 모두 사용자가 결제 양식을 통해 이전에 전송한 값이 할당되며, 나중에 함수에서 새 고객을 생성하고 선택한 요금제에 따라 고객에게 적절한 금액을 청구하는 데 사용됩니다.

그런 다음 Stripe API를 사용하여 새 Stripe 고객 객체를 생성할 수 있습니다. create() 메서드에는 고객의 이메일 주소와 결제 소스라는 두 개의 인수가 사용됩니다. 이 경우 이메일 주소는 Stripe 결제 양식에서 전송한 POST 요청의 stripeEmail 매개변수에서 가져오고 결제 소스는 stripeToken 매개변수에서 가져옵니다.

stripeToken 매개 변수는 신용 카드 세부 정보나 결제 앱 등 사용자가 결제 양식에 제공한 결제 정보의 고유 식별자입니다. Stripe는 이 토큰을 사용하여 지정된 금액에 대해 사용자의 결제 수단에 안전하게 청구합니다. stripeToken 매개 변수를 stripe.Customer.create()의 소스 인수로 전달하면 결제 정보가 Stripe에서 새로 생성된 고객 개체와 연결됩니다.

그런 다음 Stripe API를 사용하여 결제 정보를 제공한 고객과 연결된 청구 개체를 생성할 수 있습니다. stripe.PaymentIntent.create() 메서드는 다음 인수를 사용하여 Stripe API에서 새 청구 개체를 생성합니다:

- Customer: 결제와 연결된 Stripe 고객 개체의 ID입니다. customer.id 특성은 이전 단계에서 생성된 고객 개체의 ID를 검색하는 데 사용됩니다.
- amount: 센트 단위의 청구 금액입니다. 금액 변수는 양식의 POST 요청에서 전달된 값으로 설정됩니다.

- currency: 청구 통화입니다. 이 경우 USD로 설정됩니다.
- description: 충전에 대한 간략한 설명입니다. 이 경우 **앱 요금**App Charge으로 설정되어 있습니다.

요금을 생성한 후 이 함수는 Flask의 render_template() 함수를 사용하여 charge.html 템플릿을 렌더링하고 금액 및 요금제 변수를 전달합니다. charge.html 템플릿은 사용자에게 결제가 성공했음을 나타내는 메시지를 표시하는 데 사용됩니다.

애플리케이션을 구축할 때 마지막 작업은 charge.html 파일을 만드는 것입니다. 이 파일은 충전이 성공적으로 완료된 후 사용자에게 확인 메시지를 표시하는 데 사용됩니다. app.py 파일의 charge 함수에 사용되는 render_template 함수는 charge.html 파일이 메시지를 렌더링하는 데 사용되도록 지정합니다.

이제 templates 폴더에서 생성한 charge.html 파일을 열고 다음 코드를 추가할 수 있습니다:

```
<!DOCTYPE html>
<html lang="en">
<head>
    <meta-charset="UTF-8">
    <title>Payment Confirmation</title>
</head>
<body>
<H1>Payment Confirmation</h1>
<p> You have successfully paid ${{ amount / 100 }} for the {{ plan }} plan for unlimited access
to the Code Bug Fixer </p>
</body>
</html>
```

이 간단한 HTML 페이지의 <body> 절에는 결제 확인이라는 제목이 포함되어 있습니다. 제목 아래의 단락은 중괄호를 사용하여 charge() 함수에서 전달된 금액 및 요금제 변수를 표시합니다. 구체적으로 금액 변수를 100으로 나눈 값(금액 변수는 센트 단위이므로)과 요금제 변수를 표시하여 사용자가 결제한 금액을 확인할 수 있도록 합니다.

charge() 함수가 호출되어 실행되면, 이 함수는 HTML 코드의 적절한 위치에 렌더링할 금액 및 플랜 변수를 인수로 전달하여 charge.html 파일을 응답으로 반환합니다.

이제 결제 인프라가 앱에 추가되었으므로 관련 페이지로 이동하여 결제 버튼을 클릭하여 테스트할 수 있습니다. 다음 단계를 따를 수 있습니다:

1. app.py 파일을 실행하여 코드 버그 픽서를 시작하세요.
2. ChatGPT API에 대한 버그 수정 요청을 세 개 이상 생성하면 결제 페이지(그림 4.5 참조).
3. 결제 요금제 중 하나에서 **카드로 결제하기**Pay with Card 버튼을 클릭합니다.
4. 팝업 창에 다음 샘플 신용카드 세부 정보를 입력합니다(그림 4.7 참조):
   - **이메일**: mrsmith@gmail.com
   - **카드 번호**: 4242 4242 4242 4242
   - **만료일**: 09/30
   - **보안 코드**: 424
5. 결제Pay 버튼을 클릭합니다:

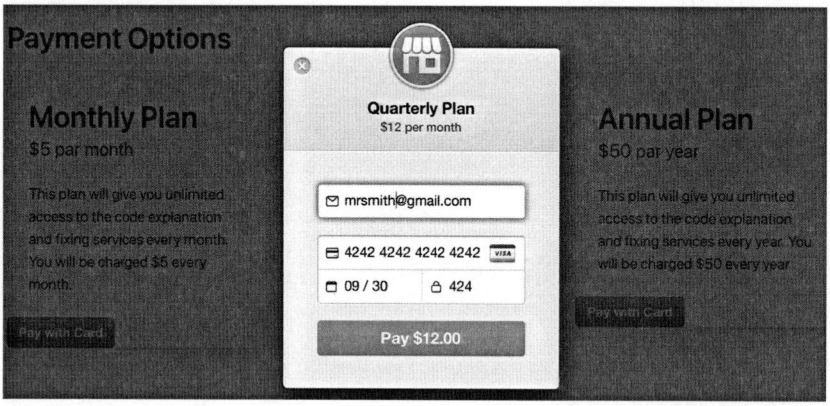

그림 4.7 스트라이프 결제 정보

결제를 완료하면 그림 4.8과 같이 결제가 성공적으로 처리되었음을 나타내는 메시지가 표시되는 결제 확인 페이지로 리디렉션됩니다:

Payment Confirmation

You have successfully paid $12.0 for the quarterly plan for unlimited access to the Code Bug Fixer

그림 4.8 확인 페이지

이 절에서는 코드 버그 해결사 웹 애플리케이션에서 Stripe API를 사용하여 사용자 결제를 확인하는 방법을 살펴보았습니다. 사용자가 요금제를 선택하고 결제 정보를 제출할 때 청구 과정을 처리하는 charge() 함수를 구축했습니다. 또한 샘플 신용카드 정보를 사용하여 앱의 결제 인프라를 테스트했습니다.

요약

이 장에서는 Stripe API를 사용하여 웹 애플리케이션에 결제 인프라를 구현하는 데 중점을 두었습니다. Stripe 계정을 설정하고, API 키를 생성하고, 결제 설정을 구성하는 방법에 대한 지침을 제공했습니다. 결제 옵션을 구현하기 전에 구독 또는 일시불 결제와 같은 적절한 비즈니스 전략을 선택하는 것이 중요하다는 것을 알 수 있었습니다. 또한 SQL 데이터베이스를 사용하여 사용자 방문 및 사용량을 추적하는 방법과 결제 페이지에서 결제 플랜을 생성하는 방법도 살펴보았습니다. 또한 사용량 카운터를 검색하고 업데이트하는 데 필요한 함수를 개괄적으로 설명하고 이를 구현하여 사용자의 결제 상태를 추적하는 방법을 설명했습니다.

사용자가 요금제를 선택하고 결제 정보를 제출할 때 결제 과정을 처리하는 charge() 함수를 구축하는 방법을 배웠습니다. Stripe API를 사용하여 새 고객 및 청구 개체를 생성하고 사용자에게 확인 메시지를 표시하기 위해 charge.html 템플릿을 렌더링하는 방법을 다루었습니다. 이 절에서는 샘플 신용카드 세부 정보를 사용하여 결제 기능을 테스트하는 방법에 대한 지침도 제공했습니다. 이 장에서는 Stripe 계정 생성부터 결제 처리 및 사용자 결제 확인에 이르기까지 웹 애플리케이션에서 결제 인프라를 구현하고 Stripe API와 ChatGPT API를 통합하는 방법에 대한 포괄적인 가이드를 제공했습니다.

5장, '*ChatGPT와 Django로 퀴즈 생성 앱 만들기*' 에서는 많은 내장 기능을 제공하고 플라스크보다 더 크고 복잡한 웹 애플리케이션을 처리하도록 설계된 풀 스택 웹 프레임워크인 Django와 Cthe hatGPT API를 통합하는 방법을 배웁니다. Django에는 URL 라우팅, 데이터베이스 ORM, 관리자 인터페이스부터 인증 및 보안 기능까지 모든 것이 포함되어 있어 웹 개발을 위한 보다 포괄적인 프레임워크를 제공합니다. 채팅 완료를 위해 강력한 OpenAI GPT-3.5 터보 모델과 Djnago를 통합하고 채팅 컨텍스트를 추적하는 방법을 살펴보겠습니다.

제5장

ChatGPT와 Django로 퀴즈 생성 앱 만들기

이 장에서는 최첨단 언어 모델인 ChatGPT와 앱 개발을 위해 널리 사용되는 Python 프레임워크인 **Django를** 결합하는 흥미로운 세계에 대해 알아볼 것입니다. 인공지능을 활용하는 동적 대화형 시험 생성 애플리케이션을 구축하는 방법을 함께 살펴봅니다.

이전 장에서는 주로 가볍고 기본적인 웹 프레임워크인 플라스크에 중점을 두었습니다. 하지만 이번 장에서는 Instagram, Dropbox, Pinterest 등 가장 유명하고 널리 사용되는 애플리케이션을 구축하는 데 중요한 역할을 한 강력하고 고급 프레임워크인 Django에 초점을 맞추겠습니다. 데이터베이스 관리, 인증 시스템, 관리자 인터페이스 및 양식 처리와 같은 기능을 포함하는 Django의 기능을 살펴볼 수 있습니다.

환경을 설정하고 애플리케이션의 기본 구성 요소를 만드는 등 처음부터 Django 프로젝트를 구축하는 방법을 배우게 됩니다. 퀴즈 생성 앱을 위한 프레임워크와 뷰를 만드는 데 중점을 둘 것입니다. 퀴즈 생성에 AI를 사용할 수 있도록 ChatGPT와 Django의 통합을 살펴봅니다. 포괄적인 학습 경험을 보장하기 위해 애플리케이션 내에서 두 가지 필수 보기를 다룰 것입니다. 한 뷰에서는 사용자가 학습 자료를 입력하고 ChatGPT API를 실행하여 퀴즈를 생성할 수 있으며, 그 결과 관련 문제가 생성되어 데이터베이스에 저장됩니다. 다른 보기에서는 사용자가 이전에 생성된 모든 시험을 편리하게 다운로드할 수 있습니다.

이 장에서는 다음 내용을 살펴봅니다:

- Django 설치하기 및 첫 실행 프로젝트 만들기
- 시험 생성 애플리케이션을 위한 Django 뷰 구축하기
- ChatGPT API를 Django와 통합하고 Django 백엔드에서 ChatGPT 응답을 가로채기

- 부트스트랩 템플릿을 활용하여 시각적으로 매력적인 인터페이스 만들기
- 안전한 데이터베이스에 ChatGPT 응답 저장 및 가져오기
- 애플리케이션에 파일 다운로드 기능 추가하기

이 장이 끝나면, 여러분은 제공된 학습 자료에서 파생된 시험 문제를 생성하기 위해 ChatGPT API를 사용할 수 있는 지식과 기술을 갖추게 됩니다.

기술 요구 사항

이 장을 계속 진행하기 전에 몇 가지 기본적인 소프트웨어 설치에 대해 다뤄야 합니다. 또한 다음 절에서 Django 웹 프레임워크 설치에 대해 설명합니다.

이 프로젝트에는 다음과 같은 기술적 전제 조건이 수반됩니다:

- 로컬 머신에 설치된 Python 버전 3.7 이상
- 최적의 환경을 위해 PyCharm이 권장되는 코드 편집기
- 필요한 API 기능에 접근하기 위한 OpenAI API 키

이 장에서 사용된 코드 예제는 제공된 **레파지토리** 에서 GitHub에 접근할 수 있습니다: https:// github.com/PacktPublishing/Building-AI-Applications-with-ChatGPT-APIs/tree/main/Chapter05%20QuizApp/quiz_project

Django 프로젝트 구축

이 절에서는 퀴즈 생성 애플리케이션의 기반이 되는 Django 프로젝트를 구축하는 흥미진진한 여정을 시작하겠습니다. Django 프로젝트를 설정하고 구조화하는 단계별 과정을 안내하여 탄탄한 토대를 구축할 수 있도록 도와드립니다. 이 절이 끝나면 학습 자료를 기반으로 퀴즈를 자동으로 생성할 수 있는 완전한 기능을 갖춘 Django 프로젝트를 갖게 됩니다.

우리의 모험은 Django를 설치하고 새 Django 프로젝트를 생성하는 것으로 시작됩니다. Python 및 Django 프레임워크 설치를 포함하여 개발 환경을 설정하는 과정을 안내해 드립니다. Django가 설치되면 명령행 인터페이스를 사용하여 새 Django 프로젝트를 생성하고 필요한 디렉토리 구조와 초기 구성 파일을 제공합니다.

PyCharm을 시작하고 새 프로젝트New Project를 클릭하거나 **파일 | 새 프로젝트**File | New Project로 이동

하여 새 프로젝트를 생성할 수 있습니다. **새 프로젝트**New Project 창이 나타나면 프로젝트 이름을 QuizApp으로 지정하고 **만들기**Create를 클릭합니다.

PyCharm 프로젝트를 생성하려면 다음 단계를 따르세요(그림 5.1 참조):

1. PyCharm을 시작합니다.
2. **새 프로젝트**New Project를 클릭하거나 **파일 | 새 프로젝트**File | New Project로 이동하여 새 프로젝트를 만듭니다.
3. **새 프로젝트**New Project 창이 나타납니다.
4. 프로젝트 이름(예: QuizApp)을 입력합니다.
5. 계속하려면 **만들기**Create를 클릭합니다.

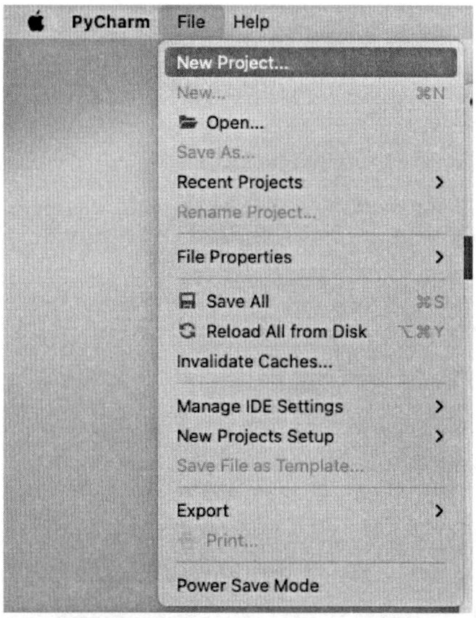

그림 5.1 PyCharm 파일 메뉴

이제 로컬 Python 환경에 Django를 설치할 수 있습니다. 설치하려면 PyCharm 창 하단에 있는 **터미널**Terminal 탭을 찾습니다. 보이지 않는 경우 메뉴 모음으로 이동하여 **보기 | 도구 창 | 터미널**View | Tool Windows | Terminal을 클릭하여 활성화합니다. 터미널에서 다음 명령을 실행하여 pip를 사용하여 Django를 설치합니다:

```
$pip install Django
```

다음으로 다음 명령을 실행하여 터미널에서 새 Django 프로젝트를 생성합니다:

```
$django-admin startproject quiz_project
```

이 명령을 실행하면 Django의 명령행 유틸리티인 django-admin이 지정된 이름 quiz_project를 가진 새 프로젝트 디렉터리를 만듭니다. 이 디렉터리에는 Django 프로젝트를 시작하는 데 필요한 파일과 폴더가 포함됩니다.

startproject 명령은 다음 파일을 생성하여 프로젝트 구조를 초기화합니다:

- manage.py: 다양한 Django 명령과 상호 작용하고 프로젝트를 관리할 수 있는 명령행 유틸리티입니다.
- quiz_project: 프로젝트 디렉터리로, 명령에 지정된 것과 같은 이름을 갖습니다. 이 디렉터리는 Django 프로젝트의 루트 역할을 하며 구성 파일 및 기타 프로젝트 별 구성 요소를 포함합니다.

프로젝트 디렉토리 안에는 다음과 같은 파일과 디렉터리가 있습니다:

- __init__.py: 디렉터리를 Python 패키지로 표시하는 빈 파일입니다.
- settings.py: 데이터베이스 설정, 미들웨어middleware, 설치된 앱 등을 포함하여 Django 프로젝트에 대한 다양한 설정을 정의하는 구성 파일
- urls.py: 프로젝트의 URL과 뷰 간의 매핑을 정의하는 URL 구성 파일입니다.
- sgi.py: 배포에 사용되는 **웹 서버 게이트웨이 인터페이스**[Web Server Gateway Interface, WSIG] 구성 파일입니다.

모델, 보기 및 템플릿을 정의하고 애플리케이션의 요구 사항에 따라 설정을 구성하여 Django 프로젝트를 추가로 사용자 지정하고 개발할 수 있습니다.

Django에서 프로젝트는 웹 애플리케이션을 만들기 위해 함께 작동하는 설정, 구성 및 여러 앱의 모음입니다. 반면에 앱은 특정 목적이나 기능을 제공하는 Django 프로젝트 내의 모듈식 구성 요소입니다. 따라서 quiz_project에서 다음과 같이 새 애플리케이션을 만들 수 있습니다.

```
$cd quiz_project
$python manage.py startapp quiz_app
```

새로 만든 애플리케이션의 목적은 AI 문제를 생성하고 사용자가 이를 다운로드할 수 있도록 하는 것입니다. 지정된 앱 이름 quiz_app으로 새 디렉터리가 생성됩니다. 이 디렉토리에는 Django 앱을 개발하는 데 필요한 파일과 폴더가 포함되어 있습니다. 앱 디렉터리 내의 일반적인 프로젝트 구조와 파일을 살펴보겠습니다:

- admin.py: 이 파일은 앱의 모델을 Django 관리자 인터페이스에 등록하는 데 사용됩니다. 관리 사이트에서 모델이 표시되고 상호 작용하는 방식을 사용자 지정할 수 있습니다.
- apps.py: 이 파일은 앱의 이름을 포함한 앱 구성을 정의하고 애플리케이션이 시작될 때 초기화 함수를 사용합니다.
- models.py: 여기에서는 Django의 **객체 관계형 매핑**[object-relational mapping, ORM]을 사용하여 앱의 데이터 모델을 정의합니다. 모델은 데이터의 구조를 나타내며 데이터베이스의 테이블을 정의합니다.
- tests.py: 이 파일은 앱에 대한 테스트를 작성하는 데 사용됩니다. 테스트 케이스를 생성하고 실행하여 앱의 기능을 확인할 수 있습니다.
- views.py: 이 파일에는 사용자 요청을 처리하고 응답을 반환하는 로직을 정의하는 앱의 뷰가 포함되어 있습니다. 뷰는 사용자 상호 작용을 처리하고 템플릿 렌더링에 필요한 데이터를 제공합니다.
- migrations/: 이 폴더는 데이터베이스 마이그레이션 파일을 저장하는 데 사용됩니다. 마이그레이션은 시간이 지남에 따라 데이터베이스 스키마에 대한 변경 사항을 관리하는 방법입니다. 마이그레이션을 통해 새 테이블 생성, 기존 테이블 수정, 열 추가 또는 제거 등 데이터베이스 구조에 대한 점진적인 변경 사항을 추적하고 적용할 수 있습니다.

퀴즈 생성 앱의 전체 상위 프로젝트 구조는 다음과 같습니다:

```
quiz_project/
├── quiz_app
│ ├── migrations/
│ ├── __init__.py
│ ├── admin.py
│ ├── apps.py
│ ├── models.py
│ ├── tests.py
│ └── views.py
├── quiz_project/
```

```
| ├─ settings.py
| ├─ urls.py
| ├─ wsgi.py
| └─ __init__.py
└─ manage.py
```

기본적으로 Django에는 인증, 관리자, 콘텐츠 유형 및 세션과 같은 몇 가지 기본 제공 앱이 포함되어 있습니다. 이러한 앱에는 데이터베이스에 기본 사용자 데이터를 보유하는 필수 테이블을 생성하기 위해 적용해야 하는 자체 마이그레이션이 있습니다.

Django는 기본 SQLite 데이터베이스를 사용하여 데이터를 저장합니다. 다음 명령을 실행하여 기존의 모든 모델로 데이터베이스를 초기화할 수 있습니다:

```
$python manage.py migrate
```

명령을 실행하면 Django는 이러한 기본 앱에서 보류 중인 마이그레이션이 있는지 확인하고 필요한 경우 마이그레이션을 적용합니다. 이렇게 하면 명령 출력에서 확인된 대로 데이터베이스 스키마가 Django의 기본 제공 기능을 지원하도록 올바르게 설정되어 있는지 확인할 수 있습니다:

```
Operations to perform:
    Apply all migrations: admin, auth, contenttypes, sessions
Running migrations:
    Applying contenttypes.0001_initial... OK
    Applying auth.0001_initial... OK
    Applyingadmin.0001_initial... OK
    Applying admin.0002_logentry_remove_auto_add... OK
    Applying admin.0003_logentry_add_action_flag_choices... OK
    Applyingcontenttypes.0002_remove_content_type_name... OK
    Applyingauth.0002_alter_permission_name_max_length... OK
    Applyingauth.0003_alter_user_email_max_length... OK
    Applyingauth.0004_alter_user_username_opts... OK
    Applyingauth.0005_alter_user_last_login_null... OK
    Applyingauth.0006_require_contenttypes_0002... OK
    Applyingauth.0007_alter_validators_add_error_messages... OK
    Applyingauth.0008_alter_user_username_max_length... OK
    Applying auth.0009_alter_user_last_name_max_length...OK
    Applying auth.0010_alter_group_name_max_length... OK
    Applyingauth.0011_update_proxy_permissions... OK
    Applyingauth.0012_alter_user_first_name_max_length... OK
```

```
Applyingsessions.0001_initial... OK
```

마이그레이션이 모두 설정되면 개발 서버를 시작하여 로컬에서 Django 프로젝트를 실행할 수 있습니다:

```
$python manage.py runserver

Watching for file changes with StatReloader
Performing system checks...

System check identified no issues (0 silenced).
May 26, 2023 - 18:59:08
Django version 4.2.1, using settings quiz_project.settings'
Starting development server at http://127.0.0.1:8000/
Quit the server with CONTROL-C.
```

터미널에서 이 명령을 실행하면 Django의 manage.py 스크립트가 경량 웹 서버를 시작하여 로컬에서 Django 애플리케이션을 실행하고 테스트할 수 있습니다. 앱에 접근하려면 터미널 출력에 제공된 링크(http://127.0.0.1:8000/)를 클릭하거나 브라우저에 입력하면 됩니다. 이 링크에는 로컬 IP 주소와 새 앱에 접근할 수 있는 포트가 포함되어 있습니다(그림 5.2 참조).

그림 5.2 Django 시작 화면

브라우저에 Django 시작 페이지가 표시되었다는 것은 Django 프로젝트와 애플리케이션을 성공적으로 생성했음을 의미합니다. 다음 절에서는 프로젝트 요구 사항에 따라 모델, 뷰 및 템플릿을 정의하고 URL 라우팅을 구성하여 애플리케이션을 구축하기 시작합니다.

시험 앱 프레임Exam App Frame 및 보기 생성

이 절에서는 Django 애플리케이션의 기본 구조를 구축하는 데 중점을 두겠습니다. 먼저 데이터베이스 연결 및 미들웨어 구성 요소와 같은 중요한 측면을 구성하는 방법을 배우는 Django 설정을 살펴보겠습니다. 이러한 구성을 이해하고 올바르게 설정하는 것은 애플리케이션의 원활한 작동을 위해 필수적입니다.

또한 Django에서 URL 처리를 배우게 됩니다. urls.py 파일을 사용하여 URL 패턴을 정의하여 애플리케이션 내에서 원활하게 탐색할 수 있도록 하는 방법을 알아보세요. 또한 정규 표현식을 사용하여 유연하고 동적인 라우팅을 가능하게 하는 동적 URL에 대해서도 다룹니다. 또한 애플리케이션 전체에 일관된 메뉴, 사이드바 및 보기를 제공하는 기본 템플릿을 통합하는 과정을 안내합니다.

Django 뷰와 URL 연결

Django에서 뷰, 앱 URL, 프로젝트 URL 간의 관계는 웹 요청을 처리하고 라우팅하는 데 중요한 구조를 형성합니다. 흐름은 특정 HTTP 요청을 처리하고 적절한 응답을 반환하는 Python 함수 또는 클래스인 보기에서 시작됩니다. 각 뷰는 애플리케이션 내의 특정 기능 또는 페이지에 해당합니다. 이러한 뷰에는 고유한 URL이 할당되어 사용자에게 표시될 수 있습니다. Django에서는 프로젝트에 둘 이상의 애플리케이션이 있을 수 있으므로, 이러한 URL은 먼저 quiz_app/urls.py의 앱 수준에서 정의됩니다. 그런 다음 해당 URL은 프로젝트의 quiz_project 디렉터리에 있는 프로젝트 수준 urls.py 파일로 전달됩니다(그림 5.3 참조).

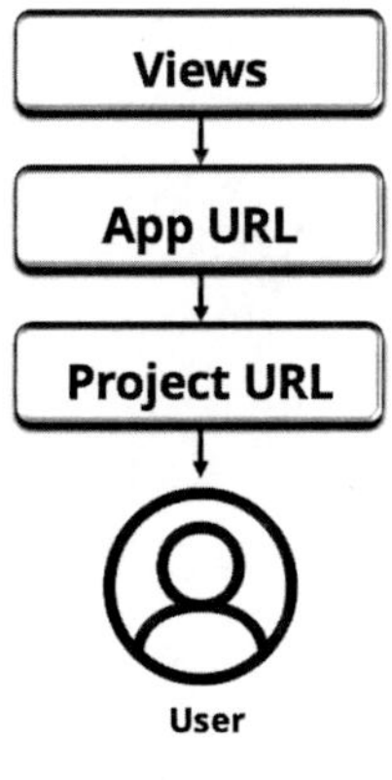

그림 5.3 Django 뷰/URL 설계도

기본적으로 Django는 프로젝트를 초기화할 때 quiz_project/urls.py 파일을 자동으로 생성합니다. 그러나 quiz_app 폴더 내에 새 urls.py 파일을 수동으로 생성해야 한다는 점에 유의해야 합니다. 프로젝트 레벨의 urls.py 파일과 달리 앱 레벨의 urls.py 파일은 자동으로 생성되지 않으며, quiz_app 내의 기능에 맞는 URL 패턴을 구성하고 정의하는 것이 필수적입니다.

이제 quiz_app/views.py를 열고 다음 Python 코드를 작성할 수 있습니다:

```
from django.shortcuts import render

def home(request):
    return render(request, 'base.html')
```

이 코드는 home이라는 간단한 Django 뷰 함수를 보여줍니다. 이 보기 함수는 특정 유형의 요청(일반적으로 HTTP GET 요청)을 처리하고 적절한 응답을 생성하는 역할을 담당합니다.

함수 내에서 Django 바로 가기 렌더 함수는 HTML 템플릿을 렌더링하는 데 사용됩니다. 첫 번째 매개변수인 request는 들어오는 HTTP 요청 객체를 나타냅니다. 이 객체에는 헤더, 데이터, 사용자 세션 세부 정보 등 요청에 대한 정보가 포함됩니다. 두 번째 매개변수 base.html은 렌더링할 템플릿을 지정합니다.

base.html 파일을 구축하기 전에 사용자가 홈 보기에 접근할 수 있는지 확인해야 합니다. 이를 위해서는 quiz_app/urls.py 파일에 고유 URL을 지정해야 합니다:

```
from django.urls import path
from . import views

urlpatterns = [
    path('', views.home, name='home'),
]
```

여기서 urlpatterns 변수는 애플리케이션에 대해 정의된 URL 패턴이 들어 있는 목록입니다. 이 경우에는 현재 단일 URL 패턴이 지정되어 있습니다. 경로 함수는 URL 패턴을 정의하는 데 사용됩니다. 이 함수는 세 개의 인수를 받는데, 첫 번째 인수는 URL 패턴 자체이며 이 경우 빈 문자열인 ''로 표시됩니다. 이 빈 문자열은 애플리케이션의 루트 URL 또는 기본 URL을 나타냅니다.

두 번째 인수인 views.home은 이 URL 패턴에 대한 요청을 처리할 보기 함수를 참조합니다. 세 번째 인수인 name='home'은 이 URL 패턴의 고유 이름을 제공합니다. 이 이름은 템플릿이나 기타 URL 구성과 같은 애플리케이션의 다른 부분에서 URL 패턴을 참조하는 데 사용할 수 있습니다.

마지막으로, 이 애플리케이션 수준 URL을 프로젝트 수준으로 가져 오려면 quiz_project/urls.py를 수정하면 됩니다:

```
from django.contrib import admin
from django.urls import include, path

urlpatterns = [
    path('admin/', admin.site.urls),
    path('', include('quiz_app.urls')),
]
```

제공된 코드는 Django 프로젝트의 URL 패턴 구성을 보여줍니다. 애플리케이션 수준 URL 파일과 마찬가지로 여기에서도 urlpatterns 변수에 프로젝트의 URL 이름 목록이 들어 있습니다. 이 경우 두 개의 URL 패턴이 지정되어 있습니다.

첫 번째 URL 패턴은 admin/ 인수가 포함된 경로 함수를 사용하여 정의됩니다. 이렇게 하면 admin/ URL 패턴이 Django 관리자 인터페이스와 연결되어 관리자 대시보드 및 관련 기능에 접근할 수 있습니다. Django 관리자 페이지는 일반적으로 기본적으로 설정되어 있으며 퀴즈 애플리케이션의 기능과는 관련이 없습니다.

경로 함수 path('', include('quiz_app.urls'))는 quiz_app/urls.py에서 앱 수준 URL을 가져옵니다. 첫 번째 인수인 빈 문자열 ''은 애플리케이션의 루트 URL 또는 기본 URL을 나타냅니다. 즉, 사용자가 프로젝트의 루트 URL에 접근할 때 이 URL 패턴이 일치합니다.

두 번째 인수인 include('quiz_app.urls')는 Django에 quiz_app.urls 모듈에 정의된 URL 패턴을 포함하도록 지시합니다. 즉, quiz_app 애플리케이션 내에 지정된 모든 URL이 일치하고 그에 따라 처리됩니다.

이것이 URL 처리의 계층적 구조입니다. 요청을 처리하는 뷰에서 시작하여 특정 URL 패턴을 정의하는 앱 수준 URL로, 마지막으로 요청을 적절한 앱 수준 URL로 라우팅하는 프로젝트 수준 URL로 이어집니다. 이 과정은 코드 예제를 통해 설명되었으며, Django 애플리케이션 내에서 원활한 탐색과 기능을 위해 앱과 프로젝트 수준 모두에서 URL을 올바르게 구성하는 것이 얼마나 중요한지 강조했습니다.

다음 절에서는 필수적인 기본.html 파일을 포함한 HTML 템플릿 구축에 대해 자세히 알아보겠습니다. 템플릿은 Django 애플리케이션에서 웹 페이지의 시각적 구조와 레이아웃을 정의하는 데 중요한 역할을 합니다. HTML 템플릿을 구성하고 사용자 정의함으로써 퀴즈 애플리케이션을 위한 일관되고 시각적으로 매력적인 사용자 인터페이스를 만들 수 있습니다.

Django 템플릿 개발

이 절에서는 base.html 템플릿을 구축하고 CSS를 Django 애플리케이션에 통합하는 데 중점을 두겠습니다. base.html 템플릿은 웹 페이지의 시각적 구조와 레이아웃의 기초 역할을 합니다. 애플리케이션의 디자인과 스타일을 향상시키기 위해 외부 CSS 리소스를 활용할 것입니다. 유용한 리소스 중 하나는 미리 디자인된 다양한 템플릿과 컴포넌트를 제공하는 부트스트랩 프레임 워크입니다. 공식 부트스트랩 웹사이트(https://getbootstrap.com/docs/5.3/examples/)에서 적합한 템플릿을 찾는 과정을 거치게 됩니다. 여기에서는 다양한 예제를 살펴보고 원하는 미적 감각과 기능에 맞는 예제를 선택할 수 있습니다.

Google 크롬 Google Chrome을 사용하는 경우 부트스트랩 템플릿 뒤에 있는 코드에 쉽게 접근할 수 있습니다. 예를 들어, 이 프로젝트의 경우 https://getbootstrap.com/docs/5.3/examples/dashboard/에서 접근할 수 있는 **대시보드 템플릿**Dashboard template을 사용할 수 있습니다. 그림 5.4에서 볼 수 있듯이 **대시보드**Dashboard 템플릿을 마우스 오른쪽 버튼으로 클릭하고 **페이지 소스 보기**View Page Source 옵션을 선택하면 HTML 코드에 접근할 수 있습니다.

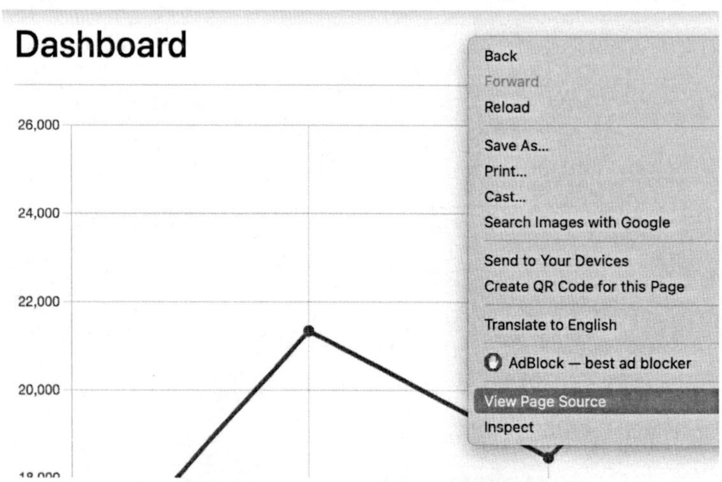

그림 5.4 Chrome에서 페이지 소스 보기

이 접근 방식을 따르면 이 템플릿에서 특정 절을 추출하여 자체 애플리케이션에 통합하여 쉽게 사용자 지정하고 확장할 수 있습니다. 이 과정은 Django 앱의 견고한 기반을 구축합니다.

우선, 다음과 같은 권장 구조를 준수하여 애플리케이션 및 프로젝트 폴더 외부의 별도 위치에 템플릿 폴더를 만들 수 있습니다. 이렇게 체계적으로 설정하면 템플릿 파일을 효율적으로 관리할 수 있습니다:

```
quiz_project/
├── quiz_app
├── quiz_project/
└── templates
```

템플릿 디렉터리 내에 애플리케이션 구조의 기초가 되는 base.html이라는 이름의 새 HTML 파일을 만듭니다. 이 파일에서 관련 링크를 포함하고 애플리케이션의 전반적인 컨텍스트를 설정하는 **헤더 부분**header section을 정의하는 것으로 시작할 수 있습니다:

```
{% load static %}
<htmllang="en" data-bs-theme="auto">
<head>
    <scriptsrc="/docs/5.3/assets/js/color-modes.js"></script>
    <metacharset="utf-8">
    <metaname="viewport" content="width=device-width,initial-scale=1">
    <title>QuizApp</title>

    <!--Bootstrap CSS -->
    <linkhref="{% static 'css/bootstrap.min.css' %}"rel="stylesheet" />

<!-- ; Customstyles for this template &ndash;&gt;-->
    <linkhref="{% static 'css/dashboard.css' %}"rel="stylesheet" />
</head>
```

첫 번째 줄인 {% load static %}은 CSS 스타일시트 및 JavaScript 스크립트와 같은 정적 파일을 HTML 템플릿에 불러 올 수 있는 Django 템플릿 태그입니다. 이를 통해 Django 프로젝트 내에서 이러한 파일에 접근하고 활용할 수 있습니다. 이 절의 뒷부분에서 .css 파일을 생성하면 자동으로 HTML로 전달됩니다.

그런 다음 data-bs-theme 속성을 사용하여 테마를 자동으로 처리합니다. 이 속성은 사용자의 디바이스 설정에 따라 밝은 테마와 어두운 테마를 자동으로 전환하기 위해 널리 사용되는 CSS 프레임워크인 부트스트랩과 함께 자주 사용됩니다.

head 부분에는 다양한 메타 태그와 외부 스크립트 및 스타일시트 참조가 포함되어 있습니다. 이러한 메타 태그는 웹 페이지의 문자 인코딩 및 뷰 포트 설정에 대한 정보를 제공합니다. 웹 페이지가 올바르게 렌더링되고 다양한 화면 크기에 맞게 레이아웃이 조정되도록 합니다.

다음으로 외부 CSS 스타일시트를 포함합니다. 정적 'css/bootstrap.min.css'%} 및 {% 정적 'css/dashboard.css' %} 태그는 Django 프로젝트에서 생성할 정적 CSS 파일을 참조합니다. 이러한 CSS 파일은 웹 페이지에서 요소의 시각적 모양을 정의하는 스타일 규칙과 서식 지정 지침을 제공합니다.

헤더가 완성되면 이제 다음 코드 스니펫code snippet을 입력하여 페이지 본문을 작성할 수 있습니다:

```
<body>
    <header class="navbar navbar-dark sticky-top bg-dark flex-md-nowrap p-0 shadow">
        <a class="navbar-brand col-md-3 col-lg-2 me-0 px-3 fs-6" href="#"> Quiz App</a>
        <div class="navbar-nav">
        </div>
    </header>

    <div class="container-fluid">
        <div class="row">
            <nav id="sidebarMenu" class="col-md-3 col-lg-2 d-md-block bg-body-tertiary
                sidebar collapse">
            <div class="position-sticky pt-3 sidebar-sticky">
                <ul class="nav flex-column">
                    <li class="nav-item">
                        <a class="nav-link active" aria-current="page" href="">
                            <span data-feather="home" class="align-text-bottom">
                                </span>
                            Questions Generator
                        </a>
                    </li>
                    <li class="nav-item">
                        <a class="nav-link active" aria-current="page" href="/history">
                            <span data-feather="file" class="align-text-bottom">
                                </span>
                            My Quiz
                        </a>
                    </li>
                </ul>
```

```
            </div>
        </nav>
        </div>
    </div>
    </body>
</html>
```

여기서 본문은 탐색 표시줄이 포함된 <header> 부분으로 구성됩니다. 탐색 모음에는 퀴즈 앱의 브랜드 이름이 포함됩니다. 필요한 경우 <div class="navbar-nav"> 요소를 사용하여 탐색 항목을 추가할 수 있습니다.

이 탐색 내부에는 사이드바 메뉴 역할을 하는 <nav id="sidebarMenu"> 요소가 있습니다. 여기에는 필요에 따라 사용자 지정할 수 있는 탐색 항목 목록이 포함되어 있습니다. 각 탐색 항목은 연결된 링크와 함께 <li class="nav-item">으로 표시됩니다. 사이드바 내부에는 두 개의 기본 링크가 있습니다:

- **문제 생성기**Questions Generator 탭: 여기에는 ChatGPT 퀴즈 생성 도구가 표시됩니다.
- **내 퀴즈**My Quiz 탭: 여기에는 사용자가 지금까지 만든 모든 퀴즈가 표시되며 다운로드할 준비가 되어 있습니다.

이제 base.html이 완성되었으므로 스타일 파일을 추가할 수 있습니다. 이렇게 하려면 다음과 같이 quiz_project 내에 static 및 css라는 두 개의 새 디렉터리를 만듭니다:

```
quiz_project/
├── quiz_app
├── quiz_project/
│ ├── static/
│ └── css/
│ ├── dashboard.css
│ └── bootstrap.min.css
└── templates
```

스타일 파일을 직접 작성하는 대신 앞서 설명한 **대시보드**Dashboard 템플릿 소스 코드에서 CSS 파일을 다운로드하면 됩니다. 다운로드가 완료되면 css 폴더에 붙여 넣으면 됩니다. 프로젝트에 필요한 각 CSS 파일에 대한 링크는 여기에서 찾을 수 있습니다:

- dashboard.css: https://getbootstrap.com/docs/5.3/examples/dashboard/ dashboard.css

- bootstrap.min.css: https://getbootstrap.com/docs/5.3/dist/css/ bootstrap.min.css

또는 모든 프로젝트 파일은 깃허브 **레파지토리** (https://github.com/ PacktPublishing/Building-AI-Applications-with-ChatGPT-APIs)에서 접근할 수 있습니다.

이제 이러한 HTML 및 CSS 파일을 Django 프로젝트에 통합하는 방법을 살펴보겠습니다. settings.py 파일을 수정하여 Django에서 HTML 템플릿과 CSS 파일을 포함한 정적 파일을 찾을 디렉터리를 지정할 수 있습니다. 이 구성을 통해 Django 애플리케이션이 원하는 템플릿과 CSS 스타일에 접근하고 활용할 수 있으므로 전체 애플리케이션에 걸쳐 시각적으로 매력적이고 일관된 사용자 경험을 제공할 수 있습니다.

먼저 프로젝트에 HTML 파일을 추가하려면 settings.py 파일 내에서 템플릿 디렉터리를 참조하면 됩니다. 이렇게 하려면 다음과 같이 TEMPLATES **딕셔너리**[dictionary]를 찾아 DIRS 키를 편집합니다:

```
TEMPLATES = [
    {
        'BACKEND': 'django.template.backends.django.DjangoTemplates',
        'DIRS': [os.path.join(BASE_DIR, 'templates')],
        'APP_DIRS': True,
        'OPTIONS': {
            'context_processors': [
                'django.template.context_processors.debug',
                'django.template.context_processors.request',
                'django.contrib.auth.context_processors.auth',
                'django.contrib.messages.context_processors.messages',
            ],
        },
    },
]
```

이것은 Django 프로젝트 내에서 템플릿 디렉터리의 절대 경로를 구성하는 데 사용됩니다. BASE_DIR은 Django 프로젝트의 기본 디렉터리를 나타내며, templates는 템플릿 파일이 저장된 디렉터리의 이름입니다.

DIRS 키를 설정하면 템플릿 파일을 검색할 위치 중 하나로 templates 디렉터리를 포함하도록 Django에 지시할 수 있습니다. 이렇게 하면 템플릿 파일을 애플리케이션 디렉터리와 별도로 구성할 수 있으며 HTML 템플릿을 저장할 수 있는 중앙 위치를 제공할 수 있습니다.

또한 setting.py 파일의 시작 부분에 있는 os 라이브러리를 가져와야 합니다:

```
import os
from pathlib import Path
```

둘째, 모든 CSS 파일을 Django 프로젝트에 전달하려면 settings. py의 맨 아래로 스크롤하여 다음을 추가하면 됩니다:

```
# Static files (CSS, JavaScript, Images)
# https://docs.djangoproject.com/en/4.2/howto/static-files/

STATIC_URL = 'static/'
STATICFILES_DIRS = [os.path.join(BASE_DIR, 'quiz_project /static')]
STATIC_ROOT = os.path.join(BASE_DIR, 'static')

# Default primary key field type
https://docs.djangoproject.com/en/4.2/ref/settings/#default-auto- field

DEFAULT_AUTO_FIELD = 'django.db.models.BigAutoField'
```

여기서 STATICFILES_DIRS는 개발 중에 정적 파일을 찾을 수 있는 위치를 Django에 알려주고, STATIC_ROOT는 배포를 위해 정적 파일을 수집할 디렉터리를 지정합니다. 이러한 설정은 개발 중과 프로덕션 환경 모두에서 정적 파일을 체계적으로 관리하고 접근할 수 있도록 보장합니다. 이렇게 하면 프로젝트에 사용할 CSS 파일을 선택할 수 있습니다.

이 절에서는 base.html 템플릿을 구축하고, 부트스트랩과 같은 CSS 리소스를 통합하고, settings.py 파일을 구성하여 Django 프로젝트에서 정적 파일과 템플릿을 관리하는 등 Django 템플릿을 개발하는 과정을 설명했습니다. 설명한 단계를 완료했으면 이제 다음 절에서 Django 애플리케이션을 실행할 준비가 된 것입니다.

Django 애플리케이션 실행

이전 절에서 다룬 단계를 완료했으면 이제 Django 프로젝트를 실행할 수 있습니다. Django 애플리케이션을 실행하려면 PyCharm 터미널에 다시 접근하거나 Django 프로젝트의 루트 디렉터리인 quiz_project로 이동해야 합니다. 이 디렉터리는 manage.py 파일이 포함된 디렉터리입니다. 올바른 디렉터리에 들어가면 다음 명령을 실행합니다:

```
$python manage.py runserver
```

이 명령은 개발 서버를 시작하여 테스트 및 개발 목적으로 로컬에서 Django 애플리케이션을 실행할 수 있도록 합니다.

> **중요 참고 사항**
>
> 명심해야 할 중요한 사항은 Django의 개발 서버에는 **자동 다시 불러오기**[auto-reloading]라는 유용한 기능이 있다는 것입니다. 즉, 코드를 변경하는 동안 서버를 실행 상태로 두면 서버가 이러한 변경 사항을 자동으로 감지하여 수동으로 다시 시작할 필요 없이 적용할 수 있습니다.
>
> Django 개발 서버가 실행되면 웹 브라우저를 열고 다음 URL(http://127.0.0.1:8000/)을 입력하여 애플리케이션에 접근할 수 있습니다(그림 5.5 참조). 기본적으로 Django는 로컬 호스트 127.0.0.1에서 서버를 실행하고 포트 8000을 사용합니다. 앞의 URL은 브라우저가 Django 애플리케이션의 홈 페이지를 가리키게 됩니다.

그림 5.5 퀴즈 앱 초기 페이지 보기

Django 애플리케이션에서는 세 가지 절을 볼 수 있습니다. 먼저, 상단에는 어두운 배경에 **퀴즈 앱**이[Quiz App]라는 이름이 표시된 헤더 영역이 있습니다. 왼쪽에는 base.html 파일에 통합한 두 개의 탭(**문제 생성기**[Questions Generator] 및 **내 퀴즈**[My Quiz])이 있는 탐색 표시줄이 있습니다. 이 탭을 사용하면 애플리케이션의 다양한 기능을 쉽게 탐색할 수 있습니다. **문제 생성기**[Question Generator] 탭은 사용자가 퀴즈를 구성할 수 있는 절로 사용자를 안내하고, **내 퀴즈**[My Quiz] 탭은 퀴즈를 다운로드할 수 있는 보기를 제공합니다. 마지막으로 탐색 표시줄의 오른쪽에는 사용자가 내 퀴즈[My Quiz] 및 **문제 생성기**[Questions Generator] 기능의 콘텐츠와 상호 작용하고 탐색할 수 있는 작업 영역이 있습니다.

이것이 사용자 친화적인 디자인을 보여주는 세련되고 현대적인 인터페이스를 갖춘 애플리케이션의 초기 모습입니다. 다음 절에서는 이제 앱의 기본 요소인 핵심 ChatGPT 퀴즈 생성 컴포넌트를 개발하는 데 집중할 수 있습니다.

퀴즈 생성을 위한 ChatGPT와 Django의 통합

이 절에서는 Django 애플리케이션 내에서 ChatGPT API를 사용하여 질문을 생성하는 흥미로운 작업을 살펴봅니다. 이 강력한 기능을 사용하면 사용자가 제공한 텍스트 입력을 기반으로 대화형 퀴즈를 만들 수 있습니다. 사용자의 POST 요청을 처리하고 ChatGPT API의 기능을 활용하면 사용자 참여와 지식 습득을 향상시키는 통찰력 있는 질문을 동적으로 생성할 수 있습니다.

이 과정은 사용자가 텍스트를 입력할 수 있는 필드를 Django 애플리케이션에 통합하는 것으로 시작됩니다. 사용자가 제출 버튼을 클릭하여 텍스트를 제출하면 애플리케이션이 ChatGPT API를 활용하여 제공된 텍스트를 기반으로 관련성 있고 상황에 맞는 정확한 질문을 생성하는 마법이 펼쳐집니다. 이러한 질문은 사용자에게 원활하게 표시되어 대화형 교육 경험을 가능하게 합니다. 질문 생성 과정을 자동화하면 시간과 노력을 절약하는 동시에 사용자에게 가치 있는 콘텐츠를 제공할 수 있습니다. 이제 POST 요청을 처리하고, 질문 생성을 위한 ChatGPT API 기능을 구축하며, 궁극적으로 생성된 질문을 사용자 친화적이고 직관적인 방식으로 사용자에게 표시하는 데 관련된 단계를 자세히 살펴보도록 하겠습니다.

퀴즈 생성 텍스트 영역 및 제출 버튼 구축하기

시간 순서를 약간 벗어나서, 질문 생성 기능에 필요한 구성 요소를 통합하기 위해 base.html 파일을 수정하는 것부터 시작하겠습니다. 구체적으로 사용자가 원하는 텍스트를 입력할 수 있는 텍스트 영역과 질문 생성 과정을 **활성화**trigger하는 제출submit 버튼을 추가하겠습니다. 다음 코드와 같이 탐색 모음 메뉴 코드(</nav> 태그 아래) 아래에 이러한 필드를 추가할 수 있습니다:

pybase.html

```
</nav>
    <main class="COL-MD-9 MS-SM-auto COL-LG-10 PX-MD-4">
        {% block content %}
            <H1>Create a Quiz</h1>
            <form method="post" action="">
                {% csrf_token %}
                <textarea name="text" row="5" cols="50"
```

```
                placeholder="Enter some text..."></text area>
              <br>
              <input type="submit" value="Generate Questions">
            </form>
                {% if questions %}
                  <h2>Generated Questions:</h2>
                      {{ questions|linebreaks }}
                {% endif %}
            {% endblock %}
          </main>
        </div>
      </div>
    </body>
</html>
```

이것은 퀴즈 생성 애플리케이션에서 문제 생성 기능과 관련된 사용자 인터페이스 요소를 표시하는 base.html 파일의 절을 나타냅니다.

코드에서 HTML 태그와 Django 템플릿 구문의 사용을 관찰할 수 있습니다. <main> 태그는 기본 콘텐츠 영역을 정의합니다. <main> 태그 안에는 다음과 같이 정의된 Django 템플릿 블록이 있습니다.

{% block content %} 및 {% endblock %}을 사용하여 동적 콘텐츠 삽입을 허용합니다. 이렇게 하면 나중에 이 블록을 Django 뷰와 연결할 수 있습니다.

이 블록에서는 문제 생성 절의 명확한 제목을 제공하기 위해 **퀴즈 만들기**Create a Quiz라는 제목을 표시하는 것으로 시작합니다. 다음으로 사용자의 입력을 처리하고 문제 생성을 위해 제출하는 역할을 담당하는 양식을 만나게 됩니다. {% csrf_token %} 템플릿 태그는 양식 제출의 보안을 보장합니다.

양식 내부에는 사용자가 질문을 생성할 텍스트를 입력할 수 있는 입력 필드 역할을 하는 text area 있습니다. 여기에는 텍스트 입력 영역의 크기를 정의하는 행 및 열 속성이 지정되어 있습니다. 또한 사용자에게 지침을 제공하기 위한 **플레이스홀더**placeholder 텍스트인 Enter some text...도 있습니다.

텍스트 영역 다음에는 질문 생성이라는 제목의 제출 버튼이 있으며, 사용자는 이를 클릭하여 질문 생성 과정을 시작할 수 있습니다. 양식이 제출되면 사용자의 입력이 추가 처리를 위해 적절한 보기로 전송됩니다.

양식 뒤에는 {% if questions %} 문이 있어 사용 가능한 생성된 질문이 있는지 확인합니다. 있는 경우 생성된 질문이라는 제목이 표시되고 그 뒤에 {{ questions|linebreaks }}. 이 구문을 사용하면 생성된 질문 내의 줄 바꿈이 텍스트 필드 아래에 올바르게 표시됩니다.

마지막으로, 나중에 구축할 새 스타일 시트를 헤드 내부의 base.html 파일에 추가할 수 있습니다:

```
<!-- &lt;!&ndash; Custom styles for this template &ndash;&gt;-->
    <link href="{%  static 'css/dashboard.css' %}" rel="stylesheet" />
    <link rel="stylesheet" type="text/css" href="{% static 'css/quiz_ style.css' %}">
</head>
```

이 시점에서 퀴즈 생성기를 실행하면 모든 필드가 표시되지만 시각적 표현이 미적으로 만족스럽지 않을 수 있음을 알 수 있습니다. 이는 지금까지 HTML 요소만 통합했기 때문입니다. 외관을 개선하려면 CSS 스타일링을 도입해야 합니다. 이를 위해 quiz_project/static/css 내에 quiz_style.css라는 새 CSS 파일을 만들면 됩니다.

디렉토리에 저장합니다. https://github.com/PacktPublishing/ Building-AI-Applications-with-ChatGPT-APIs/blob/main/Chapter05%20QuizApp/quiz_project/quiz_project/static/css/quiz_style.css 에서 CSS 파일 콘텐츠를 찾을 수 있습니다.

여기서는 body, container 및 main 요소의 스타일을 정의합니다. 본문 요소는 Arial 글꼴 패밀리를 사용하도록 설정되어 있으며 배경은 흰색입니다. 컨테이너 클래스는 최대 너비를 960px로 지정하고, 애플리케이션을 담는 메인 요소에는 상자 그림자 효과와 테두리 반경 5px를 지정합니다.

그런 다음 textarea 및 submit 버튼 요소의 스타일을 정의할 수 있습니다. textarea 요소의 너비는 **부모 컨테이너**parent container의 70%이고 색상은 밝은 회색으로 설정되어 있습니다. 제출 버튼을 나타내는 input[type="submit"] 요소의 배경색은 파란색이며 커서를 가리키면 커서가 포인터로 변경됩니다.

Responsive styles 부분에서는 **뷰 포트**viewport의 최대 너비가 767px 이하인 경우 미디어 쿼리를 사용하여 특정 스타일을 적용합니다. 이 경우 .container 및 주요 요소의 패딩을 줄이고, 제목의 글꼴 크기를 20px로 줄이며, 텍스트 영역 및 input[type="submit"] 요소의 패딩을 조정합니다. 이러한 스타일은 퀴즈 생성기 애플리케이션이 시각적으로 매력적이고 다양한 화면 크기에 잘 적응하여 더 나은 사용자 경험을 제공하도록 보장합니다.

지금까지 애플리케이션의 퀴즈 생성 기능에 대한 전체 사용자 인터페이스를 성공적으로 구축했습니다. 다음 단계는 ChatGPT API 서비스를 통합하고 필요한 뷰를 구현하는 것입니다.

Django로 ChatGPT API 뷰 만들기

이제 프론트엔드를 완성했으므로 이 강력한 ChatGPT API를 Django 뷰에 통합하여 ChatGPT의 기능을 활용하여 퀴즈 문제를 생성하는 방법을 살펴보겠습니다.

퀴즈의 질문이 어떻게 생성되어야 하는지에 대한 매우 구체적인 지침을 정의해야 하므로 ChatGPT에 특정 구조의 응답을 생성하도록 요청하는 것은 어려운 작업이 될 수 있습니다. 이를 염두에 두고 ChatGPT 프롬프트는 다음 요구 사항을 충족해야 합니다:

- 질문을 만들려는 텍스트를 담고 있는 변수를 별도의 변수로 전달해야 합니다. 이렇게 하면 앱이 다양한 유형의 텍스트로 작업할 수 있습니다.
- 프롬프트는 다음을 지정하는 지침으로 구성되어야 합니다:

  - 많은 질문들

  - 정답을 표시하는 위치와 방법

  - ChatGPT가 생성해야 하는 질문 유형(선다형[multiple-choice], 개답(開答)형[open-answer] 등)

ChatGPT 프롬프트를 디자인할 때마다 이러한 요구 사항을 만들고 프롬프트 정의에 따라 API 응답이 예상 응답을 충족하는지 테스트하는 것이 좋습니다.

Django 프로젝트의 quiz_app 폴더에 config.py와 services.py라는 두 개의 필수 파일을 만들어야 합니다. config.py 파일은 ChatGPT API 키의 컨테이너 역할을 하며, 애플리케이션 내에서 키를 안전하게 저장하고 접근할 수 있게 해줍니다. 이 키는 ChatGPT API 서비스와의 연결을 설정하는 데 매우 중요합니다. 반면에 services.py 파일은 Django 뷰 내에서 ChatGPT API와 상호 작용할 수 있도록 하는 데 필요한 함수를 수용하는 데 중추적인 역할을 합니다. 이러한 함수는 API와의 통신을 용이하게 하여 사용자 입력에 따라 동적으로 퀴즈 문제를 생성할 수 있게 해줍니다:

services.py

```
import openai
from . import config

# API Token
openai.api_key = config.API_KEY def generate_questions(text):

    # Define your prompt for generating questions
    prompt = f"Create a practice test with multiple choice questions
                on the following text:\n{text}\n\n" \
            f"Each question should be on a different line. Each
                question should have 4 possible answers. " \
            f""Under the possible answers we should have the correct
                answer."

    # Generate questions using the ChatGPT API
    response= openai.Completion.create(
        engine='text-davinci-003',
        prompt=prompt,
        max_tokens=3500,
        stop=None,
        temperature=0.7
    )

    # Extract the generated questions from the API response
    questions = response.choices[0].text
    return questions
```

config.py

```
API_KEY = "YOUR_API_KEY"
```

여기에는 OpenAI 라이브러리를 활용하여 ChatGPT API와 상호 작용하여 퀴즈 문제를 생성하는 Python 함수가 있습니다. 먼저 OpenAI를 포함하여 필요한 종속성을 가져옵니다.

라이브러리와 API 키를 보관하는 로컬 구성 모듈을 사용합니다. API 키는 가져온 config.API_KEY 값을 설정하여 ChatGPT API와의 연결을 설정합니다.

generate_questions 함수는 질문이 생성될 콘텐츠 또는 콘텐츠를 나타내는 텍스트 입력을 매개변수로 받습니다. 이 함수는 제공된 텍스트를 특정 형식에 통합하여 AI 모델에 주어진 콘텐츠를 기반으로 객관식 문제를 생성하도록 지시하는 프롬프트를 준비합니다.

보다시피, 주어진 ChatGPT 프롬프트의 디자인은 주어진 텍스트를 기반으로 객관식 문제가 포함된 모의고사를 생성하기 위한 명확한 지침을 제공하는 데 중점을 두고 있습니다. 디자인 배경은 다음과 같습니다:

- **명확한 지침**: 이 프롬프트는 객관식 문제가 포함된 모의고사를 생성하는 작업의 목적을 명확하게 설명하는 것으로 시작됩니다. 이렇게 하면 생성된 콘텐츠에 대한 맥락과 기대치를 설정하는 데 도움이 됩니다.
- **텍스트 소개**: 프롬프트에는 해당 지점에 지정된 텍스트를 삽입해야 함을 나타내는 자리 표시자 {text}가 포함됩니다. 이를 통해 사용자는 질문의 기반이 될 특정 텍스트를 제공할 수 있습니다.
- **구조화된 형식**: 프롬프트는 각 문제가 별도의 줄에 있어야 한다고 지정합니다. 이렇게 하면 모의고사를 위한 구조화된 레이아웃을 만들 수 있으므로 사람과 다른 Python 스크립트가 더 쉽게 읽고 이해할 수 있습니다.
- **객관식 형식**: 프롬프트에는 각 문제에 4개의 가능한 답이 있어야 한다고 명시되어 있습니다. 이는 생성된 문제가 시험 및 퀴즈에서 일반적으로 사용되는 객관식 문제 형식을 따라야 함을 나타냅니다.
- **정답을 표시하기**: 프롬프트에는 가능한 답안 아래에 정답을 제공해야 한다고 언급합니다. 이렇게 하면 생성된 문제에 옵션과 함께 정답이 포함되므로 학습자가 정답을 쉽게 식별할 수 있습니다.

이 함수는 ChatGPT API를 사용하여 준비된 프롬프트와 함께 API에 요청을 보냅니다. API 응답에는 생성된 질문이 포함됩니다. 이 함수는 API 응답에서 이러한 질문을 추출하여 문자열 변수로 반환합니다.

이제 questions 변수를 views.py 파일 내에서 사용하여 생성된 질문을 base.html 프론트엔드 파일에 표시할 수 있습니다:

views.py

```
from django.shortcuts import renderjango.shortcuts

from .services import generate_questions

def home(request):
    if request.method == 'POST':
        text = request.POST['text']
        questions = generate_questions(text)
        context = {'questions': questions}
        return render(request, 'base.html', context)
    return render(request, 'base.html')
```

여기서는 홈페이지 렌더링과 사용자 입력에 따른 퀴즈 문제 생성을 처리하는 home 함수를 업그레이드합니다. 요청을 받으면 보기 함수는 요청의 HTTP 메서드를 확인합니다. 사용자가 양식을 제출했음을 나타내는 POST 요청인 경우, 이 함수는 텍스트 키를 사용하여 요청의 POST 데이터에서 입력된 텍스트를 추출합니다. 실제로 텍스트가 질문 생성 앱의 텍스트 파일 안에 있는 상태에서 제출 버튼을 선택하면 제출이 시작됩니다.

그런 다음 추출된 텍스트는 이전에 services.py 파일에 정의한 generate_questions 함수에 인수로 전달됩니다. 이 함수는 ChatGPT API를 활용하여 제공된 텍스트를 기반으로 퀴즈 문제를 생성합니다. 생성된 질문은 questions 변수에 저장됩니다.

생성된 질문을 웹 페이지에 표시하기 위해 질문 키와 생성된 질문이 포함된 해당 값으로 context라는 사전이 생성됩니다. 이 컨텍스트 사전은 요청 객체[request object] 및 템플릿 파일인 base.html과 함께 렌더 함수에 인수로 전달됩니다. 렌더링된 페이지는 questions 변수에 접근하여 적절하게 표시할 수 있습니다.

이 코드를 Django 애플리케이션의 views.py 파일에 구현하면 home 보기 함수가 사용자 입력에 따라 퀴즈 질문 생성을 처리하고, POST 요청이 수신되면 생성된 질문이 표시된 홈 페이지를 렌더링합니다.

Django 애플리케이션을 테스트하고 ChatGPT API를 활용하기 전에 OpenAI 라이브러리가 설치되어 있는지 확인해야 합니다. OpenAI 라이브러리는 ChatGPT API와 상호 작용하는 데 필요한 도구와 기능을 제공합니다. 라이브러리를 설치하려면 터미널 창에 다음 명령을 입력하면

됩니다:

```
pip install openai
```

퀴즈 생성기 애플리케이션을 테스트하려면 다음 단계를 따르세요:

1. Django 개발 서버가 실행 중인지 확인합니다. 아직 실행 중이 아니라면 터미널 또는 명령 프롬프트에서 Django 프로젝트의 루트 디렉토리로 이동하여 다음 명령을 실행합니다:

```
$python manage.py runserver.
```

2. 웹 브라우저를 열고 URL http://127.0.0.1:8000/ 을 입력합니다. 그러면 퀴즈 생성기 애플리케이션의 홈 페이지로 이동합니다.
3. 홈 페이지에 텍스트를 입력할 수 있는 텍스트 영역이 표시됩니다. 퀴즈 문제를 생성할 원하는 텍스트를 붙여 넣거나 입력합니다(그림 5.5 참조).

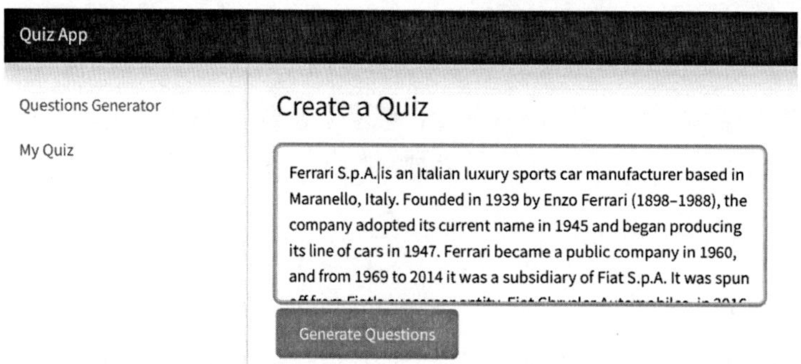

그림 5.6 퀴즈 생성 앱에 텍스트 추가하기

4. 텍스트를 입력한 후 **질문 생성**Generate Questions 버튼을 클릭합니다. 그러면 양식이 제출되고 서버에 POST 요청이 활성화됩니다.
5. 서버는 요청을 처리하고 제공된 텍스트를 기반으로 ChatGPT API를 사용하여 퀴즈 문제를 생성합니다. 생성된 질문은 텍스트 영역 아래에 표시됩니다(그림 5.7 참조).

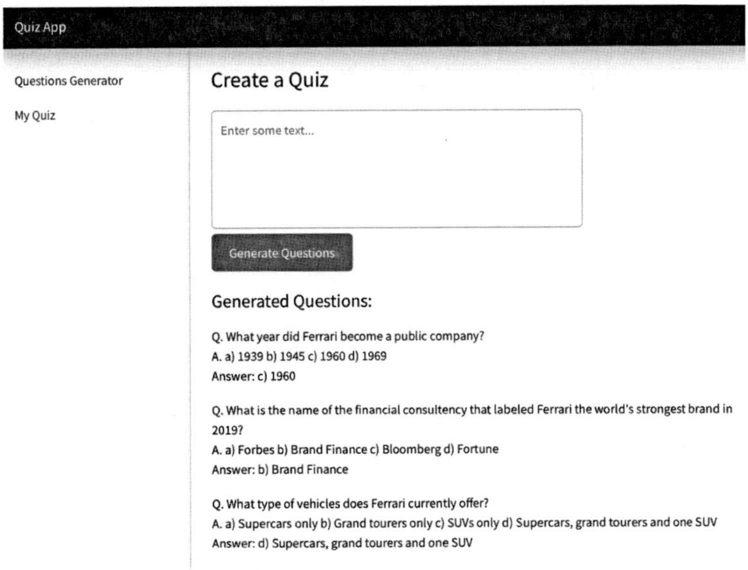

그림 5.7 퀴즈 생성 앱에 표시되는 문제

이제 다음 단계를 따라 퀴즈 생성기 애플리케이션을 테스트하고 텍스트 입력에 따라 문제가 어떻게 생성되는지 확인할 수 있습니다. 다양한 입력으로 자유롭게 실험하여 애플리케이션의 기능을 탐색해 보세요.

이 절에서는 퀴즈 생성을 위한 ChatGPT와 Django의 통합에 대해 살펴보았습니다. 문제 생성을 위한 사용자 인터페이스를 만들고, 시각적 매력을 위해 CSS 스타일링을 통합하고, Django를 사용하여 ChatGPT API 보기를 구현하고, 텍스트를 입력하고 이를 기반으로 문제를 생성하여 퀴즈 생성기 애플리케이션을 테스트하는 방법을 다루었습니다. 이제 생성된 문제를 저장하고 사용자가 다운로드할 수 있도록 데이터베이스를 구축할 수 있으며, 다음 절에서 다룰 것입니다.

생성된 퀴즈 저장 및 다운로드

다음 절에서는 퀴즈 생성 앱의 퀴즈 다운로드 기능을 구축하는 방법을 배웁니다. 데이터베이스를 통합하고 퀴즈 다운로드를 위한 전용 페이지를 만들면 사용자가 생성한 퀴즈에 접근하고 활용할 수 있습니다. 이 기능은 퀴즈를 저장하고 검색할 수 있는 원활한 방법을 제공하여 사용자가 생성한 콘텐츠를 손쉽게 다시 방문하고 공유할 수 있도록 함으로써 전반적인 사용자 경험을 향상시킬 수 있습니다.

Django의 모델과 데이터베이스 관리 기능을 사용하여 생성된 퀴즈를 데이터베이스에 저장하는 과정을 살펴봅니다. 적절한 데이터베이스 구조를 정의하고 필요한 보기와 템플릿을 구현하면 사용자가 생성된 퀴즈를 검색하고 다운로드할 수 있는 사용자 친화적인 페이지를 만들 수 있습니다. 이러한 기능을 갖춘 퀴즈 생성 앱은 퀴즈를 생성, 저장 및 접근할 수 있는 종합적인 솔루션을 제공하여 사용자에게 더욱 풍부한 대화형 교육 경험을 제공할 수 있습니다.

SQLite 데이터베이스에 퀴즈 저장하기

퀴즈 다운로드 기능을 구축할 때 중요한 측면 중 하나는 생성된 퀴즈를 데이터베이스에 저장하는 기능입니다. SQLite는 이러한 목적을 위한 간단하고 효율적인 솔루션을 제공합니다. SQLite는 최소한의 설정과 구성만 필요한 경량의 서버리스 독립형 데이터베이스 엔진입니다. 소규모 애플리케이션에 이상적이며 Python과의 원활한 통합을 제공합니다.

시작하려면 데이터베이스 기능을 통합하기 위해 generate_questions() 함수를 수정해야 합니다. 이 함수 내에 생성된 퀴즈 문제와 옵션을 SQLite 데이터베이스에 저장하는 코드를 포함할 수 있습니다. Django의 모델을 사용하여 적절한 테이블 구조를 정의하면 퀴즈 데이터를 데이터베이스의 해당 필드에 쉽게 매핑할 수 있습니다.

generate_questions() 함수를 수정하는 것 외에도 데이터베이스를 초기화하는 별도의 함수를 만들어야 합니다. 이 함수는 필요한 테이블을 생성하고 데이터베이스 연결을 설정하는 등의 작업을 처리합니다. 함수를 만들려면 services.py 파일을 열고 API_KEY 정의 아래에 초기화 함수를 작성할 수 있습니다:

```
import sqlite3
import openai
from . import config
# API Token
openai.api_key = config.API_KEY

def initialize_database():
    # Connect to the SQLite database
    conn = sqlite3.connect('questions.db')
    cursor = conn.cursor()

    # Create the table if it doesn't exist
    cursor.execute(''' CREATE TABLE IF NOT EXISTS questions
                       (id INTEGER PRIMARY KEY, key TEXT UNIQUE, value TEXT)'''))
```

```
    conn.commit()
    conn.close()
```

또한 데이터베이스 기능을 사용할 수 있도록 SQLite 패키지를 가져와야 합니다. 이제 generate_question 함수를 수정하여 데이터베이스를 통합할 수 있습니다:

initialize_database() 함수는 생성된 퀴즈를 저장하기 위해 SQLite 데이터베이스를 설정하는 작업을 담당합니다. 이 함수는 questions.db라는 SQLite 데이터베이스에 대한 연결을 설정하는 것으로 시작합니다. 그런 다음 커서는 SQL 문을 실행하고 데이터베이스에서 결과를 가져오는 핸들 역할을 합니다. 이를 통해 SQL 명령을 실행하고 데이터베이스에서 데이터를 검색할 수 있습니다.

그런 다음 이 함수는 questions라는 테이블이 데이터베이스에 존재하는지 확인합니다. 이 문은 id, key, value의 세 개의 열이 있는 테이블을 만듭니다. 키 열은 나중에 ChatGPT에 전달하는 텍스트에서 처음 두 단어를 가져와 퀴즈 이름으로 사용하며, 값 열에는 전체 퀴즈가 저장됩니다.

테이블 생성 문을 실행한 후, 변경 사항은 conn.commit()을 사용하여 데이터베이스에 커밋commit됩니다. 이렇게 하면 데이터베이스에 대한 연결이 닫히기 전에 테이블 생성이 완료되고 데이터베이스에 유지되며, conn.close()를 사용하여 시스템 리소스를 확보하고 올바른 코딩 관행을 유지할 수 있습니다.

```
def generate_questions(text):
    initialize_database()
    # Connect to the SQLite database
    conn = sqlite3.connect('questions.db')
    cursor =conn.cursor()

    # Define your prompt for generatingquestions
    prompt =f"Create a practice test with multiple choice questions
    on the following text:n{text}\n\n" \
            f"Each question should be on adifferent line. Each
    questionshould have 4 possible answers. " \
            f" "Underthe possible answers we should have the correct
                answer.."

    # Generate questions using the ChatGPT API
    response = openai.Completion.create(
        engine='text-davinci-003',
```

```
        prompt= prompt,
        max_tokens=3500,
        stop=None,
        temperature=0.7
    )

    # Extract the generated questions from the API response
    questions = response.choices[0].text

    # Generate a unique key for the question
    base_key = ''.join(text.split()[:2])
    key = base_key
    index = 1
    while key_exists(cursor,key):
        key = f"{base_key} {index}“
        index += 1

    # Insert the questions into thedatabase
    value = questions
    cursor.execute("INSERT INTO questions (key,alue) VALUES (?, ?)", (key, value))
    conn.commit()

    return questions

defkey_exists(cursor, key):
    cursor.execute("SELECT COUNT(*) FROMquestions WHERE key = ?", (key,))
    count = cursor.fetchone()[0]
    return count > 0
```

먼저, 이 함수는 이전 함수와 유사하게 sqlite3.connect() 메서드를 사용하여 questions.db라는 SQLite 데이터베이스에 대한 연결을 설정합니다.

각 질문의 고유성을 보장하기 위해 이 함수는 입력 텍스트의 처음 두 단어를 결합하여 고유 키를 생성합니다. 동일한 키를 가진 질문이 데이터베이스에 이미 존재하는 경우 고유 키를 얻을 때까지 해당 키에 숫자 인덱스를 추가합니다. key_exists() 메서드를 사용하여 키를 확인합니다.

이 함수는 cursor.execute() 매서드를 사용하여 생성된 질문을 SQLite 데이터베이스에 삽입합니다. 키와 questions 테이블은 SQL 쿼리에 대한 매개변수로 전달됩니다. True가 반환되면 이 함수는 conn.commit()을 호출하여 데이터베이스에 변경 사항을 저장합니다.

key_exists() 함수는 커서 객체와 키를 매개변수로 받아 SQL 쿼리를 실행하여 question 테이블에서 주어진 키가 있는 행의 수를 계산한 후 테이블에 키가 있으면 True를, 그렇지 않으면 False를 반환합니다. 이 함수는 새 데이터를 삽입하거나 다른 작업을 수행하기 전에 데이터베이스에 키가 있는지 편리하게 확인할 수 있는 방법을 제공합니다.

데이터베이스를 가져오기 위해 print_all_questions() 함수를 만들 수 있습니다. 이 함수는 SQLite 데이터베이스의 질문 테이블에서 모든 행을 검색하여 결과로 반환합니다:

```
def print_all_questions():
    initialize_database()
    conn = sqlite3.connect('questions.db')
    cursor = conn.cursor()
    # Retrieve all rows from the database
    cursor.execute("SELECT * FROM questions")
    rows = cursor.fetchall()
    return rows
```

먼저, 이 함수는 SELECT * FROM 질문을 사용하여 SQL SELECT 문을 실행행하여 쿼리를 사용합니다. 이 쿼리는 질문 테이블에서 모든 열을 선택합니다.

SELECT 문을 실행한 후 함수는 쿼리에서 반환된 모든 행을 검색합니다. fetchall() 메서드는 결과를 튜플[tuple] 목록으로 반환하며, 각 튜플[tupletuple]은 테이블의 행을 나타냅니다. 나중에 이 함수를 다운로드 기능의 일부로 사용하여 데이터베이스에서 퀴즈를 다운로드할 것입니다.

다운로드 퀴즈 뷰 구축

이제 다운로드 퀴즈 보기를 Django 애플리케이션에 통합하는 과정을 살펴볼 차례입니다. 다운로드 퀴즈 보기는 사용자가 퀴즈 생성 앱에서 생성된 퀴즈에 접근하고 퀴즈를 얻을 수 있도록 하는 데 필수적입니다. 먼저 views.py 파일로 이동하여 홈 함수 아래에 다음 코드를 추가합니다:

```
def history(request):
    return render(request, 'download.html')

    data = print_all_questions()

class TestListView(TemplateView):
    template_name = 'download.html'
    def get_context_data(self, **kwargs):
        context = super().get_context_data(**kwargs)
```

```
        context['data'] = data
        return context

def download(request, test_id):
    test = next((t for t in data if t[0] == test_id), None)
    if test:
        header = test[1]
        questions = test[2]
        filename = f'test_{test_id}.txt'
        with open(filename, 'w') as f:
            f.write(questions)
        file_path= os.path.join(os.getcwd(), filename)
        response =HttpResponse(open(file_path, 'rb'),
            content_type='text/plain')
        response['Content-Disposition']= f'attachment;
            filename="{header}.txt"'
        return response
    else:
        return HttpResponse("Test notfound.")
```

제공된 코드는 Django 퀴즈 생성기의 views.py 파일에 포함된 추가 함수를 보여줍니다. 각 함수와 그 목적을 살펴보겠습니다:

1. history 함수는 다음 절에서 구축할 download.html 템플릿을 렌더링하는 보기 함수입니다. 사용자가 이 함수와 연결된 지정된 URL을 방문하면 템플릿이 표시되어 다운로드 가능한 퀴즈의 히스토리를 볼 수 있습니다.
2. 데이터 변수에는 print_all_questions() 함수에서 반환된 값이 할당됩니다. 이 함수는 생성된 퀴즈가 포함된 데이터베이스에서 모든 행을 검색합니다. 데이터를 데이터 변수에 저장하면 나중에 TestListView 보기의 컨텍스트를 채우는 데 사용할 수 있습니다.
3. TestListView 클래스는 일반적인 클래스 기반 보기를 제공하는 TemplateView의 서브클래스입니다. 이 클래스는 다운로드한 퀴즈를 표시하는 데 사용되는 템플릿(이 경우 download.html 템플릿)을 정의합니다. get_context_data() 메서드를 재정의하여 컨텍스트에 데이터 변수를 추가하여 템플릿에서 렌더링에 사용할 수 있도록 합니다.
4. download() 함수는 test_id로 식별되는 특정 퀴즈의 다운로드 기능을 처리합니다. 먼저 test_id를 사용하여 데이터 변수에서 퀴즈를 검색합니다. 퀴즈를 찾으면 헤더, 문제, 파일 이름이 추출됩니다. 그런 다음 문제가 적절한 파일명을 가진 텍스트 파일에 기록됩니다. 파일 경로가 결정되고 파일 콘텐츠 및 콘텐츠 유형이 포함된 HttpResponse 객체가 생성됩니

다. 다운로드한 파일의 파일 이름을 지정하도록 Content Disposition 헤더가 설정되어 있습니다. 마지막으로 파일 다운로드를 시작하기 위한 응답이 반환됩니다. 퀴즈를 찾을 수 없는 경우 테스트를 찾을 수 없다는 메시지와 함께 HttpResponse 객체가 반환됩니다.

마지막으로 views.py 파일의 시작 부분에 해당 함수가 제대로 작동하는 데 필요한 모든 임포트를 추가할 수 있습니다:

```
import os

from django.http import HttpResponse
from django.shortcuts import render
from django.views.generic import TemplateView

from .services import generate_questions, print_all_questions
```

보시다시피, HttpResponse와 render 함수는 Django 프레임워크에서 가져온 것입니다. 이 함수는 HTTP 응답을 생성하고 반환하는 데 필수적입니다. HttpResponse 클래스를 사용하면 사용자 정의 HTTP 응답을 생성할 수 있으며, render 함수는 HTML 템플릿을 렌더링하고 그 결과를 HttpResponse 객체로 반환하는 데 사용됩니다. TemplateView 클래스는 나중에 다운로드 보기의 템플릿을 렌더링하는 클래스 기반 보기로 사용됩니다.

이러한 함수를 views.py 파일에 추가하면 다운로드 기록 페이지의 렌더링과 downlaod.html 템플릿의 퀴즈 목록을 활성화할 수 있습니다. 다음 절에서는 다운로드 템플릿을 만들고 사용자가 **내 퀴즈** 다운로드 페이지에 접근할 수 있도록 필요한 모든 URL을 추가하겠습니다.

다운로드 템플릿 디자인하기

base.html 파일을 자세히 살펴보면 탐색 모음 안에 **질문 생성기**Questions Generator와 **내 퀴즈**My Quiz라는 두 개의 버튼이 표시되어 있는 것을 볼 수 있습니다. 사용자가 **문제 생성기**Questions Generator를 클릭하면 home 보기를 볼 수 있도록 하여 ChatGPT API를 사용하여 퀴즈를 생성할 수 있도록 이미 보장했습니다. 이 절에서는 **내 퀴즈**My Quiz 페이지에 중점을 두겠습니다. 사용자가 **내 퀴즈**My Quiz 버튼을 클릭하면 127.0.0.1/history 페이지로 이동하도록 할 것입니다. 이 페이지에는 이전 절에서 구축한 다운로드 기능과 관련된 모든 뷰가 표시됩니다.

이를 위해서는 사용자가 **MyQuiz** 버튼을 클릭하면 렌더링될 새 HTML 파일을 만들어야 합니다. 이 HTML은 기본 영역에서 다른 함수 집합(다운로드 함수)을 실행한다는 유일한 차이점을 제외하고는 base.html의 거의 정확한 사본이 될 것입니다. download.html 파일은 templates/ 디렉터리 내에 만들 수 있습니다:

```
{% load static %}
<html lang="en" data-bs-theme="auto">
<head>
    <script src="/docs/5.3/assets/js/color-modes.js"></script>
    <meta-charset="utf-8">
    <meta name="viewport" content=" width=device-width, initial-scale=1
    width=device-width, initial-scale=1">
    <title> Quiz App<</title>

    <!-- Bootstrap CSS -->
    <link href="{% static 'css/bootstrap.min.css' %}" rel="stylesheet" />

    <!—Custom styles for this template -->
    <link href="{% static 'css/dashboard.css' %}" rel="stylesheet" />

</head>

<body>
    <header class="navbar navbar-dark sticky-top bg-dark flex-md-nowrap p-0 shadow">
        <a class="navbar-brand col-md-3 col-lg-2 me-0 px-3 fs-6" href="#">Quiz App</a>
        <div class="navbar-nav">
        </div>
    </header>

    <div class="container-fluid">
        <div class="row">
            <nav id="sidebarMenu" class="col-md-3 col-lg-2 d-md-block bg-body-tertiary
                sidebar collapse">
            <div class="position-sticky pt-3 sidbar-sticky">
                <ul class="nav flex-column">
                    <li class="nav-item">
                        <a class="nav-link active" aria-current="page" href="/">
                            <span data-feather="home" class="align-text-bottom">
                                </span>
                            Questions Generator
                        </a>
                    </li>
                    <li class="nav-item">
                        <a class="nav-link active" aria-current="page" href="/history">
                            <span data-feather="file" class="align-text-bottom">
```

```
                    </span>
                    My Quiz
                </a>
            </li>
        </ul>
    </div>
    </nav>

    <main class="COL-MD-9 MS-SM-autoCOL-LG-10 PX-MD-4">
        <H1>Download Quiz</h1>
        <ul>
        {% for test indata %}
        <li><ahref="/download/{{ test.0 }}" class="test-header">
            {{ test.1}}</a></li>
        {% endfor %}
        </ul>
    </main>
  </div>
 </div>
 </body>
</html>
```

작업 영역이 있는 탐색 모음 뒤에 사용자가 퀴즈를 다운로드할 수 있는 절을 만들 수 있습니다. 제공된 데이터를 기반으로 퀴즈 다운로드 링크 목록을 생성하여 사용자가 퀴즈에 접근하고 다운로드할 수 있도록 퀴즈 헤더를 클릭 가능한 링크로 표시할 수 있습니다.

<main> 요소 내부에는 Download Quiz 텍스트를 표시하는 <h1> 제목 태그가 있습니다. 이 제목은 절의 명확한 제목을 제공하여 사용자에게 절의 목적을 나타냅니다.

제목 아래에는 정렬되지 않은 목록을 나타내는 <ul> 요소가 있습니다. 이 목록 안에는 {% for test in data %} 및 {% endfor %}로 표시된 Django의 템플릿 구문을 사용하는 루프 구조가 있습니다. 이 루프는 퀴즈 또는 테스트 데이터의 목록이 포함된 데이터 변수를 반복합니다.

루프의 각 반복마다 새 목록 항목인 <li>가 생성됩니다. 목록 항목 내부에는 하이퍼링크 역할을 하는 앵커(<a>) 태그가 있습니다. 앵커 태그의 href 속성은 Django의 템플릿 구문과 테스트 변수를 사용하여 동적으로 생성됩니다. 이 링크는 /download/ URL을 가리키고 그 뒤에 테스트가 이어집니다.

download.html의 이 절은 제목과 퀴즈 다운로드 링크 목록이 포함된 기본 콘텐츠 영역을 생성합니다. 이 루프는 데이터 변수의 각 퀴즈가 적절한 하이퍼링크 및 표시 텍스트가 있는 별도의 목록 항목으로 표시되도록 합니다.

Django 프로젝트에서 My Quiz 페이지를 설정하는 마지막 단계로 url.py 파일을 수정해야 합니다. 이 파일은 요청을 적절한 보기로 라우팅하는 역할을 합니다. **내 퀴즈** 페이지를 표시할 기록 보기에 매핑되는 URL 패턴을 정의해야 합니다. urls.py 파일을 업데이트하면 사용자가 **내 퀴즈** 페이지에 접근하여 다운로드한 퀴즈를 볼 수 있습니다:

quiz_project/urls.py

```
from django.contrib import admin
from django.urls import include, path

urlpatterns = [

    path('admin/',admin.site.urls),
    path('', include('quiz_app.urls')),
    path('history/', include('quiz_app.urls')),
]
```

quiz_app/urls.py

```
from django.urls import path
from . import views
from .views import TestListView, download

urlpatterns = [
    path('', views.home, name='home'),
    path('history/', TestListView.as_view(), name='test_list'),
    path('download/<int:test_id>', download, name='test_download'),
]
```

quiz_project/urls.py 파일에서 전체 프로젝트의 URL 패턴을 정의합니다. history/ 경로는 퀴즈 애플리케이션에 특정한 URL 패턴이 포함된 quiz_app.urls 모듈에 매핑됩니다. 이 구성을 통해 사용자는 **내 퀴즈**My Quiz 페이지에 접근할 수 있습니다.

quiz_app/urls.py 파일에서 퀴즈 애플리케이션의 URL 패턴을 구체적으로 정의합니다. **내 퀴즈** My Quiz 페이지를 표시하는 TestListView 뷰 클래스에 매핑되는 history/ 경로를 추가합니다. 또한 download/<int:test_id> 경로는 사용자가 선택한 특정 퀴즈의 다운로드를 처리하는 다운로드 보기 함수에 매핑됩니다.

이러한 파일에 URL 패턴을 구성하면 사용자가 **문제 생성기**Question Generator 페이지 또는 **내 퀴즈**My Quiz 페이지와 같은 퀴즈 앱의 다른 페이지로 이동할 수 있으며, 이 페이지에서 해당 URL에 접근하여 다운로드 페이지를 활성화할 수 있습니다.

URL 파일을 구성하면 애플리케이션 생성의 마지막 단계가 완료됩니다. Django 퀴즈 앱을 테스트하려면 터미널에서 다음 명령을 사용하여 실행할 수 있습니다:

```
$python manage.py runserver
```

애플리케이션이 실행되면 웹 브라우저를 통해 접근할 수 있습니다. 먼저 **문제 생성기** Question Generator페이지로 이동하여 필요한 입력을 입력하여 몇 가지 퀴즈를 생성할 수 있습니다. 퀴즈를 생성한 후에는 서버를 다시 시작하여 애플리케이션을 재부팅할 수 있습니다.

그런 다음 탐색 메뉴에 있는 **내 퀴즈**My Quiz 탭으로 이동합니다. 이 탭을 클릭하면 이전에 생성한 모든 퀴즈의 이름을 볼 수 있는 페이지로 이동합니다. 이 목록은 데이터베이스에 저장된 퀴즈를 기반으로 채워집니다. 생성한 퀴즈에 대한 편리한 개요를 제공합니다(그림 5.8 참조).

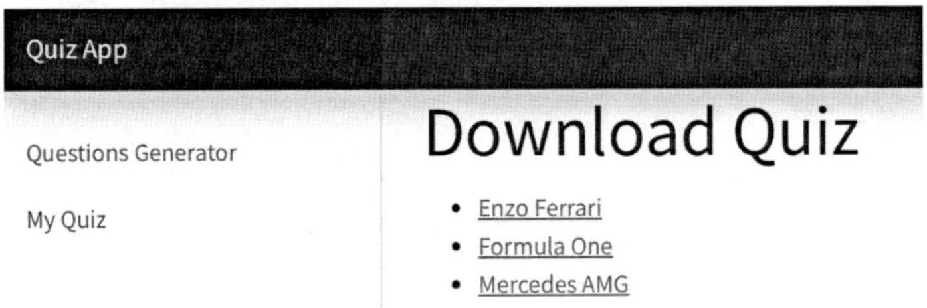

그림 5.8 내 퀴즈 페이지에서 퀴즈 다운로드하기

특정 퀴즈를 텍스트 파일로 다운로드하려면 목록에서 원하는 퀴즈를 클릭하기만 하면 됩니다. 이 작업은 애플리케이션에 구현된 다운로드 기능을 활성화합니다. 퀴즈는 텍스트 파일로 다운로드 되며, 로컬 컴퓨터에 저장할 수 있습니다. 이렇게 하면 오프라인에서 퀴즈에 접근하여 검토하거나 인쇄하거나 필요한 경우 다른 사람과 공유할 수 있습니다.

이것이 다운로드 퀴즈 보기를 Django 애플리케이션에 통합한 방법입니다. views.py 파일에 다운로드 기록 페이지를 렌더링하는 history, 다운로드한 퀴즈를 표시하는 TestListView, 퀴즈 다운로드를 처리하는 download와 같은 함수를 추가했습니다. 이러한 함수를 통해 사용자는 퀴즈 생성 앱에서 생성된 퀴즈에 접근하고 퀴즈를 얻을 수 있습니다. 또한 다운로드 기능을 표시하기 위해 base.html에서 수정한 downloads.html 템플릿을 만들었습니다. urls.py 파일을 수정하여 **내 퀴즈**My Quiz 페이지에 접근하고 퀴즈를 다운로드할 수 있는 URL 패턴을 정의했습니다. 애플리케이션을 테스트하기 위해 **문제 생성기**Question Generator 페이지를 사용하여 퀴즈를 생성한 다음 **내 퀴즈**My Quiz 페이지로 이동하여 퀴즈를 보고 다운로드했습니다.

요약

이 장에서는 퀴즈 생성 애플리케이션을 위한 Django 프로젝트를 구축하는 데 중점을 두었습니다. Django 설치, 데이터베이스 초기화, 개발 서버 실행, Django에서 뷰와 URL의 흐름 이해와 같은 중요한 측면을 포함하여 프로젝트를 설정하고 구성하는 단계별 가이드를 제공했습니다. 또한 템플릿의 개념을 살펴보고 부트스트랩 프레임워크와 같은 외부 CSS 리소스를 통합하는 방법을 시연했습니다.

또한 퀴즈 생성을 위해 ChatGPT와 Django를 통합하는 방법도 설명했습니다. 애플리케이션의 인터페이스에 텍스트 입력 필드와 제출 버튼을 추가하여 사용자가 ChatGPT API를 사용하여 관련 문제를 생성할 수 있도록 하는 과정을 설명했습니다. 또한 퀴즈 생성기 애플리케이션을 테스트하는 방법에 대해 논의하고 생성된 문제를 저장할 데이터베이스를 구축하는 다음 단계에 대해 설명했습니다. Django의 모델과 데이터베이스 관리 기능을 사용하여 생성된 퀴즈를 SQLite 데이터베이스에 저장하고 저장된 퀴즈를 다운로드하는 방법을 배웠습니다.

이 프로젝트는 Django 기반 퀴즈 생성 애플리케이션을 구축하고, 문제 생성을 위해 ChatGPT를 통합하고, 생성된 퀴즈를 다운로드하는 기능을 구현하는 포괄적인 가이드였습니다. Django로 자신만의 대화형 애플리케이션을 만들 수 있는 귀중한 경험을 얻었습니다.

다음 장인 '*ChatGPT API 및 Microsoft Word를 사용한 언어 번역 데스크톱 앱*'에서는 Python과 ChatGPT API를 사용하여 언어 번역 데스크톱 앱을 만드는 방법을 배웁니다. ChatGPT API를 Microsoft Word와 통합하여 Word 문서를 다른 언어로 번역하는 방법을 설명합니다. 이 장에서는 사용자가 대상 언어를 선택하고 실시간 번역을 볼 수 있도록 Tkinter 라이브러리를 사용하여 사용자 인터페이스를 만드는 방법을 다룹니다. 또한 언어 선택 및 파일 탐색 기능 구현에 대한 정보를 제공하며, 정확한 번역을 위해 강력한 GPT-3.5 터보 언어 모델을 사용하는 방법을 강조합니다.

ChatGPT, DALL-E, 및 데스크톱용 Whisper API 앱 개발

PART 3

이 파트에서는 데스크톱 애플리케이션을 제작하여 다양한 인공 지능 API에 대한 전문 지식을 넓히는 데 중점을 둡니다. ChatGPT 및 DALL-E API를 원활하게 통합하여 애플리케이션에 매력적인 예술적 기능을 불어넣어 AI 아트를 탐구하게 됩니다. 또한 Whisper API를 활용하여 언어 번역 및 전사[轉寫]의 영역을 탐구하게 됩니다. 이 파트에서는 Tkinter, PyQt, Microsoft Office API와 같은 다양한 데스크톱 애플리케이션 프레임워크에 노출되어 강력하고 풍부한 기능을 갖춘 애플리케이션을 제작할 수 있습니다.

이 파트는 다음과 같은 장으로 구성되어 있습니다:

- 6장, ChatGPT API 및 Microsoft Word를 사용한 언어 번역 데스크톱 앱
- 7장, Outlook 이메일 회신 생성기 구축하기
- 8장, PyQt 및 ChatGPT API를 사용한 에세이 생성 도구
- 9장, ChatGPT와 DALL-E API 통합: 엔드 투 엔드 Powerpoint 프레젠테이션 생성하기
- 10장, Whisper API를 사용한 음성 인식 및 텍스트 음성 변환하기

제6장
ChatGPT API 및 Microsoft Word를 사용한 언어 번역 데스크톱 앱

오늘날과 같이 글로벌화된 세상에서 언어 번역은 기업과 개인이 국경을 넘어 효과적으로 소통하는 데 필수적인 도구가 되었습니다. 다행히 **자연어 처리**Natural Language Processing, NLP 및 기계 학습 기술의 발전으로 언어 번역은 그 어느 때보다 정확하고 접근하기 쉬워졌습니다. 이 장에서는 OpenAI ChatGPT API와 Microsoft Word를 사용하여 언어 번역 데스크톱 앱을 구축하는 방법을 살펴봅니다.

이 장에서는 강력한 ChatGPT API를 사용하여 실시간으로 텍스트를 번역할 수 있는 데스크톱 애플리케이션을 만드는 방법을 알아봅니다. 사용자가 Word 문서를 업로드하고 다양한 언어로 번역할 수 있도록 API를 Microsoft Word와 통합하는 과정을 살펴봅니다. 또한 사용자가 대상 언어를 선택하고 번역된 텍스트를 볼 수 있도록 Python Tkinter 라이브러리를 사용하여 간단한 사용자 인터페이스를 구축하는 방법도 다룹니다. 이러한 기술을 익히면 자신만의 언어 번역 앱을 개발하고 자연어 처리 및 기계 학습 능력을 향상시킬 수 있습니다.

이 장에서는 다음을 수행하는 방법을 알아봅니다:

- Python과 ChatGPT API를 사용하여 언어 번역 데스크톱 앱 구축하기
- Microsoft Word 라이브러리를 사용하여 Word 문서에서 텍스트 추출하기
- 언어 번역을 위한 ChatGPT API 통합하기
- Tkinter 라이브러리를 사용하여 데스크톱 앱의 사용자 인터페이스 만들기
- 언어 선택 및 파일 탐색 기능 구현하기
- 샘플 텍스트를 사용하여 번역 흐름 테스트
- GPT-3.5 터보 언어 모델 사용하기

이 장이 끝나면 ChatGPT API를 Tkinter 및 Microsoft Word와 원활하게 통합하여 간단하면서도 기능적인 데스크톱 애플리케이션을 개발하는 데 필요한 필수 지식을 습득하게 될 것입니다. 이러한 기술을 통해 AI 기반 언어 번역을 활용하고 이 기능을 원하는 애플리케이션에 원활하게 통합하여 다양한 언어적 배경을 가진 사람들과 효과적으로 소통할 수 있는 유용한 도구를 제공할 수 있습니다.

기술 요구 사항

이 언어 번역 데스크톱 앱 프로젝트를 완료하려면 다음과 같은 기술 요구 사항이 필요합니다:

- 시스템에 설치된 Python 3.7 이상 버전
- PyCharm과 같은 코드 편집기(권장)
- Python 가상 환경
- OpenAI API 키
- 장치에서 Microsoft Word 사용 가능

다음 절에서는 docx Python 라이브러리를 효과적으로 사용하여 Word 문서에서 정보를 접근하고 추출하는 방법에 대해 알아보세요. 이를 통해 데이터를 ChatGPT API로 원활하게 전달하고 그 기능을 활용하여 번역을 수행할 수 있습니다.

이 링크를 통해 이 장에서 설명한 코드 스니펫을 GitHub 플랫폼에서 찾을 수 있습니다: https://github.com/PacktPublishing/Building-AI-Applications-with-ChatGPT-APIs/tree/main/Chapter06%20WordTranslator

ChatGPT API와 Microsoft Office 통합하기

이 절에서는 PyCharm 프로젝트를 설정하고 docx Python 라이브러리를 설치하여 Word 문서에서 텍스트를 추출하는 방법을 살펴보겠습니다. docx 라이브러리는 Microsoft Word(.docx) 파일을 읽고 쓸 수 있게 해주고 이러한 파일에 저장된 정보에 접근할 수 있는 편리한 인터페이스를 제공하는 Python 패키지입니다.

첫 번째 단계는 새 PyCharm 프로젝트를 생성하여 작업을 시작하는 것입니다. 이렇게 하면 번역 앱 코드를 작성하고 체계화할 수 있는 전용 영역이 생깁니다. 이전에 PyCharm 프로젝트를 개발하는 방법에 대해 설명했지만 여기서는 여전히 단계를 간략하게 설명하겠습니다.

1. 시스템에서 PyCharm IDE를 엽니다.
2. 시작 화면에서 **새 프로젝트 만들기**Create New Project를 클릭하거나 이미 IDE를 사용 중인 경우 **파일 | 새 프로젝트**File | New Project로 이동합니다.
3. 기본 설정을 유지합니다.
4. 프로젝트 이름을 Translation App으로 지정합니다.
5. 만들기를 클릭하여 프로젝트를 생성합니다.

언어 번역 데스크톱 앱을 실행하려면 다음 라이브러리를 설치해야 합니다:

- openai: openai 라이브러리를 사용하면 OpenAI API와 상호 작용하고 다양한 자연어 처리 작업을 수행할 수 있습니다.
- docx: docx 라이브러리를 사용하면 Python을 사용하여 Microsoft Word .docx 파일을 읽고 쓸 수 있습니다.
- tkinter: tkinter 라이브러리는 데스크톱 앱의 **그래픽 사용자 인터페이스**Graphical User Interfaces, GUI를 만들 수 있는 기본 제공 Python 라이브러리입니다.

tkinter는 기본 제공 라이브러리이므로 Python 환경 내에 이미 존재하므로 설치할 필요가 없습니다. openai 및 docx 라이브러리를 설치하려면 **보기 | 도구 윈도우 | 터미널**View | Tool Windows | Terminal을 클릭하여 PyCharm 터미널에 접근한 다음 다음 명령을 실행합니다:

```
pip install openai
pip install python-docx
```

Word 문서의 내용에 접근하고 읽으려면 PyCharm 프로젝트 내에 샘플 Word 파일을 만들어야 합니다. PyCharm에서 새 Word 파일을 생성하는 단계는 다음과 같습니다:

1. PyCharm 프로젝트에서 프로젝트 디렉터리를 마우스 오른쪽 버튼으로 클릭하고 **새로 만들기**New를 선택한 다음 file이라는 디렉터리를 만듭니다.
2. 파일 폴더를 마우스 오른쪽 버튼으로 클릭하고 **새로** 만들기 | **파일을** 선택합니다.
3. 대화 상자가 나타나면 확장자가 .docx인 파일 이름을 입력합니다(예: info. docx).
4. *Enter* 키를 눌러 파일을 생성합니다.
5. 파일이 생성되면 파일을 두 번 클릭하여 엽니다.

이제 이 파일에 텍스트나 콘텐츠를 추가할 수 있으며, 나중에 Python의 docx 라이브러리를 사용하여 접근하고 읽을 수 있습니다. 이 예제에서는 뉴욕시에 대한 기사를 만들었습니다. 그러나 분석하려는 텍스트가 포함된 Word 문서를 선택할 수 있습니다:

The United States' most populous city, oft enreferred to as New York City or NYC, is New York. In 2020, its population reached 8,804,190 people across 300.46 square miles, making it the most dens ely populated major city in the country and over two times more populous than the nation's second-l argest city, Los Angeles. Th e city's population also exceeds that of 38 individual U.S. states. Situate d at the southern end of New York State, New York City serves as the Northeast megalopolis and Ne w York metropolitan area's geographic and demographic center - the largest metropolitan area in th e country by both urban area and population. Over 58 million people also live within 250 miles of the city. A significant influencer on commerce, health care and life sciences, research, technology, edu cation, politics, tourism, dining, art, fashion, and sports, New York City is a global cultural, financi al, entertainment, and media hub. It houses the headquarters of the United Nations, making it a si gnificant center for international diplomacy, and is oft en referred to as the world's capital..

이제 PyCharm 프로젝트 내에 Word 파일을 만들었으므로 다음 단계로 넘어가서 Translation 앱 루트 디렉터리 내에 app.py라는 새 Python 파일을 만들 수 있습니다. 이 파일에는 docx 라이브러리를 사용하여 Word 파일의 내용을 읽고 조작하는 코드가 포함됩니다. Word 파일과 Python 파일이 준비되었으므로 문서에서 데이터를 추출하여 애플리케이션에서 사용하기 위한 코드 작성을 시작할 준비가 된 것입니다.

docx-python 라이브러리로 Word 파일을 읽을 수 있는지 테스트하기 위해 app.py 파일에 다음 코드를 구현할 수 있습니다:

```
import docx

doc = docx.Document("<full_path_to_docx_file>")
text = ""
for para in doc.paragaraphs:
    text += para.text

print(text)
```

<full_path_to_docx_file>을 Word 문서 파일의 실제 경로로 바꾸어야 합니다. 파일 경로를 가져오는 작업은 PyCharm에서 .docx 파일을 마우스 오른쪽 버튼으로 클릭하고 드롭다운 메뉴에서 **경로/참조 복사...**CopyPath/Reference... 옵션을 선택하면 간단하게 수행할 수 있습니다.

이 작업을 완료했으면 **실행**Run 버튼을 한 번 클릭하여 app.py 파일을 실행하고 출력을 확인합니다. 이 코드는 Word 문서의 내용을 읽고 **실행 창**Run Window 콘솔에 인쇄합니다. 텍스트 추출이 올바르게 작동하면 콘솔에 문서 텍스트가 인쇄된 것을 볼 수 있습니다(그림 6.1 참조). 이제 text 변수는 info.docx의 데이터를 Python 문자열로 보유합니다.

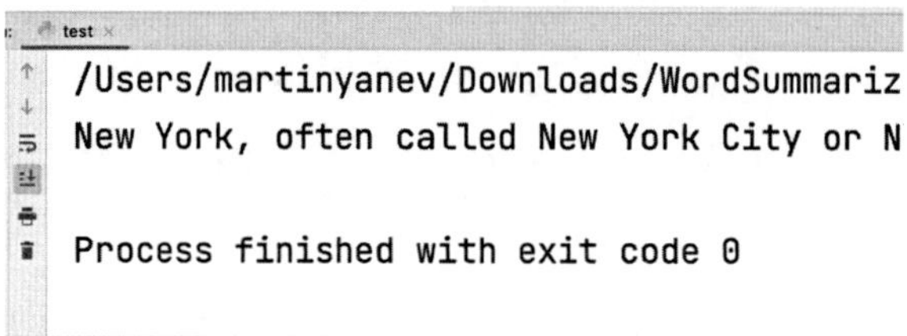

그림 6.1 단어 텍스트 추출 콘솔 출력

이 절에서는 PyCharm 프로젝트를 설정하고 docx Python 라이브러리를 설치하여 Word 문서에서 텍스트를 추출하는 방법에 대한 단계별 안내를 제공했습니다. 또한 이 절에는 PyCharm에서 새 Word 파일을 만들고 docx 라이브러리를 사용하여 Python을 사용하여 해당 내용을 읽고 조작하는 방법에 대한 지침도 포함되어 있습니다.

다음 절에서는 Tkinter 애플리케이션의 프레임 구축에 대해 자세히 알아보겠습니다. 위젯이 포함된 기본 창을 만드는 방법과 지오메트리 관리자를 사용하여 화면에 위젯을 배치하는 방법을 배우게 됩니다.

Tkinter로 사용자 인터페이스 구축하기

이 절에서는 Tkinter 라이브러리를 사용하여 텍스트 번역 애플리케이션을 위한 GUI를 만드는 방법에 대해 알아봅니다. Tkinter는 GUI를 만들기 위한 표준 Python 라이브러리로 창, 버튼, 텍스트 필드 및 기타 그래픽 요소를 간단하고 효율적으로 만들 수 있는 방법을 제공합니다.

그림 6.2에 표시된 **텍스트 번역기**Text Translator 애플리케이션은 간단하고 사용자 친화적인 인터페이스를 갖도록 설계되었습니다. 애플리케이션을 실행하면 **찾아보기**Browse라고 표시된 버튼과 번역할 언어 목록이 있는 드롭다운 메뉴가 있습니다.

텍스트를 번역하려면 사용자는 드롭다운 메뉴에서 번역할 언어를 선택할 수 있습니다. 언어를 선택한 후 **찾아보기**Browse 버튼을 클릭하고 번역하려는 Word 파일을 선택할 수 있습니다. 파일을 선택하면 ChatGPT API를 사용하여 파일 내용이 번역되며, 번역된 텍스트가 창 중앙의 큰 텍스트 필드에 표시됩니다. 그런 다음 사용자는 번역된 텍스트를 복사하여 붙여 넣어서 필요에 따라 사용할 수 있습니다.

텍스트 번역기 애플리케이션은 한 언어에서 다른 언어로 텍스트를 번역하는 간단하고 효율적인 도구로 설계되었습니다.

> **중요 참고 사항**
>
> ChatGPT 언어 모델은 프롬프트 언어를 자동으로 인식하도록 설계되었으므로 번역할 텍스트를 지정할 필요가 없습니다.

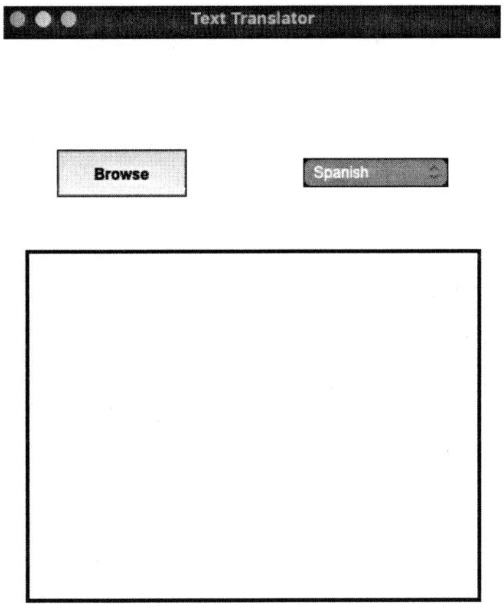

그림 6.2 텍스트 번역기 애플리케이션 UI

이제 기본 디자인에 대해 명확히 알았으니 Tkinter를 사용하여 디자인에 생명을 불어넣을 수 있습니다. 시작하려면 이전에 app.py 파일에 추가한 예제 코드를 제거해야 합니다. 예제 코드가 포함된 모든 코드 줄을 삭제하기만 하면 깨끗한 슬레이트에서 시작할 수 있습니다.

텍스트 번역기 애플리케이션을 구축하는 다음 단계는 Tkinter 창을 만드는 것입니다. app.py에 다음 코드를 작성하여 Tk 클래스의 새 인스턴스를 초기화하고 애플리케이션 창을 설정하면 됩니다:

```
import openai
import docx
import tkinter as tk
from tkinter import filedialog
root = tk.Tk()
root.title("Text Translator")
root.configure(bg="white")

header_font = ("Open Sans", 16, "bold")

header = tk.Label(root,
                  text="Text Translator",
                  bg="white",
                  font=header_font,
                  )
header.grid(row=0, column=0, columnspan=2, pady=20)
root.mainloop()
```

Tkinter 앱 구축을 시작하려면 먼저 필요한 라이브러리를 가져와야 합니다. 이 프로젝트에는 openai, docx, tkinter 라이브러리를 사용할 것입니다. 다음으로 애플리케이션의 메인 창을 만들어야 합니다. 이 작업은 tkinter 라이브러리의 Tk() 메서드를 사용하여 수행합니다. 또한 애플리케이션에 제목을 지정하고 배경색을 흰색으로 설정합니다.

tkinter의 Label() 메서드를 사용하여 애플리케이션의 헤더를 설정할 수도 있습니다. 텍스트를 텍스트 번역기로, 배경색을 흰색으로, 글꼴을 Open Sans로 설정하고 크기를 16으로, 굵게 설정할 수 있습니다. 그런 다음 grid() 메서드를 사용하여 행과 열 값을 지정하고 두 열에 걸쳐 작은 패딩을 사용하여 애플리케이션 창의 특정 위치에 헤더를 배치합니다.

tkinter의 mainloop() 메서드를 사용하여 애플리케이션을 실행하겠습니다. mainloop() 메서드는 애플리케이션을 실행하고 버튼 클릭이나 창 크기 조정과 같은 이벤트를 수신하고 필요에 따라 디스플레이를 업데이트하는 데 사용되는 무한 루프입니다. 사용자가 창을 닫거나 애플리케이션을 종료할 때까지 지속적으로 이벤트를 수신 대기합니다.

앱 창을 만든 후 다음 단계는 앱 창에 요소를 추가하는 것입니다. 이러한 요소 중 하나가 **찾아보기**[Browse] 버튼입니다:

```
browse_button= tk.Button(root, text="Browse",
                         bg="#4267B2",fg="black", relief="flat",
                         borderwidth=0,activebackground="#4267B2",
                         activeforeground="white")

browse_button.config(font=("Arial",12, "bold"), width=10, height=2)
browse_button.grid(row=1,column=0, padx=20, pady=20)
```

> **중요 참고 사항**
>
> mainloop() 메서드를 호출하기 전에 모든 요소를 추가하여 애플리케이션 창에 제대로 포함되도록 하는 것이 중요합니다. mainloop()는 항상 app.py 파일의 마지막 줄에 위치해야 합니다.

버튼 위젯을 만들려면 tkinter 라이브러리에서 tk.Button() 메서드를 사용하면 됩니다. 버튼은 루트 창에 배치되며 그 위에 **찾아보기**Browse 텍스트가 표시됩니다. bg 매개 변수는 버튼의 배경색을 진한 파란색으로 설정하고, fg 매개 변수는 전경색을 검정색으로 설정합니다. 한편, relief는 flat평평하게 보이도록 평평하게 설정하고, 버튼의 테두리를 제거하기 위해 테두리 폭을 0으로 설정합니다. 그런 다음 활성 배경 및 활성 전경 매개 변수를 사용하여 버튼을 클릭하거나 마우스를 가져갔을 때 버튼의 색상을 설정합니다.

찾아보기Browse 버튼 아래에 언어 목록이 있는 드롭다운 메뉴를 만들 수 있습니다:

```
languages = ["Bulgarian", "Hindi", "Spanish", "French"]
language_var = tk.StringVar(root)
language_var.set(languages[0])
language_menu = tk.OptionMenu(root, language_var, *languages)
language_menu.config(font=("Arial", 12), width=10)
language_menu.grid(row=1, column=1, padx=20, pady=20)
```

language 목록에는 사용자가 선택할 수 있는 언어 목록이 포함되어 있습니다. 이 목록에 원하는 언어를 추가하면 드롭다운 메뉴에 해당 언어가 사용자에게 표시됩니다.

language_var 변수는 StringVar 객체로 생성되고 목록의 첫 번째 언어로 설정됩니다. 그런 다음 language_var 객체의 set() 메서드를 사용하여 초기 값을 언어 목록의 첫 번째 요소로 설정합니다. 이렇게 하면 언어 드롭다운 메뉴의 기본값이 목록의 첫 번째 언어(이 경우 Bulgarian불가리아어)가 됩니다.

그런 다음 언어 목록을 개별 인수로 언패킹하는 language_var 변수와 *languages 구문을 사용하여 OptionMenu 위젯을 만듭니다. 이렇게 하면 드롭다운 메뉴에 사용할 수 있는 옵션이 언어 목록의 언어로 설정됩니다. 그런 다음 애플리케이션 창의 첫 번째 행의 두 번째 열에 옵션 메뉴 위젯을 구성하고 배치합니다.

다음 단계는 GUI에 텍스트 필드를 추가하는 것입니다. 이렇게 하려면 app.py 파일의 **언어**Langauge 메뉴 아래에 다음 코드를 추가하면 됩니다. 이 코드는 특정 크기, 색상 및 속성을 가진 텍스트 필드를 생성한 다음 그리드 위치 지정을 사용하여 창 내에 배치합니다:

```
text_field = tk.Text(root, height=20, width=50, bg="white", fg="black",
relief="flat", borderwidth=0, wrap="word")
text_field.grid(row=2, column=0, columnspan=2, padx=20, pady=20)
text_field.grid_rowconfigure(0, weight=1)
text_field.grid_columnconfigure(0, weight=1)

root.grid_rowconfigure(2,      weight=1)      root.grid_columnconfigure(0,      weight=1)
root.grid_columnconfigure(1, weight=1)
```

이 코드는 GUI 창에 텍스트 필드를 추가하여 Word 문서의 ChatGPT 번역을 표시하는 데 사용할 수 있습니다. 먼저 text_field라는 이름의 텍스트 위젯 객체를 루트 창 안에 배치합니다. 텍스트 위젯은 여러 줄로 된 텍스트를 표시하고 편집하는 데 사용됩니다. 그런 다음 grid() 메서드를 사용하여 GUI에 텍스트 위젯을 배치합니다. padx 및 pady 매개 변수는 위젯 주위에 패딩을 추가하여 위젯과 창의 다른 위젯 사이에 약간의 공간을 만듭니다.

grid_rowconfigure() 및 grid_columnconfigure() 메서드를 사용하여 기본 창을 가로 및 세로로 확장하도록 text_field를 구성할 수 있습니다. 이렇게 하면 텍스트 필드가 창에서 사용 가능한 공간을 채울 수 있습니다. 그런 다음 기본 창인 root를 확장하도록 구성할 수도 있습니다. 이러한 설정은 텍스트 필드가 창 중앙에 유지되고 사용 가능한 공간을 채우도록 보장합니다.

GUI가 완성되면 애플리케이션을 실행하고 그림 6.2에 표시된 스타일과 속성을 정확하게 준수하는지 확인할 수 있습니다. 한 번의 클릭으로 **언어**Languages 메뉴를 선택하면 원하는 언어에 접근하여 선택할 수 있습니다.

다음은 Tkinter 라이브러리를 사용하여 텍스트 번역 애플리케이션을 위한 GUI를 만드는 방법입니다. 기본 창, 헤더, **찾아보기**Browse 버튼, 언어 목록이 있는 드롭다운 메뉴를 만들었습니다.

GUI를 완성했음에도 불구하고 **찾아보기**[Browse] 버튼을 한 번 클릭해도 아직 활성 Python 함수에 연결되지 않았기 때문에 아무 작업도 활성화 되지 않습니다. 다음 절에서 이 문제를 해결하여 Microsoft Word 파일을 열고 번역을 수행하는 두 가지 핵심 함수를 만들겠습니다.

Microsoft Word 텍스트와 ChatGPT API 통합하기

이 절에서는 텍스트 번역 애플리케이션을 구축하는 데 필수적인 Python을 사용하여 두 가지 핵심 함수를 만드는 방법에 대한 단계별 지침을 제공합니다. 첫 번째 함수인 translate_text()는 OpenAI의 GPT-3.5 언어 모델을 사용하여 Microsoft Word 파일에서 사용자가 선택한 대상 언어로 텍스트를 번역합니다. 두 번째 기능인 browse_file()을 사용하면 사용자가 자신의 로컬 시스템에서 Word 파일을 찾아 선택하고 텍스트 번역 프로세스를 활성화 할 수 있습니다. 두 함수를 이해하고 프로젝트에서 구현하는 데 도움이 되도록 코드 예제와 함께 자세히 설명합니다.

ChatGPT 3.5 Turbo로 단어 텍스트 번역하기

이 절에서는 translate_text() 함수를 구축하는 방법을 알아봅니다. 이 함수는 Microsoft Word 파일의 텍스트를 GUI를 통해 사용자가 선택한 언어로 번역하는 작업을 담당합니다. 여기서는 OpenAI API, 특히 GPT 3.5 Turbo 모델을 사용하여 텍스트를 번역합니다.

translate_text() 함수를 구축하기 전에 프로젝트 루트 디렉터리에 config.py라는 파일을 만들어야 합니다. 이 파일에는 OpenAI API를 사용하는 데 필요한 OpenAI API 토큰이 포함됩니다. API 토큰은 config.py 파일에서 API_KEY라는 변수에 할당해야 합니다:

config.py

```
API_KEY = "<YOUR_CHATGPT_API_KEY>"
```

app.py

```
import openai
import docx
import tkinter as tk
from tkinter import filedialog
import config

openai.api_key = config.API_KEY
```

이 단계는 API 토큰을 안전하게 유지하고 실수로 공개 레파지토리에 업로드 되는 것을 방지하기 위해 필요합니다.

API 키가 준비되었으므로 이제 다음 코드 스니펫code snippet에 표시된 것처럼 app.py에서 translate_text() 함수를 구현할 수 있습니다:

```
def translate_text(file_location, target_language):
    doc = docx.Document(file_location)
    text = ""
    for para in doc.paragraphs:
        text += para.text

    model_engine = "gpt-3.5-turbo"

    response = openai.ChatCompletion.create(

        model=model_engine,
        messages=[
            {"role": "user", "content": "You area professional
                                         language translator"
                                         "Below Iwill ask you to
                                         translate text."
                                         "I expectfrom you to give me
                                         the correcttranslation"
                                         "Can you help me with that?"},
            {"role":"assistant", "content": "Yes I can help you withthat."},
            {"role":"user", "content":f"{Translate the following text
                in {target_language} : {text}”}
        ]
    )
    translated_text =response["choices"][0]["message"]["content"]
    returntranslated_text
```

translate_text() 함수는 두 개의 매개 변수, 즉 번역할 Microsoft Word 파일의 위치인 file_location과 텍스트를 번역할 언어인 target_language를 받습니다. 함수의 첫 번째 줄은 docx 모듈을 사용하여 file_location에 있는 Word 문서를 엽니다. 다음 몇 줄의 코드는 빈 문자열 텍스트를 생성한 다음 문서의 각 단락을 반복하여 각 단락의 텍스트를 텍스트 문자열에 연결합니다. 즉, Word 문서에서 모든 텍스트를 추출하여 단일 문자열에 저장할 수 있습니다.

그런 다음 GPT-3.5 API 모델을 사용하여 텍스트를 번역합니다. model_engine 변수는 GPT-3.5

모델로 설정됩니다. 응답 변수는 지정된 텍스트를 지정된 target_language로 번역할 응답을 요청하는 프롬프트 메시지를 API에 전송하는 openai.ChatCompletion. create() 메서드를 호출하여 생성됩니다.

messages 인수는 사용자와 언어 번역기 간의 대화를 나타내는 사전 목록입니다.

messages 변수는 번역을 위해 대화 기록을 언어 모델에 전달하는 데 사용됩니다. 대화는 ChatGPT API를 사용하여 사용자와 어시스턴트 간에 주고받은 메시지로 구성됩니다.

messages 변수의 디자인을 분석해 보겠습니다:

- 변수는 사전 목록이며, 각 사전은 두 개의 키-값 쌍이 있는 메시지를 나타냅니다:
  - role: 대화에 참여한 참여자의 역할을 나타냅니다. 다음 중 하나가 될 수 있습니다. user 또는 assistant.
  - content: 메시지의 실제 내용을 나타냅니다.
- 대화는 처음 두 메시지가 문맥을 설정하고 마지막 메시지가 번역할 텍스트를 제공하는 패턴을 따릅니다:
  - 첫 번째 메시지는 사용자 역할에서 보낸 메시지로 상호작용의 맥락을 설명합니다.
  - 두 번째 메시지는 보조assisant의 역할에 대한 메시지로, 보조assisant의 도움을 받을 수 있음을 확인합니다.
  - 세 번째 메시지는 사용자 역할에서 보낸 메시지로 대상 언어를 포함하여 번역할 텍스트가 포함되어 있습니다.

대화 형식은 언어 모델에 수행해야 하는 작업에 대한 컨텍스트를 제공하도록 설계되어 사용자가 보조[assisant]가 주어진 텍스트를 지정된 대상 언어로 번역하기를 원한다는 것을 명확히 알 수 있습니다.

role 키는 메시지가 사용자 또는 보조[assisant]가 보낸 것인지 여부를 지정하고 content 키에는 실제 메시지 텍스트가 포함됩니다. 최종 번역된 텍스트는 response 객체에서 가져와서 함수에 의해 반환됩니다.

번역할 텍스트와 대상 언어가 포함된 메시지를 GPT-3.5 API 모델에 전송하면 모델이 생성한 응답에 대한 다양한 정보가 포함된 JSON 객체가 응답으로 돌아옵니다. 이 모델의 경우 실제 번역은 응답의 choices 목록에서 첫 번째 선택 항목의 content 필드에 저장됩니다. 따라서 코드는 첫 번째 선택 항목의 콘텐츠 필드에 접근하여 번역된 텍스트를 추출하고 이를 translated_text 변수에 할당하며, 이 변수는 함수에서 반환됩니다.

번역된 텍스트를 Python 문자열로 처리한 후에는 사용자에게 표시할 수 있습니다. 그 외에도 **찾아보기** 버튼을 사용하여 Word 파일의 경로를 설정하는 함수를 구현해야 합니다. 이 작업은 browse_file() 함수를 구축하여 수행할 수 있습니다:

```
def browse_file():
    file_location=filedialog.askopenfilename(initialdir="/",
                                             title="Select file",
                                             filetypes=(("Word
files", "*.docx"), ("all files", "*.*")))
    if file_location:
        # Get the selected language from the dropdown menu
        target_language = language_var.get()

        translated_text = translate_text(file_location,
            target_language)
        text_field.delete("1.0", tk.END)
        text_field.insert(tk.END, translated_text)
```

browse_file() 함수는 사용자가 번역할 Word 파일을 선택할 수 있는 파일 대화 상자 창을 만듭니다. 사용자가 파일을 선택하면 이 함수는 드롭다운 메뉴에서 선택한 언어를 검색한 다음 파일 위치 및 대상과 함께 translate_text() 함수를 호출합니다.

언어를 매개변수로 사용할 수 있습니다. 텍스트가 번역되면 이 함수는 텍스트 필드를 지우고 번역된 텍스트를 그 안에 삽입합니다.

이 함수는 사용자가 번역할 Word 파일을 선택할 수 있는 파일 대화 상자 창을 엽니다. initialdir 매개 변수는 파일 대화 상자가 열릴 때 표시될 초기 디렉터리를 설정하고 title 매개 변수는 파일 대화 상자 창의 제목을 설정합니다. 파일 유형 매개 변수는 사용자가 파일 대화 상자에서 선택할 수 있는 파일 유형을 지정합니다. 이 경우 사용자는 확장자가 .docx인 파일을 선택할 수 있습니다. 선택한 파일의 경로는 file_location 변수에 저장됩니다.

그런 다음 파일이 선택되었는지 확인하고, 선택되었다면 language_var.get() 함수를 사용하여 드롭다운 메뉴에서 선택한 언어를 검색할 수 있습니다. 선택한 파일 위치와 대상 언어를 인수로 하여 translate_text() 함수를 호출하여 파일의 텍스트를 대상 언어로 번역합니다.

텍스트가 번역된 후에는 텍스트 필드에 있을 수 있는 모든 텍스트를 삭제하고 번역된 텍스트를 텍스트 필드에 삽입할 수 있습니다. 텍스트 필드는 앱에서 번역된 텍스트를 표시하는 GUI 위젯입니다.

마지막으로, browse_button에 다른 매개변수를 추가하여 browse_file() 버튼을 한 번만 클릭하면 기능이 활성화됩니다:

```
browse_button = tk.Button(root, text="Browse",
                          bg="#4267B2", fg="black", relief="flat",
                          borderwidth=0, activebackground="#4267B2",
                          activeforeground="white",
                          command=browse_file)
```

command=browse_file 매개 변수는 browse_file() 함수와 tk.Button 위젯을 추가합니다. 버튼을 클릭하면 browse_file() 함수가 실행됩니다.

PyCharm에서 애플리케이션을 실행하고 테스트하려면 PyCharm 창의 오른쪽 상단에 있는 **실행** 버튼을 클릭하거나 Shift + F10 키보드 단축키를 사용할 수 있습니다. 그러면 애플리케이션이 시작되고 GUI 창이 열립니다. 여기에서 드롭다운 메뉴에서 대상 언어를 선택하고 **찾아보기** Browse 버튼을 클릭하여 Word 파일을 선택할 수 있습니다(그림 6.3 참조).

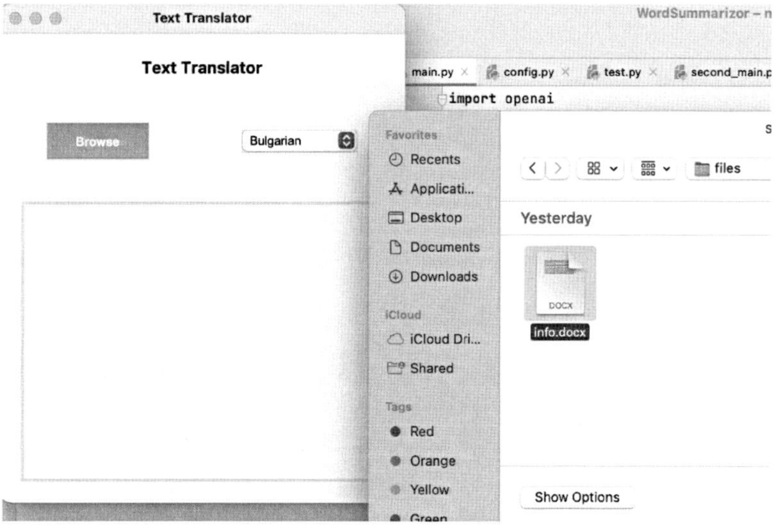

그림 6.3 텍스트 번역기 앱으로 워드 파일 검색하기

파일을 선택하면 ChatGPT API가 요청을 처리하고 그림 6.4와 같이 번역된 텍스트가 버튼 아래의 텍스트 필드에 표시됩니다.

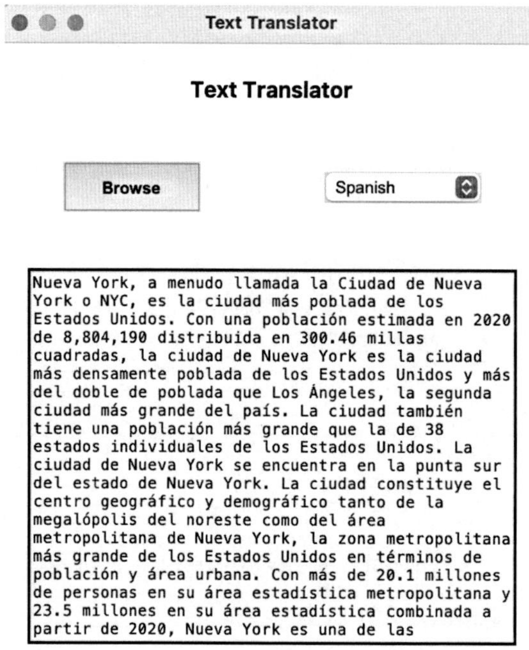

그림 6.4 텍스트 번역기 앱을 사용하여 번역된 텍스트

이 절에서는 OpenAI의 GPT-3.5 터보 모델을 사용하여 Python에서 translate_text() 함수를 구축하는 방법과 GUI를 통해 Microsoft Word 파일의 텍스트를 사용자가 선택한 언어로 번역하는 방법을 배웠습니다. 또한 **찾아보기** 버튼을 사용하여 Word 파일의 경로를 가져와 번역된 텍스트를 사용자에게 표시하는 browse_file() 함수를 구축하는 방법에 대해서도 설명했습니다.

요약

이 장에서는 Microsoft Word 파일의 텍스트를 사용자가 선택한 대상 언어로 번역할 수 있는 텍스트 번역 애플리케이션을 개발하는 방법을 배웠습니다. 이 장에서는 Python을 사용하여 Microsoft Word와 ChatGPT API를 통합하는 방법을 다뤘습니다.

Tkinter를 사용하여 텍스트 번역 애플리케이션의 사용자 인터페이스를 만드는 방법을 배웠습니다. 사용자 인터페이스는 번역할 언어 목록이 있는 드롭다운 메뉴와 사용자가 Word 파일을 선택할 수 있는 **찾아보기** 버튼이 포함된 간단하고 사용자 친화적인 디자인으로 구성되었습니다. 사용자가 파일을 선택하면 ChatGPT API를 사용하여 파일 내용이 번역되고, 번역된 텍스트가 창 중앙의 큰 텍스트 필드에 표시되었습니다.

또한 Word 문서에서 텍스트를 추출하기 위해 docx Python 라이브러리를 설정하는 방법도 살펴봤습니다. docx 라이브러리는 Word 파일에 저장된 정보에 접근할 수 있는 인터페이스를 제공했습니다.

다음 장인 *Outlook 이메일 회신 생성기 구축하기*에서는 가장 고급 ChatGPT 모델인 **GPT-4**를 사용하여 **Outlook** 이메일 회신 생성기 애플리케이션을 구축하는 방법을 배우게 됩니다. Outlook의 이메일 데이터를 ChatGPT API로 전달하고 이를 사용하여 특정 이메일에 대한 원본 답장을 생성하는 방법을 배우게 됩니다. 또한 관련 이메일 회신을 받기 위해 ChatGPT API 프롬프트를 자동화하는 방법도 배웁니다.

제7장
Outlook 이메일 회신 생성기 구축하기

이메일 커뮤니케이션은 개인 및 업무 생활에서 필수적인 부분입니다. 하지만 완벽한 이메일 응답을 작성하는 것은 시간이 많이 걸리고 어려운 작업일 수 있습니다. 이때 **인공지능**Artificial Intelligence, AI이 유용하게 사용될 수 있습니다. ChatGPT API를 사용하여 발신자의 메시지와 관련성이 높고 개인화된 자동 이메일 답장을 생성하는 방법을 배웁니다.

이미 많은 기업들이 시간을 절약하고 생산성을 높이기 위해 이메일 답장을 생성하는 데 AI를 사용하기 시작했습니다. 예를 들어, Google의 스마트 답장 기능은 머신러닝 알고리즘을 사용하여 현재 메시지와 맥락에 맞는 짧고 간결한 이메일 답장을 생성합니다. 마찬가지로, OpenAI의 가장 강력한 자연어 처리 모델인 GPT-4를 사용하면 GPT-3에 비해 더 복잡한 답장을 생성할 수 있어 개인화된 이메일 답장을 개발하는 데 도움이 됩니다.

이 장에서는 OpenAI의 GPT-4 언어 모델을 사용하여 **Outlook 이메일 회신 생성기**Outlook email reply generator를 구축하는 방법을 알아봅니다. Outlook API와 OpenAI의 GPT-4를 통합하여 특정 이메일에 대한 원본 회신을 자동으로 생성하는 앱을 구축할 수 있습니다. 이를 통해 잘 작성된 이메일 응답을 작성하는 ㄱ를 자동화하여 시간을 절약하고 생산성을 높일 수 있습니다. 또한 Outlook API를 사용하여 ChatGPT API로 데이터를 전송하는 방법과 관련 이메일 회신을 받기 위해 ChatGPT API 프롬프트를 자동화하는 방법도 배울 수 있습니다.

이 프로젝트에서는 tkinter 및 openai 라이브러리 외에도 Python의 win32com 라이브러리를 사용하여 Microsoft Outlook과 상호 작용하고 이메일 데이터를 검색할 것입니다. 이 라이브러리는 Outlook의 API에 접근하고 이메일 메시지를 검색할 수 있는 강력한 도구 세트를 제공합니다. win32com을 사용하면 이메일 메시지의 제목과 본문을 쉽게 검색하여 OpenAI의 GPT-4 언어 모델에 대한 입력으로 사용할 수 있습니다. win32com은 tkinter 및 openai와 함께 강력하고 사용자 친화적인 이메일 회신 생성기를 구축할 수 있는 포괄적인 도구 세트를 제공합니다.

이 장에서는 다음 주제를 다룹니다:

- win32com 라이브러리를 사용하여 Microsoft Outlook과 상호 작용하기
- Outlook API를 사용하여 ChatGPT API로 데이터 보내기
- 이메일 자동 회신을 위한 효과적인 프롬프트 디자인하기
- tkinter를 사용하여 이메일 회신 생성기를 위한 간단한 GUI 데스크톱 앱 구축하기

이 장이 끝나면 **자연어 처리**Natural Language Processing, NLP기술과 사용자 친화적인 그래픽 인터페이스를 사용하여 원본 이메일 회신을 생성하고 보낼 수 있게 됩니다.

기술 요구 사항

이 장을 완료하기 위해 장치에 Microsoft Office 및 Outlook을 설치했다고 가정합니다. Microsoft Office 설치 방법은 https://learn.microsoft.com/en-us/ microsoft-365/admin/setup/install-applications?view=o365-worldwide에서 알아 볼 수 있습니다.

하지만 여기서는 Outlook API의 전체 설치 과정을 안내해드리겠습니다. 다음이 필요합니다:

- 컴퓨터에 Python 3.7 이상이 설치되어 있어야 합니다.
- OpenAI API 키
- PyCharm과 같은 코드 편집기(권장)
- Windows 운영 체제
- 디바이스에 설치된 최신 Microsoft Office 365 앱(Outlook)

다음 절에서는 Microsoft Outlook과 win32com 라이브러리를 설치하는 방법을 배웁니다. 또한 자동 이메일 답장 생성을 위해 Outlook에서 ChatGPT API로 이메일 데이터를 전달하는 방법도 배웁니다.

Outlook 이메일 답장 생성기 프로젝트의 코드는 GitHub에서 https:// github.com/PacktPublishing/Building-AI-Applications-with-ChatGPT-APIs/tree/main/Chapter07%20ReplyTool에서 찾을 수 있습니다.

Outlook 데이터를 ChatGPT API로 전달하기

시작하기 위해 먼저 Outlook 이메일 회신 생성기를 구축하기 위한 개발 환경을 설정하는 필수 단계를 다룹니다. 여기서는 컴퓨터에 Microsoft Outlook을 설치하고 이메일 계정을 설정하는 것부터 시작합니다. 모든 라이브러리가 설치되면 win32com 라이브러리를 사용하여 Outlook에서 이메일 데이터를 추출하고 ChatGPT API로 전달하여 자동 이메일 회신을 생성하는 방법을 보여드리겠습니다.

Outlook 이메일 회신 생성기를 구축하기 위해 **PyCharm** 프로젝트를 설정해 보겠습니다. 이렇게 하려면 PyCharm을 열고 **새 프로젝트 만들기**Create New Project를 클릭합니다. **새 프로젝트**New Project 대화 상자에서 프로젝트 이름을 EmailReplyGenerator로 지정합니다. 기본 위치를 그대로 유지하고 만들기를 클릭하여 새 프로젝트를 만듭니다. 프로젝트가 만들어지면 app.py라는 새 Python 파일을 만들고 Outlook에서 이메일 데이터를 추출하는 코드 작성을 시작하여 ChatGPT API에 전달할 수 있습니다.

프로젝트 설정을 완료하려면 두 개의 Python 라이브러리도 설치해야 합니다. 이 라이브러리는 pip 패키지 관리자를 사용하여 설치할 수 있습니다. 시작하려면 컴퓨터에서 명령 프롬프트 또는 터미널을 열고 다음 명령을 입력하여 두 라이브러리를 모두 설치합니다:

```
$pip install openai
$pip install pywin32
```

이러한 라이브러리를 설치한 후에는 이제 AI에 연결할 때 자신을 인증할 수 있는 ChatGPT API 키의 보안 처리를 진행할 수 있습니다. 이를 위해 프로젝트에 config.py라는 새 파일을 만들어 보겠습니다. 이전 프로젝트에서 설명한 것처럼 이 파일에는 프로젝트에 사용되는 모든 API 키가 안전하게 저장됩니다. 이제 여기에 표시된 것처럼 해당 파일에 API 토큰과 필요한 라이브러리를 포함할 수 있습니다:

config.py

```
API_KEY = "<YOUR_CHATGPT_API_KEY>"
```

app.py

```
import openai
import win32com.client
import tkinter as tk
import config

openai.api_key = config.API_KEY
```

config.py 파일은 app.py 파일로 가져온 ChatGPT API 키를 안전하게 저장합니다. 그런 다음 API 키는 openai 라이브러리를 통해 ChatGPT API와의 보안 연결을 설정하는 데 사용됩니다. 또한 win32com.client 및 tkinter 라이브러리를 가져와서 각각 Outlook 이메일 데이터로 작업하고 그래픽 사용자 인터페이스를 만듭니다.

이 단계를 통해 프로젝트가 올바르게 설정되었는지 확인하여 장치에 설치된 Outlook 애플리케이션을 원활하게 시작할 수 있습니다.

Outlook 이메일 설정

이 절에서는 Microsoft Outlook 앱을 설정하는 과정을 안내합니다. Microsoft Outlook은 Microsoft에서 개발한 널리 사용되는 이메일 클라이언트 및 개인 정보 관리자입니다. 이 앱은 워드, 엑셀, 파워포인트와 같은 인기 있는 생산성 도구가 포함된 Microsoft Office 애플리케이션 제품군의 일부입니다. Microsoft Outlook은 일반적으로 Microsoft 이메일 서비스와 연관되어 있지만, 이메일 제공업체에 관계없이 모든 이메일 계정에서 Outlook을 사용할 수 있다는 점에 유의해야 합니다. 즉, 사용자는 Gmail, Yahoo 또는 기타 이메일 서비스 제공업체의 이메일 계정을 가지고 있어도 Outlook의 강력한 기능과 기능을 활용할 수 있습니다.

컴퓨터에 설치된 Outlook을 사용하여 이메일 계정을 열고 로그인하려면 다음 단계를 따르세요:

1. **Microsoft Outlook을 열기**: 컴퓨터에서 Outlook 애플리케이션 아이콘을 찾아 두 번 클릭하여 프로그램을 엽니다.
2. **새 계정을** 설정하기: Outlook을 처음 열면 이메일 주소로 로그인할 수 있습니다. 이메일 주소를 입력하고 **연결**Connect 버튼을 클릭하면 설정 과정이 시작됩니다(그림 7.1 참조).

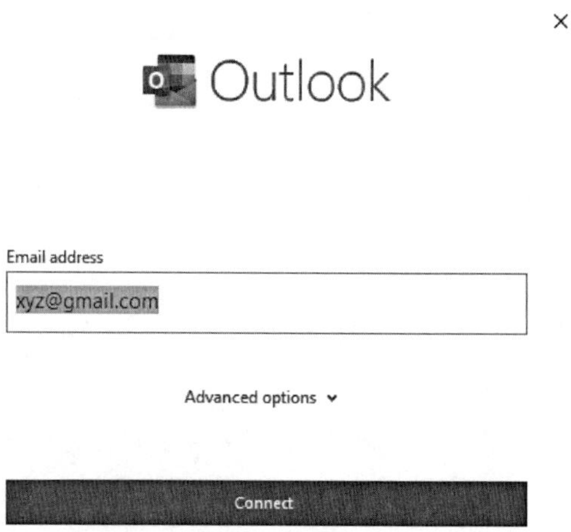

그림 7.1 Outlook 이메일 설정 창

1. **화면의 지시를 따르기**: Outlook에서 이메일 주소에 따라 계정 설정을 자동으로 구성하려고 시도합니다. 확인 메시지가 표시되고 이메일 계정이 Outlook에 추가됩니다.
2. **이메일에** 접근하기: 설정 과정이 완료되면 Outlook 탐색 창에서 이메일에 접근할 수 있습니다. Outlook 애플리케이션 내에서 이메일 메시지를 보고, 보내고, 받고, 관리할 수 있습니다.

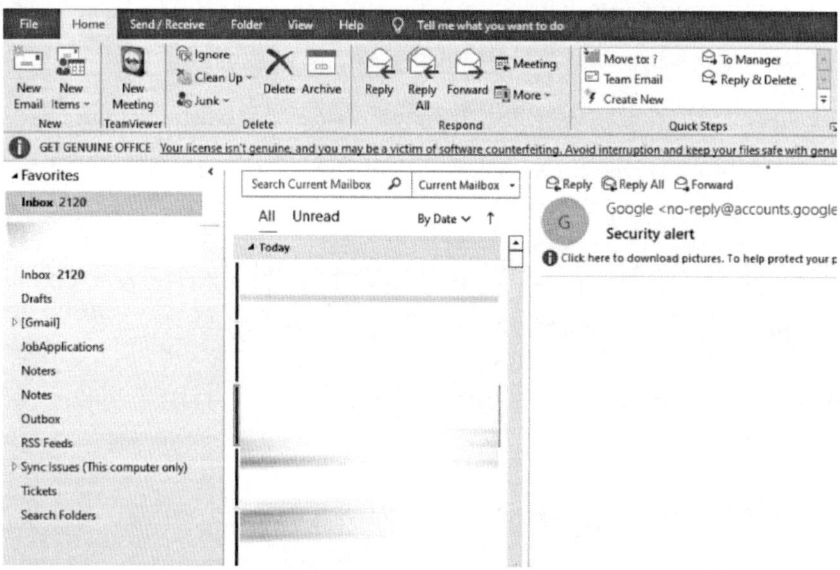

그림 7.2 Outlook 데스크톱 인터페이스

Outlook 애플리케이션 인터페이스에 도달하면 이제 Outlook API를 사용하여 다음과 같이 접근하고 사용할 수 있습니다.

win32com.client를 사용하여 이메일 데이터를 관리하세요.

win32com 클라이언트로 이메일 데이터에 접근하기

이 절에서는 Outlook 계정에서 최근 10개의 이메일 제목을 검색하여 사용자 친화적인 드롭다운 메뉴에 표시하는 과정을 안내합니다. win32com 라이브러리를 사용하여 **Outlook과** 상호 작용하고, 이메일 데이터에 접근하고, Tkinter로 만든 **그래픽 사용자 인터페이스**Graphical User Interface, GUI 에서 드롭다운 메뉴를 채우는 방법을 배우게 됩니다. 이를 통해 사용자는 회신을 생성할 이메일을 편리하게 선택할 수 있습니다.

이를 위해 last_10_emails() 함수를 사용하겠습니다. 이 함수 내부에서는 win32com.client 라이브러리를 활용합니다. Outlook 애플리케이션에 연결하고 기본 이메일 받은 편지함 폴더에 접근합니다. 거기에서 받은 편지함의 이메일 메시지 모음을 검색합니다:

```
def last_10_emails():
    outlook = win32com.client.Dispatch("Outlook.Application").
GetNamespace("MAPI")
    inbox = outlook.GetDefaultFolder(6)
    messages = inbox.Items
    emails = [messages.GetLast().Subject]
    email_number = 10
    for i in range(email_number):
        emails.append(messages.GetPrevious().Subject)
    return emails
```

먼저 win32com.client.Dispatch() 함수를 사용하여 Outlook 애플리케이션에 대한 연결을 생성합니다. 이 함수는 접근하려는 애플리케이션을 지정하는 문자열 인수 Outlook.Application을 받습니다. 그런 다음 MAPI 인수와 함께 GetNamespace() 메서드를 사용하여 Outlook 내에서 메시징 및 공동 작업 서비스 네임스페이스를 검색합니다. 이 네임스페이스는 다양한 Outlook 개체 및 폴더에 대한 접근을 제공합니다.

GetDefaultFolder(6)을 호출하여 기본 이메일 받은 편지함 폴더를 검색합니다. 6 인수는 Outlook 네임스페이스 내 받은 편지함 폴더의 인덱스에 해당합니다. 이렇게 하면 올바른 폴더에 접근할 수 있습니다. 받은 편지함 변수에 결과를 할당하면 이제 받은 편지함 폴더에 대한 참조가 있으므로 이메일 메시지를 검색하고 작업을 수행할 수 있습니다. Items는 받은 편지함 폴더 내의 항목 또는 이메일 메시지 컬렉션을 검색합니다. 이 컬렉션은 메시지 변수에 할당됩니다.

가장 최근 이메일의 제목을 검색하려면 messages.GetLast().Subject를 사용합니다. GetLast()는 컬렉션의 마지막 이메일 항목을 반환하고. .Subject는 해당 이메일의 제목을 검색합니다. 이제 이메일 제목을 목록으로 감싸서 단일 제목이 포함된 목록이 되도록 할 수 있습니다. 또한 email_number라는 변수를 정의할 수도 있습니다. 이 변수는 제목을 검색하려는 이전 이메일의 수를 나타냅니다.

GetList 메서드 외에도 다음을 사용하여 특정 이메일 항목을 가져올 수 있습니다.

win32com 메서드:

- FindNext: 이 메서드는 지정된 검색 기준과 일치하는 이메일 모음에서 다음 이메일 항목을 검색하는 데 사용됩니다.
- GetFirst: 이 메서드를 사용하면 이메일 모음에서 첫 번째 이메일 항목을 검색하여 해당 이메일의 내용이나 속성에 접근할 수 있습니다.
- GetNext: GetFirst와 함께 사용되는 이 메서드는 컬렉션의 다음 이메일 항목을 검색하여 컬렉션 내의 모든 이메일에 순차적으로 접근할 수 있도록 합니다.
- GetPrevious: 이 메서드는 GetFirst를 보완하며 이메일 모음에서 현재 접근한 항목보다 앞에 오는 이메일 항목을 검색하여 이메일에 순차적으로 역방향 접근할 수 있도록 해줍니다.

이제 이전 이메일의 이전 10개의 제목 범위를 반복할 수 있습니다. 루프 내에서 반복에서 현재 이메일 앞에 있는 이메일의 제목에 접근하기 위해 GetPrevious().Subject를 사용합니다. 이 메서드는 컬렉션의 이전 이메일로 포인터를 이동하고, .Subject는 해당 제목을 검색합니다.

각 반복마다 append() 메서드를 사용하여 검색된 제목을 이메일 목록에 추가합니다. 이렇게 하면 가장 최근 이메일부터 시간을 거슬러 올라가면서 이전 이메일에 대한 이메일 제목 목록이 작성됩니다.

루프가 완료되면 이메일 목록에 10개의 이메일 제목 목록이 저장됩니다. 그런 다음 last_10_e-mails() 함수에서 이 이메일 제목 목록을 반환하여 Outlook 이메일 회신 생성기에서 사용할 수 있습니다.

이제 이메일 제목을 표시하고 사용자가 제목을 선택하여 회신을 생성할 수 있는 사용자 인터페이스를 만드는 데 집중할 수 있습니다. 다음 코드의 각 부분이 수행하는 작업을 분석해 보겠습니다:

```
root = tk.Tk()
root.title("Outlook Emails")
root.geometry("300x300")

email_subjects = last_10_emails()
selected_subject = tk.StringVar()

dropdown = tk.OptionMenu(root, selected_subject, *email_subjects)
dropdown.pack()

label = tk.Label(root, text="")
label.pack()
root.mainloop()
```

먼저, tkinter 라이브러리를 이용하여 애플리케이션의 기본 그래픽 창을 초기화하고 구성합니다.

root = tk.Tk()는 일반적으로 루트 또는 최상위 창이라고 하는 기본 창 개체를 만듭니다. 이 객체는 애플리케이션의 사용자 인터페이스 요소를 포함할 메인 창을 나타냅니다.

그런 다음 창의 제목을 Outlook 이메일로 설정할 수 있습니다. 이 제목은 창의 제목 표시줄에 표시됩니다. 또한 창의 크기를 너비 300픽셀, 높이 300픽셀로 설정합니다. 이렇게 하면 창이 화면에 처음 표시될 때의 초기 크기가 결정됩니다.

창 템플릿이 완료되면 사용자 인터페이스에서 이메일 제목을 관리하는 데 사용할 변수를 초기화할 수 있습니다. 여기서 last_10_emails() 함수는 이메일 제목 목록을 검색하는 데 사용됩니다. 이 함수는 Outlook 애플리케이션의 최근 10개의 이메일 제목 목록을 email_subjects 변수에 반환합니다.

selected_subject 변수는 tkinter 라이브러리에서 StringVar 객체를 생성합니다. 이 객체는 다양한 GUI 위젯과 연결할 수 있는 특수 변수 유형입니다. StringVar 객체를 생성하면 문자열 값을 저장할 수 있고 버튼이나 드롭다운 메뉴와 같은 GUI 요소와 쉽게 연결할 수 있는 변수를 갖게 됩니다. 이를 통해 애플리케이션 내에서 선택한 이메일 제목을 추적하고 조작할 수 있습니다.

그런 다음 사용자 인터페이스에 드롭다운 메뉴를 만들어 이메일 제목 목록을 표시합니다. OpenMenu 위젯은 사용자가 목록에서 옵션을 선택할 수 있는 드롭다운 메뉴를 나타냅니다. 루트 인수는 드롭다운 메뉴가 기본 창 내에 배치되도록 지정합니다.

애플리케이션을 지정하고, selected_subject 인수는 드롭다운 메뉴와 연결할 변수를 지정합니다. 이 인수는 드롭다운 메뉴에서 현재 선택된 이메일 제목을 보유할 변수를 나타냅니다.

*email_subjects는 * 연산자를 사용하여 이메일 제목 목록을 개별 항목으로 압축 해제합니다. 이렇게 하면 각 이메일 제목을 OptionMenu 위젯에 대한 별도의 인수로 취급하여 드롭다운 메뉴에 대한 옵션 목록을 제공할 수 있습니다.

그런 다음 레이블 위젯을 구축하고 애플리케이션의 메인 이벤트 루프를 시작할 수 있습니다. label 변수는 사용자 인터페이스에 텍스트 또는 기타 정보를 표시하는 데 사용되는 레이블 위젯을 생성합니다. text 인수는 레이블에 표시할 초기 텍스트를 지정하며, 이 경우 빈 문자열입니다. label. pack()은 메인 창 내에서 위젯을 패킹packing합니다.

마지막으로 root.mainloop()는 메인 이벤트 루프를 시작합니다. 이 메서드는 마우스 클릭이나 버튼 누름과 같은 사용자 이벤트를 처리하고 그에 따라 GUI를 업데이트하는 역할을 담당합니다. 프로그램은 사용자가 애플리케이션 창을 닫을 때까지 이 루프에 남아 애플리케이션의 반응성과 상호작용을 유지합니다.

애플리케이션을 테스트하기 위해 동료로부터 10개의 업무용 이메일을 받은 소프트웨어 엔지니어라고 가정해 보겠습니다.

이제 PyCharm에서 **실행**Run 버튼을 클릭하여 현재 버전의 Outlook 이메일 회신 생성기를 실행할 수 있습니다. 코드가 실행되면 **Outlook 이메일**Outlook Emails이라는 제목의 창이 나타납니다. 이 창에는 그림 7.3과 같이 Outlook 애플리케이션의 최근 10개 이메일 제목을 나열하는 드롭다운 메뉴가 있습니다:

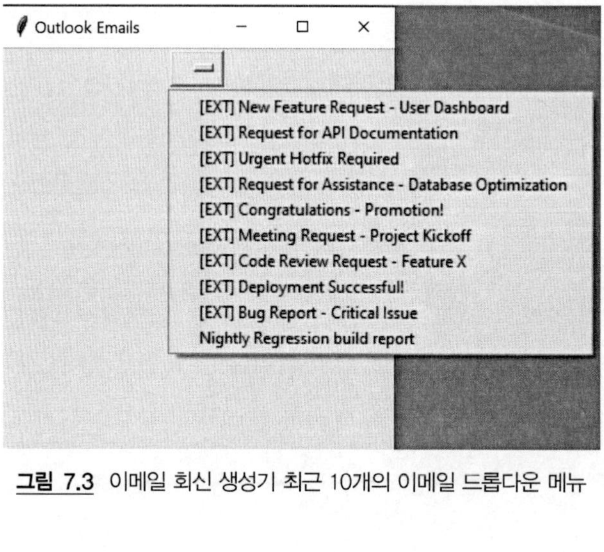

그림 7.3 이메일 회신 생성기 최근 10개의 이메일 드롭다운 메뉴

이제 드롭다운 메뉴에서 이메일 제목을 선택할 수 있습니다. 선택하면 선택한 이메일 제목의 텍스트가 selected_subject 변수에 저장되고 드롭다운 메뉴 버튼 안에 표시됩니다(그림 7.4 참조).

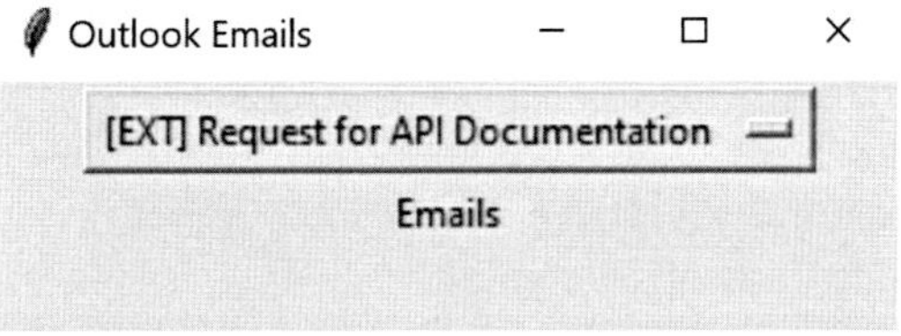

그림 7.4 드롭다운 메뉴 버튼 내부의 선택한 이메일 제목

Outlook 이메일 회신 생성기를 구축하기 위한 개발 환경을 설정하는 데 필수적인 단계입니다. win32com 라이브러리를 사용하여 Outlook에서 이메일 데이터를 추출하고 ChatGPT API로 전달하는 과정을 거쳤습니다. 또한 win32com 및 tkinter 라이브러리를 사용하여 이메일 데이터에 접근하고 표시하는 방법을 배워 GUI를 만들었습니다.

다음 절에서는 ChatGPT API를 사용하여 사용자가 선택한 특정 이메일에 대한 AI 회신을 생성하여 Outlook 이메일 회신 생성기를 완성합니다. 또한 사용자가 데스크톱 애플리케이션에서 해당 기능에 접근할 수 있도록 해당 버튼을 구축할 것입니다.

자동 이메일 회신 생성

이제 Outlook 이메일에 대한 자동 회신을 생성하기 위해 애플리케이션에서 주요 기능을 구현하는 방법을 자세히 살펴보겠습니다. 이전 절에서 얻은 데이터를 기반으로 원본 답장을 생성하기 위해 ChatGPT API의 기능을 활용하여 이메일 데이터를 검색하는 Outlook API를 활용하는 앱의 마지막 부분을 구축하는 과정을 살펴보겠습니다. 여기에서는 ChatGPT API를 Outlook 애플리케이션에 원활하게 통합하는 방법을 알아봅니다.

이메일 답장을 생성하는 핵심 컴포넌트 역할을 하는 reply() 함수를 구축하겠습니다. 이 함수 내에서 사용자 인터페이스에서 선택한 이메일 제목을 검색하고 이를 사용하여 Outlook에서 해당 이메일 콘텐츠를 가져옵니다. ChatGPT API를 활용하여 이메일 콘텐츠에 기반한 AI 기반 응답을 생성하는 방법을 시연합니다. 이 과정을 통해 ChatGPT와 Outlook 간에 데이터를 전달하는 실습 경험을 쌓을 수 있습니다.

reply() 함수는 app.py 파일 내 root.mainloop() 바로 위에 포함할 수 있습니다. root.mainloop() 함수 호출은 항상 tkinter 애플리케이션의 코드 마지막 줄에 있어야 한다는 점에 유의하세요. 이는

root.mainloop()가 사용자 이벤트를 처리하고 GUI를 업데이트하는 메인 이벤트 루프를 시작하기 때문입니다:

```
def reply():
    email = win32com.client.Dispatch("Outlook.Application").
        GetNamespace("MAPI").\
        GetDefaultFolder(6).Items.Item(selected_subject.get())
    response = openai.ChatCompletion.create(
        model="gpt-4",
        max_tokens=1024,
        n=1,
        messages=[
            {"role":"user", "content": "You are a professional emailwriter"},
            {"role": "assistant", "content": "Ok"},
            {"role": "user","content": f"Createa reply to this email:\n{email.Body}"}
        ]
    )

    reply = email.Reply()
    reply.Body = response["choices"][0]["message"]["content"]

    reply.Display()
    return
```

먼저, win32com 라이브러리를 사용하여 Outlook 애플리케이션에서 선택한 이메일 콘텐츠를 검색할 수 있습니다. Dispatch 메서드를 통해 Outlook 애플리케이션에 접근합니다. 거기에서 GetDefaultFolder(6)를 사용하여 받은 **편지함**Inbox 이메일 폴더를 검색하고 selected_subject에서 얻은 제목을 기반으로 특정 이메일 항목을 검색합니다. 결과 이메일 객체는 사용자가 지정한 제목의 이메일을 나타내며, 답장을 생성하거나 다른 이메일 속성에 접근하는 데 추가로 사용할 수 있습니다.

그런 다음 ChatGPT API를 사용하여 이메일에 대한 응답을 생성할 수 있습니다. openai.ChatCompletion.create() 메서드를 호출하고 응답을 생성하기 위해 몇 가지 매개 변수를 제공합니다. max_token 매개변수는 생성된 이메일 응답의 길이를 1,024토큰으로 제한합니다. 이 매개 변수를 조정하여 토큰 수를 늘리거나 줄여 원하는 이메일 답장 길이를 얻을 수 있습니다.

여기에서 볼 수 있듯이, 저희는 가장 진보된 ChatGPT 모델인 GPT-4를 사용하고 있습니다. 이 모델은 GPT-3에 비해 훨씬 더 많은 데이터로 학습되어 개인화된 이메일 카피라이팅과 같은 복잡한 작업을 더 정확하고 사실적이며 안정적으로 해결할 수 있습니다.

openai.ChatCompletion.create() 메서드는 ChatGPT API를 활용하여 자동 이메일 답장을 생성하기 때문에 구현에서 매우 중요한 부분입니다. prompt 매개변수는 언어 모델에 제공되는 초기 입력을 설정하기 때문에 특히 중요합니다. 이 경우 프롬프트에는 응답을 생성하는 컨텍스트 역할을 하는 Outlook에서 가져온 이메일 콘텐츠가 포함됩니다.

응답의 품질과 다양성을 개선하기 위해 개발자는 다양한 프롬프트를 실험해 볼 수 있습니다. 보다 구체적이거나 다양한 프롬프트를 만들면 모델의 출력이 특정 기준을 충족하도록 안내하거나 다양한 상황에 맞는 응답을 생성할 수 있습니다. 다음은 몇 가지 대안입니다:

- **상황에 맞는 프롬프트**Contextual prompt: "동료로부터 회의 참석 가능 여부를 묻는 이메일을 받았습니다. 참석 여부를 확인하는 정중하고 간결한 답장을 작성하세요."

  이 프롬프트에서 모델은 동료의 미팅 요청에 응답하도록 명시적으로 지시 받습니다. 구체적인 시나리오를 제공하고 "정중하고 간결한" 답변을 요청하면 생성된 답변이 원하는 맥락과 어조에 부합할 가능성이 더 높습니다.

- **감정이 담긴 프롬프트**Emotion-infused prompt: "방금 친한 친구로부터 흥미로운 소식을 전하는 이메일을 받았습니다. 따뜻하고 열정적인 답장을 작성하여 친구를 축하하고 여러분의 생각을 공유하세요.

  '신나는 소식', '따뜻한', '열정적인'과 같은 감성 키워드를 프롬프트에 주입하여 모델이 기쁨과 응원의 느낌을 전달하는 응답을 생성하도록 유도함으로써 더욱 진정성 있고 인간적인 느낌을 줄 수 있습니다.

- **격식을 갖춘 비즈니스 프롬프트**Formal business prompt: "고객 서비스 담당자로서 최근 제품 문제와 관련하여 불만족스러운 고객으로부터 이메일을 받았습니다. 전문적이고 공감할 수 있는 답변을 작성하여 고객의 우려 사항을 해결하고 해결책을 제시하세요."

  여기서 프롬프트는 공식적인 비즈니스 상황을 설정하여 모델에게 불만족한 고객을 응대하는 고객 서비스 담당자로서 응답하도록 지시합니다. "공감"이라는 용어를 사용하면 자비롭고 도움이 되는 응답의 중요성을 강조하여 보다 현실적이고 사려 깊은 응답을 유도할 수 있습니다.

- **개인화 된 프롬프트**Personalized prompt: "동료가 최근 휴가에 대한 흥미로운 소식을 담은 이메일을 보냈습니다. 진심으로 기뻐하는 마음을 담아 답장하고, 후속 질문을 하고, 여러분의

삶에서 어떤 일이 있었는지 공유하세요."

이 프롬프트는 답장에 진심 어린 감사를 표현하고 후속 질문을 포함하도록 명시하여 보다 개인화된 응답을 유도합니다. 발신자의 삶에 대한 정보를 공유하는 상호성을 강조함으로써 생성된 답장은 더욱 자연스럽고 실제 대화와 비슷하게 느껴질 수 있습니다.

- **지침 프롬프트**Instructional prompt: "동료로부터 새 소프트웨어 도구 사용법에 대한 자세한 지침을 요청하는 이메일을 받았습니다. 필요한 경우 명확한 설명과 시각적 보조 자료가 포함된 단계별 가이드를 제공하세요."

  이 경우 프롬프트는 모델이 자세한 지침이 포함된 응답을 생성하도록 명확한 지침을 설정합니다. "단계별 가이드" 및 "명확한 설명"과 같은 용어를 사용하면 모델이 보다 유익하고 구조화된 응답을 제공하도록 유도할 수 있습니다.

제목과 이메일 콘텐츠는 회신을 생성하는 데 중요한 역할을 합니다. 선택한 이메일 제목은 사용자가 회신하려는 이메일의 핵심 식별자 역할을 합니다. 이메일이 식별되면 콘텐츠 본문이 답장을 생성하기 위한 컨텍스트로 사용됩니다. 회신 기능은 제목과 이메일 콘텐츠를 모두 활용함으로써 ChatGPT가 생성한 응답이 관련성 있고 맥락에 맞는 응답이 되도록 보장합니다. 이메일 콘텐츠는 발신자의 쿼리 또는 메시지에 대한 필수 정보를 제공하며, 모델은 이 정보를 사용하여 일관성 있고 적절한 회신을 작성합니다.

ChatGPT 또는 외부 API와 메일 콘텐츠를 공유하면 보안에 대한 우려가 제기될 수 있습니다. 이는 적절한 개인정보 보호정책과 사용자 동의 메커니즘을 통해 방지할 수 있습니다. 또한, 보안 통신 프로토콜(예: HTTPS)을 사용하고 OpenAI와 같이 평판이 좋고 신뢰할 수 있는 API 제공업체와 협력하면 전송 및 처리 중에 데이터를 보호하는 데 도움이 될 수 있습니다.

ChatGPT API 응답을 얻은 후 email.Reply()를 사용하여 회신 객체를 생성하여 이메일 회신을 준비할 수 있습니다. 그런 다음 답장의 본문 텍스트에 ChatGPT JSON 응답 매개변수에서 추출한 응답 텍스트를 할당합니다. 이렇게 하면 AI가 생성한 콘텐츠가 회신에 포함될 수 있습니다.

그런 다음 reply.Display() 함수를 호출하여 답장을 별도의 창에 표시하여 사용자가 답장을 보내기 전에 검토하고 필요한 경우 수정할 수 있도록 합니다. 반환 문은 reply() 함수의 종료를 의미하며, **회신**Reply 버튼을 구축할 메인 프로그램으로 제어권을 반환합니다:

```
button = tk.Button(root, text="Generate Reply"),
                   command=reply)
button.pack()

root.mainloop()
```

이 버튼은 루트 창과 연결되어 있으며 레이블로 회신 생성이라는 텍스트가 표시됩니다. 명령 매개변수는 버튼을 클릭할 때 이전에 구축한 reply() 함수가 실행되도록 지정합니다. button.pack()을 호출하면 버튼이 창 안에 패킹되어 사용자에게 표시될 수 있습니다. 이렇게 하면 클릭 시 reply() 함수를 활성화하는 사용자 인터페이스 요소를 설정하여 사용자 상호 작용에 대한 응답으로 이메일 답장을 생성할 수 있습니다.

이제 PyCharm에서 **실행**Run 버튼을 한 번 클릭하여 Outlook 이메일 회신 생성기 앱을 시작할 수 있습니다. 그렇게 하면 애플리케이션 창에 **회신 생성**Generate Reply이라는 새 버튼이 표시됩니다(그림 7.5 참조).

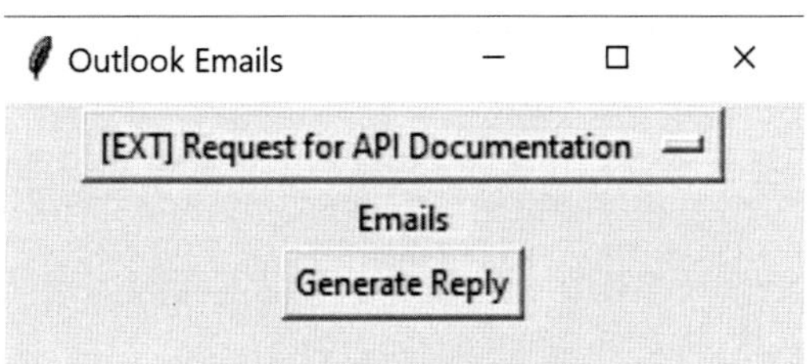

그림 7.5 회신 생성 버튼

이제 드롭다운 메뉴에서 이메일을 선택하고 **답장 생성**Generate Reply 버튼을 클릭할 수 있습니다. 이 버튼은 즉시 reply() 함수를 활성화하여 이메일의 내용을 ChatGPT로 전달합니다.

API를 호출하여 해당 콘텐츠를 기반으로 회신을 생성하도록 요청합니다. 이 과정은 백그라운드에서 진행되며 몇 초 내에 앱에서 **Outlook 회신 창이** 실행됩니다. 그림 7.6에서 볼 수 있듯이 회신 창은 선택한 이메일에 대해 생성된 ChatGPT 회신으로 채워집니다.

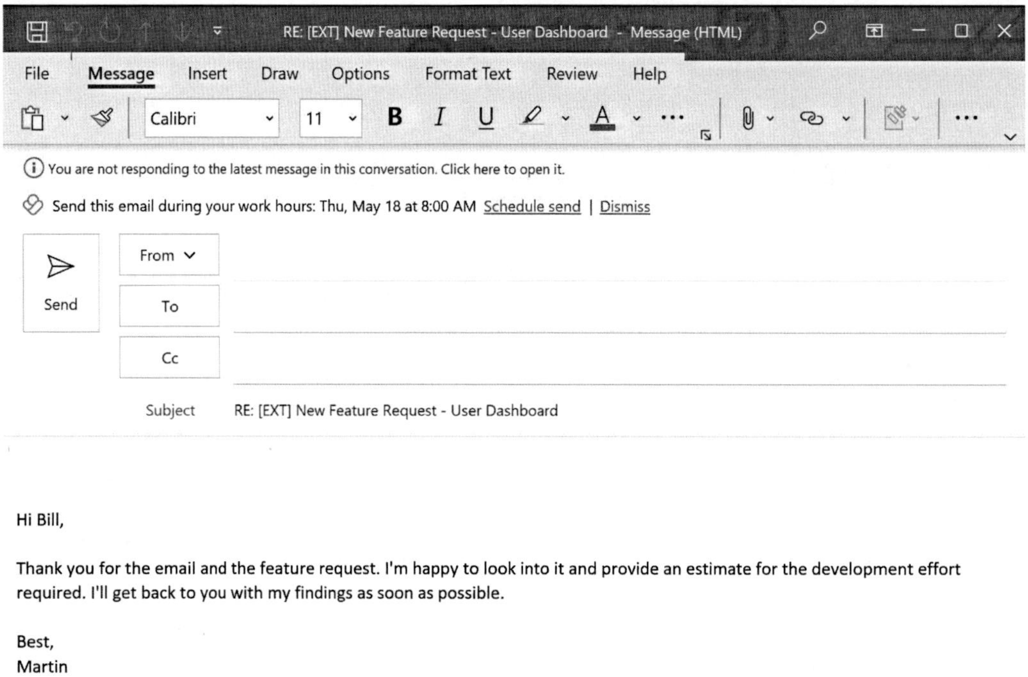

그림 7.6 ChatGPT에서 생성된 이메일 회신

생성된 답장이 관련성이 있는지 확인하려면 다음과 같이 선택한 이메일과 ChatGPT 답장의 내용을 확인할 수 있습니다:

- **선택한 이메일 콘텐츠**
- *안녕하세요, 마틴,*

  흥미로운 새 기능 요청이 있습니다. 사용자들은 계정 활동과 통계에 대한 개요를 제공하는 개인화된 대시보드에 대한 요청을 해왔습니다.

  이 기능에 대한 작업을 시작하고 필요한 개발 노력에 대한 예상치를 제공해 주시면 감사하겠습니다.

  Bil에게
- GPT-4 API 응답:

  Bill에게,

  이메일을 보내주셔서 감사드리며 흥미로운 새 기능 요청을 제시해 주셔서 감사합니다.

  개인화된 대시보드는 사용자 경험을 크게 향상시킬 수 있는 훌륭한 추가 기능입니다. 사

용자에게 계정 활동과 통계에 대한 포괄적인 개요를 제공할 수 있는 도구의 중요성을 잘 알고 있습니다.

가능성을 평가하기 위한 예비 작업을 즉시 시작할 것입니다. 여기에는 사용자 요구 사항을 심층적으로 이해하고, 필요한 기능을 정의하고, 작업 범위를 분석하는 작업이 포함됩니다.

이 기능의 복잡성과 범위를 고려할 때 초기 견적은 일주일 이내에 완료될 것으로 예상합니다. 이를 통해 필요한 개발 노력에 대한 정확한 견적을 제공할 수 있을 것입니다.

이 새로운 기능이 사용자 경험에 가져올 잠재적인 긍정적인 영향을 기대합니다. 저에게 이 일을 맡겨 주셔서 감사합니다.

감사합니다, Martin

애플리케이션은 관련성 있는 답장을 생성하는 것 외에도 사용자가 AI가 생성한 답장을 보내기 전에 편집할 수 있는 기능을 제공합니다. 이 기능을 사용하면 사소한 결함을 해결하거나 답장을 조정할 수 있으므로 최종 이메일의 완성도를 높일 수 있습니다. AI가 생성한 회신을 검토하고 수정할 수 있는 옵션을 제공함으로써 사용자는 콘텐츠를 더 잘 제어할 수 있으며 이메일을 보내기 전에 특정 요구 사항에 맞게 조정할 수 있습니다.

이것으로 Outlook과 ChatGPT API를 사용하여 이메일 자동 회신을 생성하는 구현을 마칩니다. 이제 Outlook에서 이메일 데이터를 검색하고 ChatGPT API를 사용하여 AI 기반 응답을 생성하고 이 기능을 Outlook 애플리케이션에 통합하여 사용자가 생성된 응답을 보내기 전에 검토하고 수정할 수 있습니다.

요약

이 장에서는 최신 GPT-4 모델과 함께 Outlook 및 ChatGPT API를 사용하여 Outlook 이메일 회신 생성기를 완전히 개발하는 방법을 다뤘습니다. win32com 라이브러리를 사용하여 Outlook에서 이메일 데이터를 검색하고 tkinter 라이브러리를 사용하여 이메일 제목을 드롭다운 메뉴에 표시하는 방법을 배웠습니다. Outlook 애플리케이션에 연결하고, 기본 이메일 받은 편지함 폴더에 접근하고, 최근 10개의 이메일 제목을 검색하는 코드를 작성했습니다. 또한 기본 창, 드롭다운 메뉴 및 레이블을 포함한 사용자 인터페이스의 생성에 대해서도 다루었습니다.

또한 Outlook에서 이메일 데이터를 검색하고 ChatGPT API를 사용하여 AI 기반 응답을 생성하고 생성된 응답을 검토 및 편집할 수 있도록 별도의 창에 표시하는 reply() 함수를 구축하는 과정도 배웠습니다. 이 장에서는 reply() 함수를 애플리케이션에 통합하는 방법과 사용자 인터페이스에서 reply() 함수를 활성화하는 버튼을 만드는 방법도 설명했습니다. 또한 드롭다운 메뉴에서 이메일 제목을 선택하고 ChatGPT API를 사용하여 AI 회신 이메일을 생성하여 애플리케이션을 테스트했습니다.

8장에서는 가장 인기 있는 앱 개발 Python 프레임워크 중 하나인 PyQT와 ChatGPT API를 통합하는 방법을 배우게 됩니다. 모든 주제에 대한 에세이를 작성할 수 있는 에세이 생성 도구를 만들게 됩니다. 여기서는 한 단계 더 나아가 애플리케이션의 프론트엔드에서 직접 API 토큰을 제어하는 방법을 보여드리겠습니다. 이를 통해 응답의 길이를 지정할 수 있으며, 결과적으로 ChatGPT API에서 수신된 에세이를 생성할 수 있습니다.

제8장 PyQt 및 ChatGPT API를 사용한 에세이 생성 도구

이 장에서는 앱 개발에서 가장 인기 있는 Python 프레임워크 중 하나인 PyQt와 ChatGPT API를 통합하는 흥미로운 세계에 대해 알아보겠습니다. PyQt와 ChatGPT API의 통합을 통해 사용자 친화적인 데스크톱 에세이 생성 도구를 구축하여 사용자가 모든 주제에 대해 잘 작성된 에세이를 손쉽게 생성할 수 있도록 합니다. 이 강좌에서는 PyQt 데스크톱 애플리케이션 구축과 관련된 설계 단계에 대한 귀중한 통찰력을 얻을 수 있습니다.

PyQt로 객체 지향 접근 방식을 사용하여 데스크톱 앱을 설계하는 과정을 안내하여 해당 프레임워크와 관련된 기본 개념과 구성 요소를 이해할 수 있도록 도와드립니다. 탄탄한 기초를 다진 다음에는 ChatGPT API의 기능을 활용하는 데 초점을 맞출 것입니다. API를 PyQt 애플리케이션에 통합하여 에세이를 원활하게 생성할 수 있는 방법을 배우게 됩니다.

PyQt와 ChatGPT API의 강점을 결합하여 다양한 주제에 대해 잘 작성된 에세이를 생성할 수 있는 대화형 지능형 데스크톱 앱을 만들 수 있습니다. 또한 사용자에게 프론트엔드에서 직접 API 토큰을 제어할 수 있는 기능을 제공하여 ChatGPT API에서 얻은 에세이 응답의 원하는 길이를 지정할 수 있는 기능을 제공하는 방법을 시연할 것입니다. 이러한 수준의 사용자 지정 기능을 통해 사용자는 간결한 요약이든 심층 분석이든 특정 요구 사항을 충족하도록 생성된 에세이를 맞춤화 할 수 있습니다.

이 장에서는 다음을 수행하는 방법을 알아봅니다:

- PyQt를 사용하여 데스크톱 애플리케이션 설계 및 구축하기
- ChatGPT API를 PyQt 애플리케이션에 통합하기
- PyQt 애플리케이션 내에서 ChatGPT API를 사용하여 에세이 생성하기

- 사용자가 사용되는 ChatGPT API 토큰을 제어할 수 있는 기능을 구현하기.
- 생성된 에세이를 나중에 참조하거나 추가 편집을 위해 Word 문서에 저장하기.
- 모든 기능을 갖춘 PyQt 데스크톱 애플리케이션을 위한 텍스트 필드, 창 및 버튼을 구축하기.

이 장이 끝나면 PyQt를 사용해 데스크톱 애플리케이션을 설계하고 개발하는 데 능숙해져 앱 개발의 기초를 탄탄하게 다질 수 있습니다. 또한 ChatGPT API를 애플리케이션에 통합하는 기술을 더욱 발전시켜 AI 응답 매개변수를 더 잘 제어할 수 있게 됩니다.

기술 요구 사항

이 장에서는 전체 PyQt6 설치 과정을 보여드리겠습니다. 그러나 에세이 생성 도구 프로젝트를 성공적으로 완료하려면 다음과 같은 기술적 전제 조건도 충족해야 합니다:

- 컴퓨터에 설치된 Python 3.7 이상 버전
- PyCharm과 같은 코드 편집기(권장)
- Python 가상 환경
- OpenAI API 키
- Python **객체 지향 프로그래밍**Object-Oriented Programming, OOP 개념에 익숙함

이 장에 소개된 코드 스니펫은 GitHub 플랫폼에서 찾을 수 있습니다. 다음 링크를 방문하여 코드에 접근할 수 있습니다: https://github.com/PacktPublishing/Building-AI-Applications-with-ChatGPT-APIs/tree/main/Chapter08%20 ArticleGenerator

앞으로의 절에서는 PyQt를 사용하여 데스크톱 애플리케이션을 구축하는 여정을 시작합니다. 복잡한 GUI 디자인에 대해 알아보고 PyQt의 강력한 기능을 활용하여 시각적으로 매력적이고 **상호작용하는**interactive 데스크톱 애플리케이션을 개발하는 방법을 배우게 됩니다.

PyQT로 데스크톱 애플리케이션 구축하기

이 절에서는 창, 레이블, 버튼, 텍스트 필드 및 드롭다운 메뉴와 같은 PyQt 애플리케이션의 사용자 인터페이스의 다양한 구성 요소를 만드는 실습 경험을 쌓게 됩니다. 여기서는 PyCharm 프로젝트를 설정하고, PyQt6 및 docx 라이브러리를 설치하며, 데스크톱 애플리케이션 프론트엔드를 구축합니다.

먼저 PyQt 라이브러리가 무엇인지, 그리고 Tkinter와 같은 다른 Python 애플리케이션 개발 도구와 어떻게 다른지 살펴봅시다(표 8.1 참조). PyQt는 풍부한 **그래픽 사용자 인터페이스**Graphical User Intefaces, GUIs를 갖춘 데스크톱 애플리케이션을 만드는 데 널리 사용되는 강력한 Python 프레임워크입니다. 개발자에게 직관적이고 시각적으로 매력적인 애플리케이션을 설계하고 구축할 수 있는 포괄적인 도구, 클래스 및 기능 세트를 제공합니다. PyQt는 널리 사용되는 Qt 프레임워크의 래퍼로, Qt의 광범위한 라이브러리와 위젯을 Python에 원활하게 통합할 수 있습니다.

표 8.1 PyQt와 Tkinter의 비교

프레임워크	Qt(강력한 GUI 툴킷) 기반	내장 Python GUI 툴킷(Tkinter)
크로스 플랫폼	예	예
라이선스	GPL 및 상업용	오픈 소스(Python 프트웨어 재단)
위젯 라이브러리	광범위	제한적
보기 및 느낌	모든 플랫폼에서 네이티브 룩	일부 플랫폼에서만 기본 모양
문서	포괄적 잘 문서화되어 있고	기본적이지만 적절한
인기도	취미와 산업 모두에서 인기	Python에서 널리 사용되는 표준 라이브러리
학습 곡선	보통에서 가파름	초보자 친화적
성능	C++ 백엔드로 인해 일반적으로 더 빠름	Python 백엔드로 인해 일반적으로 느림
커뮤니티 지원	커뮤니티 및 타사 모듈 활성화	활발한 커뮤니티와 풍부한 리소스

중요 참고 사항

PyQt는 두 가지 라이센스로 제공됩니다: GPL(GNU 일반 공중 사용 허가서General Public License)과 상용 라이선스입니다. GPL 라이선스를 사용하면 애플리케이션의 소스 코드를 배포할 경우 이를 공개해야 하는 등 GPL 라이선스의 약관을 준수하는 한 PyQt를 무료로 사용할 수 있습니다. GPL 요구 사항을 준수하고 싶지 않거나 독점적인 비공개 소스 프로젝트에서 PyQt를 사용해야 하는 경우 PyQt를 개발한 회사 Riverbank Computing에서 상용 라이선스를 구매할 수 있습니다. 상용 라이선스를 사용하면 GPL에 의해 부과된 제한 없이 PyQt를 사용할 수 있습니다.

PyQt는 Tk 툴킷을 사용하여 GUI를 만들기 위한 Python의 표준 라이브러리인 tkinter와 달리 Python 프레임워크입니다. PyQt는 더 광범위한 위젯과 고도로 사용자 정의 가능한 외관을 제공합니다. 또한 보다 현대적이고 미학적으로 매력적인 GUI를 제공합니다. 이제 PyQt가 무엇인지 알았으니 PyCharm 프로젝트를 설정하고 이 뛰어난 Python 데스크톱 앱 프레임워크를 설치할 수 있습니다.

에세이 생성 도구 프로젝트 설정하기

먼저 이미 익숙한 단계에 따라 PyCharm 프로젝트를 구성해 보겠습니다. PyCharm을 시작하고 **새 프로젝트 만들기**Create New Project를 선택하여 시작할 수 있습니다. **새 프로젝트**New Project 대화 상자에서 프로젝트에 EssayGenerationTool이라는 이름을 지정합니다. 기본 위치를 유지하고 **만들기**Create를 클릭하여 새 프로젝트를 설정할 수 있습니다. 프로젝트가 설정되면 에세이 생성 도구의 메인 코드가 저장될 app.py라는 Python 파일을 만들 수 있습니다.

프로젝트 설정을 완료하려면 여러 Python 라이브러리를 설치해야 합니다. pip 패키지 관리자를 사용하여 이러한 라이브러리를 설치할 수 있습니다. 시작하려면 PyCharm에서 터미널을 열고 다음 명령을 입력하여 필요한 모든 라이브러리를 설치합니다:

```
pip install PyQt6
pip install openai
pip install python-docx
```

또한 config.py 모듈을 생성하여 OpenAI에서 필요한 API 키를 설정해 보겠습니다. 이전 프로젝트에서 살펴본 것처럼 이 파일은 프로젝트에 사용되는 모든 API 키를 안전하게 저장하는 위치 역할을 합니다. config.py 파일이 코드와 같은 디렉터리에 있는지 확인하세요. 그러나 이 파일의 기밀성을 유지하고 API 키가 노출되는 것을 방지하기 위해 이 파일을 Git 레파지토리에 **푸시**push하지 않아야 한다는 점에 유의하세요. API 토큰이 안전하게 저장되면 다음 코드 스니펫에 표시된 것처럼 필요한 라이브러리와 함께 관련 파일에 토큰을 포함할 수 있습니다:

config.py

```
api_key = "<your_chatgpt_api_key>"
```

app.py

```
import sys
from PyQt6.QtWidgets import QApplication, QWidget, QLabel, QLineEdit,
QPushButton, QTextEdit, QComboBox
import openai
import docx
import config
openai.api_key = config.API_KEY
app.py
```

app.py 파일 내에서 여러 라이브러리를 **임포트**import하여 데스크톱 애플리케이션을 만들 수 있습니다. PyQt6에서 가져온 특정 클래스는 애플리케이션 창, 레이블, 텍스트 필드, 버튼 및 드롭다운 메뉴와 같은 다양한 GUI 구성 요소를 나타냅니다. 또한 AI로 생성된 에세이를 Microsoft Word 문서로 내보내는 작업을 처리하기 위해 docx 모듈도 가져옵니다.

PyQt로 애플리케이션 GUI 구축하기

이 절에서는 PyQt 애플리케이션을 만드는 과정을 살펴봅니다. PyQt6 라이브러리를 사용하여 에세이 생성 애플리케이션의 기초를 설정하겠습니다. 구축할 애플리케이션 사용자 인터페이스는 레이블, 입력 필드, 텍스트 영역 및 버튼과 같은 다양한 위젯으로 구성됩니다.

에세이를 생성하기 위한 PyQt 애플리케이션을 만드는 여정을 시작하기 위해 초기 앱 창을 만들고 애플리케이션 시작 로직을 설정하는 것부터 시작하겠습니다. 앞서 언급한 바와 같이, 우리의 애플리케이션은 관련 데이터와 기능을 EssayGenerator 클래스 내에 캡슐화 하여 객체 지향 설계Object-Oriented Design, OOD를 사용할 것입니다.

PyQt에서 객체 지향 디자인을 사용하는 것은 그 자체로 객체 지향 원칙으로 설계된 Qt 프레임워크에 기반하기 때문에 이점이 있습니다. 코드를 기본 프레임워크에 맞춰 조정하면 PyQt의 모든 기능과 유연성을 활용할 수 있습니다. 앱 기능을 클래스로 캡슐 화 하면 애플리케이션을 쉽게 관리하고 유지할 수 있습니다. 필요에 따라 클래스를 상속, 수정 및 확장할 수 있으므로 코드 재사용성과 확장성이 향상됩니다. EssayGenerator 클래스는 PyQt의 모든 사용자 인터페이스 객체에 대한 기본 클래스인 QWidget 클래스에서 파생됩니다:

```
class EssayGenerator(Qwidget):

    def init (self): super(). init () self.initUI()

    def initUI(self):
        self.setWindowTitle("Essay Generator")
        self.setGeometry (300, 300, 1200, 800)

if __name__ == '__main__':
    app = Qapplication(sys.argv)
    ex = EssayGenerator()
    ex.show()
    sys.exit(app.exec())
```

EssayGenerator 클래스의 베이스 클래스로 QWidget 클래스를 사용하면 애플리케이션의 GUI 에서 모든 QWidget 기능을 채택할 수 있습니다. QWidget은 창을 만들고, 이벤트를 처리하고, 레이아웃을 관리하는 기능을 제공하는 PyQt의 기본 클래스입니다. 더 복잡한 애플리케이션을 위한 QMainWindow나 사용자 정의 대화 상자를 위한 QDialog와 같은 다른 대체 베이스 클래스도 있지만, 여기서는 대부분의 사용자 인터페이스 요소에 대한 다목적 기반 역할을 하고 에세이 생성 애플리케이션에서 기본 창을 만드는 데 필요한 기능을 제공하므로 QWidget을 선택했습니다.

EssayGenerator 클래스는 GUI 요소를 만드는 데 사용할 수 있는 특수한 유형의 위젯입니다. 클래스 내부에는 **생성자**Constructor라고 하는 Python의 특수 메서드인 init 메서드가 있습니다. 이 메서드는 클래스의 객체가 생성될 때 실행됩니다. EssayGenerator 클래스의 init 메서드 내에서 super() 키워드를 사용하여 부모 클래스인 QWidget의 init 메서드를 호출하고 초기화합니다. 이렇게 하면 부모 클래스의 필요한 설정이 EssayGenerator 클래스에 특정한 추가 초기화 전에 수행됩니다.

그런 다음 initUI() 메서드는 사용자 인터페이스와 창 제목, 크기 및 위치와 같은 애플리케이션의 기타 요소를 설정합니다. setWindowTitle 매서드을 사용하여 응용프로그램의 창 제목을 Essay Generator로 설정하고 화면에서 창의 위치와 크기를 지정합니다. 여기서 숫자는 창 왼쪽 상단 모서리의 x, y 좌표를 나타내고 그 다음에 각각 너비와 높이를 나타냅니다.

super(). init () 및 self.initUI()를 호출하여 애플리케이션이 올바르게 초기화되고 애플리케이션을 실행하면 기본 애플리케이션 창이 시작되도록 합니다. 이 접근 방식은 상속의 원리를 따르는데, EssayGenerator 자식 클래스가 부모 클래스인 QWidget의 기능을 상속하고 확장하여 애플리케이션을 위한 완전한 기능의 맞춤형 위젯을 생성합니다.

Python에서는 스크립트가 메인 모듈로 실행될 때만 후속 코드가 실행되도록 하기 위해 __name__ == '__main__' 조건을 사용하는 것이 일반적입니다. 이 경우 코드는 애플리케이션의 제어 흐름을 관리하는 QApplication 클래스의 인스턴스를 생성합니다.

EssayGenerator 클래스에서 ex 객체를 생성하여 애플리케이션 창을 표시하고, 마지막으로 sys.exit(app.exec())가 애플리케이션의 이벤트 루프를 시작하여 사용자가 창을 닫거나 애플리케이션을 종료할 때까지 프로그램이 활성 상태로 유지되도록 합니다. 이를 통해 스크립트가 직접 실행될 때 애플리케이션을 실행할 수 있습니다. 그림 8.1과 같이 PyCharm에서 **실행**Run 버튼을 한 번 클릭하면 기본 애플리케이션 창이 표시되는 것을 쉽게 확인할 수 있습니다.

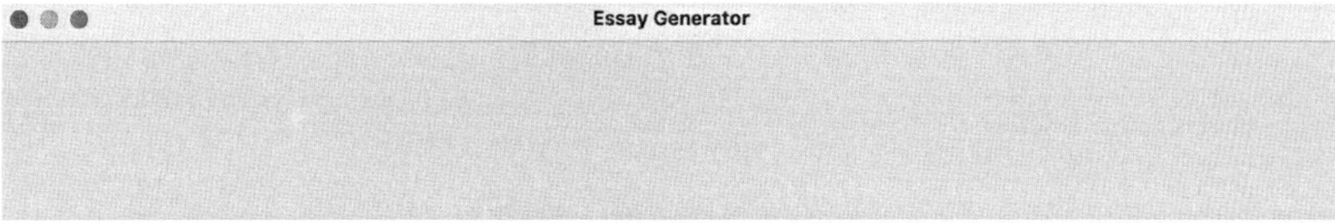

그림 8.1 에세이 생성기 도구 창

이제 신청서 창을 만들었으므로 에세이 생성기 도구의 핵심 요소를 추가할 수 있습니다. 그 요소는 다음과 같습니다:

- **주제 입력**: 에세이 생성기에는 사용자가 에세이의 주제 또는 주제를 입력할 수 있는 메커니즘이 필요합니다. 이는 텍스트 입력 필드를 통해 수행할 수 있습니다.
- **에세이 출력**: 생성 알고리즘이 에세이 콘텐츠를 생성하면 이를 사용자에게 표시해야 합니다. 이는 생성된 에세이가 표시되는 텍스트 영역을 통해 이루어질 수 있습니다.
- **저장 기능**: 사용자가 생성된 에세이를 저장할 수 있는 옵션을 제공하는 것이 유용할 때가 많습니다. 여기에는 에세이를 Word 문서와 같은 파일에 저장하거나 클립보드에 텍스트를 복사할 수 있는 기능을 제공하는 것이 포함될 수 있습니다.

이러한 핵심 요소는 애플리케이션에 표시된 모든 요소를 보유하는 initUI() 함수 안에 쉽게 포함할 수 있습니다:

```
def initUI(self):

    self.setWindowTitle("Essay Generator")
    self.setGeometry(300, 300, 1200, 800)

    topic_label = QLabel('Enter the topic:', self)
    topic_label.move(20, 40)

    self.topic_input = QLineEdit(self)
    self.topic_input.move(20, 100)
    self.topic_input.resize(1000, 30)

    self.essay_output = QTextEdit(self)
    self.essay_output.move(20, 150)
    self.essay_output.resize(1100, 500)

    generate_button = QPushButton("Generate Essay", self)
    generate_button.move(1050, 100)
```

```
generate_button.clicked.connect(self.generate_essay)

save_button = QPushButton("Save", self)
save_button.move(20, 665)
save_button.clicked.connect(self.save_essay)
```

에세이 주제 입력 필드를 만들기 전에 topic_label이라는 QLabel 객체를 인스턴스화할 수 있습니다. 이 레이블은 topic_input 필드 위에 배치됩니다. 이 레이블의 목적은 사용자에게 아래 텍스트 필드의 용도를 알려주는 것입니다. 그런 다음 move() 메서드를 사용하여 애플리케이션 창 내의 좌표(20, 40)에 레이블을 배치합니다.

다음으로 주제에 대한 입력 필드로 topic_input이라는 이름의 QLineEdit 객체를 만듭니다. 여기서 다시 move() 메서드를 사용하여 좌표 (20, 100)에서 레이블 아래에 입력 필드를 배치할 수 있습니다. 또한 resize() 메서드를 사용하여 입력 필드의 크기를 설정합니다. 이렇게 하면 입력 필드가 사용자 입력에 적합한 크기를 갖도록 할 수 있습니다.

그런 다음 여러 줄 텍스트 편집 위젯을 나타내는 QTextEdit 클래스의 인스턴스로 essay_output 속성을 정의할 수 있습니다. 다시 move() 및 resize() 내장 메서드를 사용하여 에세이 출력 파일을 주제 입력 텍스트 필드 아래에 배치합니다. 에세이_출력 텍스트 영역은 생성된 에세이 텍스트를 표시하는 데 사용됩니다. 이제 사용자는 에세이 출력을 쉽게 읽고 상호 작용할 수 있으므로 애플리케이션의 사용성과 기능이 향상됩니다.

중요 참고 사항

Python에서 self 키워드는 클래스 자체 내에서 클래스의 인스턴스를 참조하는 데 사용되는 규칙입니다. 예약된 키워드가 아니라 클래스 내 인스턴스 메서드의 첫 번째 매개변수에 일반적으로 사용되는 이름입니다. 클래스 내에서 메서드를 정의할 때 첫 번째 매개변수로 self 매개변수를 포함하면 해당 클래스의 인스턴스 변수와 메서드에 액세스하고 수정할 수 있습니다.

마지막으로 에세이 생성기 애플리케이션을 위한 두 개의 버튼, 즉 Generate Essay 버튼과 저장 버튼을 만듭니다. 두 버튼 모두 사용자가 클릭하거나 눌러서 상호작용할 수 있는 클릭 가능한 버튼 요소를 제공하는 QPushButton 클래스를 사용할 수 있습니다. 여기서는 버튼의 클릭 신호를 메서드에 연결하여 버튼이 클릭될 때 메서드가 호출되도록 하는 clicked.connect() 메서드를 사용하는 것이 중요합니다.

사용자가 **에세이 생성**Generate Essay 버튼을 클릭하면 앱이 자동으로 generate_ essay() 함수를 호출합니다. 이 메서드는 ChatGPT API와의 연결을 구축하고 에세이_출력 텍스트 필드에 응답 또는 생성된 에세이를 표시하는 역할을 담당합니다. 마찬가지로 에세이가 생성되면 사용자는 **저장**Save 버튼을 클릭할 수 있습니다. 이 작업을 수행하면 save_essay() 함수가 활성화되며, 이 함수는 나중에 docx 라이브러리를 사용하여 에세이를 Word 문서에 저장합니다.

save_essay() 및 generate_essay()는 아직 구현되지 않았지만 애플리케이션을 테스트하기 위해 초기화할 수 있습니다. 두 메서드 모두 EssayGeneration 클래스 내부에 배치하되, initUI() 메서드 외부에 배치해야 합니다. 또한 예기치 않은 오류를 피하기 위해 함수 정의를 메인 Python 함수 위에 배치하는 것이 좋습니다:

```
def initUI(self):
    ...
    ..
    .

def generate_essay(self):
    pass

def save_essay(self):
    pass
```

현재 이 메서드는 아무 작업도 수행하지 않는 Python의 자리 표시자 문인 pass 문으로 구성되어 있습니다. 이는 메서드가 아직 구현되지 않았음을 나타내는 데 사용됩니다.

애플리케이션을 다시 실행하면 모든 텍스트 필드와 버튼이 애플리케이션 창에 표시되는 것을 확인할 수 있습니다(그림 8.2 참조).

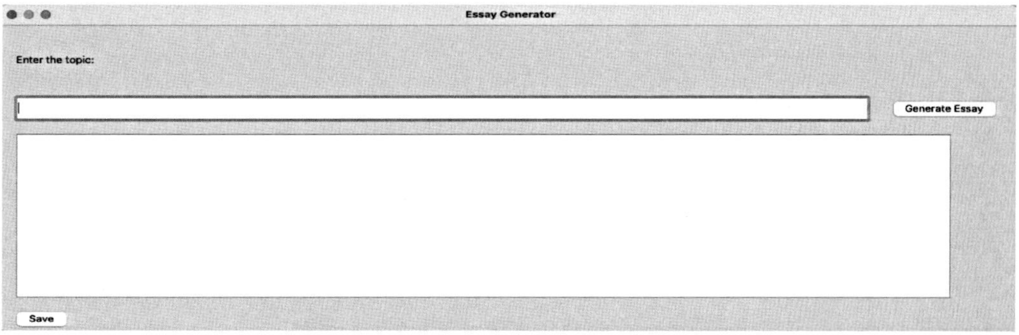

그림 8.2 에세이 생성기 텍스트 필드 및 버튼

이것이 기본적인 PyQt 애플리케이션을 만드는 방법입니다. 이제 애플리케이션 창을 만들고, 사용자 인터페이스 요소를 초기화하고, 주제 입력 필드, 에세이 출력 텍스트 영역, 에세이 생성 및 저장 버튼과 같은 에세이 생성기 도구의 핵심 요소를 만드는 방법을 알 수 있습니다.

save_essay() 및 generate_essay() 메서드 모두 **플레이스홀더**placeholder pass 키워드를 포함하므로, 버튼을 클릭해도 현재로서는 실질적인 동작이 수행되지 않습니다. 버튼을 클릭했을 때 원하는 동작을 구현하려면 각 메서드 내에서 필요한 기능을 구현해야 합니다. 다음 절에서 이러한 메소드를 구축하는 방법을 배우게 됩니다.

ChatGPT API로 에세이 생성 방법 만들기

이 절에서는 에세이 생성기 애플리케이션 내의 주요 기능 구현에 대해 자세히 설명합니다. 이러한 함수는 사용자 입력에 따라 에세이를 생성하고 생성된 에세이를 파일에 저장하는 역할을 담당합니다. 코드를 이해하면 애플리케이션의 내부 작동을 파악하고 에세이 생성 및 저장 과정이 어떻게 수행되는지에 대한 통찰력을 얻을 수 있습니다.

generate_essay() 함수를 살펴보는 것으로 시작하겠습니다. 이 함수는 입력 필드에서 사용자가 입력한 주제를 검색합니다. 그런 다음 OpenAI API의 엔진 유형을 설정하고, 토픽을 사용하여 프롬프트를 생성한 다음 에세이 생성을 위해 OpenAI API에 요청합니다. API에서 받은 응답에는 생성된 에세이가 포함되며, 이 에세이는 애플리케이션의 에세이 출력 영역에 추출되어 표시됩니다. 해당 기능을 추가하려면 패스 자리 표시자를 제거하고 다음 코드를 따르기만 하면 됩니다:

```
def generate_essay(self):
    topic = self.topic_input.text()
    tokens = 500

    engine = "gpt-4"

    prompt = f"Write an{tokens/1.5} words essay on the following
        topic: {topic} \n\n"

    response = openai.ChatCompletion.create(
            model=model,
            messages=[
                {"role":"user", "content": "You are a professional
```

```
            essay writer."},
        {"role":"assistant", "content": "Ok"},
        {"role": "user","content": f"{prompt}"}
    ],
    max_tokens=tokens
)
essay =response["choices"][0]["message"]["content"]
```

여기서는 topic_input QLineEdit 위젯에서 사용자가 입력한 주제를 검색하고 text() 메서드를 사용하여 주제 변수에 할당합니다. 이렇게 하면 에세이에 대해 사용자가 선택한 주제가 캡처 됩니다. 지금은 토큰 변수를 정의하고 500으로 설정할 수 있습니다. 이는 생성된 에세이의 원하는 길이를 나타냅니다. 나중에 다양한 길이의 에세이를 생성하기 위해 다양한 토큰 크기가 있는 드롭다운 메뉴를 추가하여 이 값을 수정할 것입니다.

또한 OpenAI API에 사용되는 엔진을 text-davinci-003으로 지정하여 에세이를 생성할 수 있습니다. 이 값을 조정하여 요구 사항에 따라 다른 언어 모델이나 버전을 활용할 수 있습니다. 또한 에세이 생성을 위한 프롬프트가 포함된 문자열인 프롬프트 변수를 만들 수도 있습니다.

다음 주제에 대한 {tokens/1.5} 에세이 쓰기[Write an {tokens/1.5}essay on the following topic]: 텍스트를 연결하여 구성되며, 여기서 tokens/1.5 변수는 에세이가 몇 단어로 구성되어야 하는지를 지정합니다. OpenAI에 따르면 영어 단어 1개는 약 1.5개의 토큰을 나타내므로 토큰 수를 1.5로 나누어야 합니다. 지침을 지정한 후 주제 변수를 프롬프트에 전달할 수 있습니다. 이 프롬프트는 에세이 생성 과정의 초기 입력 역할을 하며 생성된 에세이에 대한 컨텍스트를 제공합니다.

모든 변수가 정의되면 지정된 엔진, 프롬프트 및 최대 토큰 수(이 경우 500개)를 사용하여 ChatGPT API에 요청을 보냅니다. API는 프롬프트를 처리하고 응답을 생성하며, 이 응답은 응답 변수에 저장됩니다. 응답에서 첫 번째 선택 항목의 텍스트 속성에 접근하여 생성된 에세이를 추출합니다. 이것은 생성된 에세이의 텍스트를 나타냅니다. 마지막으로, AI 응답을 essay_output() 함수에 전달하여 사용자가 읽고 상호작용할 수 있도록 사용자 인터페이스에 표시할 수 있습니다.

다음으로 save_essay() 함수를 살펴보겠습니다. 이 함수는 주제와 생성된 에세이를 검색합니다. 이 함수는 docx 라이브러리를 사용하여 새 Word 문서를 생성하고 문서에 최종 에세이를 추가합니다. 그러면 제공된 주제에 따라 파일 이름으로 문서가 저장되며, 생성된 에세이가 포함된

Word 문서가 생성됩니다. 합격 키워드를 제거한 후 다음 코드 스니펫code snippet을 사용하여 설명한 기능을 구현할 수 있습니다:

```
def save_essay(self):
    topic = self.topic_input.text()
    final_text = self.essay_output.toPlainText()

    document = docx.Document()
    document.add_paragraph(final_text)
    document.save(topic + ".docx")
```

여기서는 topic_input 위젯에 입력된 텍스트를 검색하여 text() 메서드를 사용하여 주제 변수에 할당합니다. 이렇게 하면 사용자가 입력한 주제가 캡처 되어 저장된 에세이의 파일 이름으로 사용됩니다. 다음으로 essay_output 위젯의 toPlainText() 메서드를 사용하여 생성된 에세이 텍스트를 검색하고 final_text 변수에 할당합니다. 이렇게 하면 사용자가 ChatGPT로 생성된 에세이를 저장하기 전에 편집할 수 있습니다. 이제 주제와 최종 텍스트를 캡처하여 에세이를 파일에 저장하는 데 필요한 단계를 진행할 준비가 되었습니다.

이제 docx 라이브러리를 사용하여 빈 문서를 초기화하는 docx.Document()를 호출하여 새 Word 문서를 만들 수 있습니다. 그런 다음 add_paragraph() 메서드를 사용하고 생성된 에세이 텍스트가 포함된 final_text 변수를 전달하여 문서에 단락을 추가합니다. 이렇게 하면 생성된 에세이가 문서에 단락으로 추가됩니다. 이제 document.save()를 호출하고 사용자가 입력한 주제를 나타내는 topic 변수를 연결하여 만든 파일 이름을 제공하여 문서를 저장할 수 있습니다. 그러면 지정된 파일명을 가진 Word 파일로 문서가 저장됩니다.

이제 PyCharm에서 코드를 실행하고 다음 단계에 따라 에세이를 생성하여 에세이 생성기를 테스트할 수 있습니다(그림 8.3 참조):

1. **주제 입력**Topic Input 필드에 원하는 에세이 주제를 입력합니다. 이 예에서는 고대 이집트라는 주제를 선택했습니다.
2. **에세이 생성**Generate Essay 버튼을 한 번 클릭합니다. 앱이 ChatGPT API에 연결되고 몇 초 내에 **에세이 출력**Essay Output 필드에 에세이가 표시됩니다.
3. 인공지능이 생성한 에세이를 저장하기 전에 편집할 수 있습니다.
4. **저장**Save 버튼을 한 번 클릭합니다. 이 작업은 save_essay() 메서드를 사용하여 편집한 에세

이를 Word 문서에 저장합니다. Word 문서는 프로젝트의 루트 디렉터리에 저장됩니다.

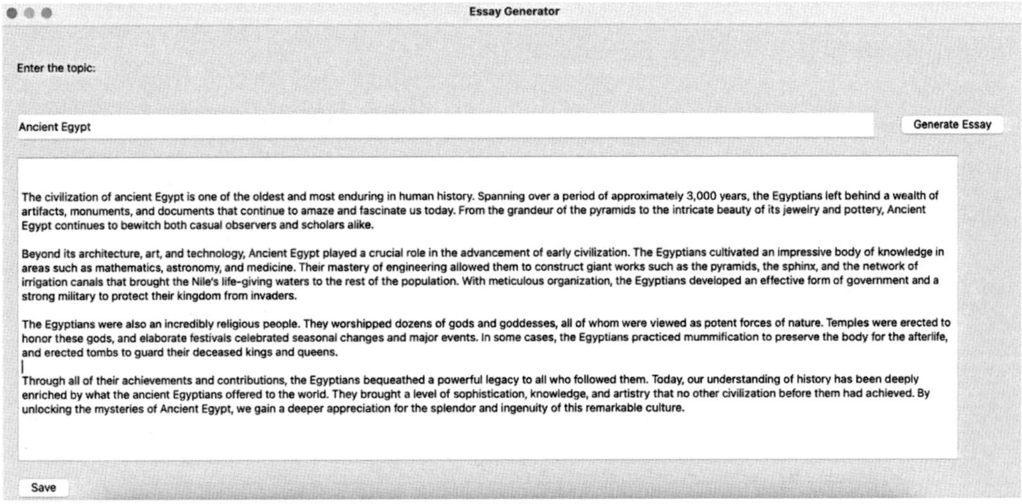

그림 8.3 고대 이집트" 에세이를 생성하는 에세이 생성기

에세이를 Word 문서에 저장한 후에는 동료들과 다시 공유하거나 학교 과제로 제출하거나 Word 스타일링 옵션을 사용할 수 있습니다.

이 절에서는 ChatGPT API를 사용하여 에세이 생성기 애플리케이션의 주요 기능을 구현하는 방법에 대해 설명했습니다. 사용자의 주제 입력을 검색하고 ChatGPT API에 요청을 전송하여 AI 에세이를 생성하는 generate_essay() 메서드를 구축했습니다. 또한 생성된 에세이를 워드 문서에 저장하는 save_essay() 메서드도 개발했습니다.

다음 절에서는 에세이 생성기 애플리케이션에 추가 기능을 소개하겠습니다. 특히 사용자가 에세이를 생성하는 데 사용되는 AI 토큰의 수를 변경할 수 있도록 할 것입니다.

ChatGPT API 토큰 제어

이 절에서는 사용자가 ChatGPT와 통신할 때 사용되는 토큰 수를 제어할 수 있도록 하여 에세이 생성기 애플리케이션의 기능을 향상시키는 방법을 살펴볼 것입니다. 이 기능을 활성화하면 사용자는 특정 요구 사항이나 선호도에 맞게 다양한 길이의 에세이를 생성할 수 있습니다. 현재 저희 애플리케이션은 500개의 토큰으로 고정되어 있지만, 토큰 크기에 대한 다양한 옵션을 제공하는 드롭다운 메뉴가 포함되도록 수정할 예정입니다.

이 기능을 구현하기 위해 사용자에게 토큰 길이 옵션을 선택할 수 있는 드롭다운[dropdown] 메뉴를 사용할 것입니다. 드롭다운dropdown에서 특정 값을 선택하면 사용자는 생성된 에세이에 원하는 길이를 표시할 수 있습니다. 이 기능은 기존 애플리케이션에 원활하게 통합되어 사용자가 에세이 생성 경험을 맞춤화할 수 있도록 지원할 것입니다.

사용자가 토큰 길이를 제어할 수 있는 코드 스니펫을 살펴보겠습니다. 이 코드는 initUI() 메소드 바로 아래의 essay_output 크기 조정 아래에 추가하면 됩니다:

```
def initUI(self):
    self.setWindowTitle("EssayGenerator")
    self.setGeometry(300, 300, 1200, 800)

    topic_label = QLabel('Enter the topic:',self)
    topic_label.move(20, 40)

    self.topic_input = QLineEdit(self)
    self.topic_input.move(20, 100)
    self.topic_input.resize(1000, 30)

    self.essay_output = QTextEdit(self)
    self.essay_output.move(20, 150)
    self.essay_output.resize(1100, 500)

    length_label = QLabel('Select EssayLength:', self)
    length_label.move(327, 40)

    self.length_dropdown = QComboBox(self)
    self.length_dropdown.move(320, 60)
    self.length_dropdown.addItems(["500","1000", "2000","3000",
        "4000"])

    generate_button =QPushButton("Generate Essay", self)
    generate_button.move(1050, 100)
    generate_button.clicked.connect(self.generate_essay)

    save_button =QPushButton("Save", self)
    save_button.move(20, 665)
    save_button.clicked.connect(self.save_essay)
```

앞의 코드는 드롭다운 메뉴의 목적을 시각적으로 표시하는 역할을 하는 QLabel, length_label을 소개합니다. 이 레이블은 에세이 길이 선택이라는 텍스트를 표시하여 사용자에게 기능에 대해 알려줍니다.

다음으로, 사용자가 원하는 토큰 길이를 선택할 수 있는 드롭다운 메뉴를 제공하는 QcomboBox, length_dropdown을 생성합니다. 이 상자는 move() 메서드를 사용하여 length_label 아래에 배치됩니다. 그런 다음 addItems() 함수를 사용하여 500~4000토큰 범위의 토큰 길이 옵션 목록으로 드롭다운 메뉴를 채웁니다. 사용자는 이 목록에서 원하는 길이를 선택할 수 있습니다.

마지막 단계는 사용자가 에세이를 생성할 때 사용되는 토큰의 수를 제어할 수 있는 기능을 구현하는 것입니다. generate_essay() 함수를 수정해야 합니다. 수정된 코드는 다음과 같아야 합니다:

```
def generate_essay(self):
    topic =self.topic_input.text()

    length =int(self.length_dropdown.currentText())

    engine ="gpt-4"

    prompt = f"Writean {tokens/1.5} words essay on the following
        topic: {topic} \n\n"

    response = openai.ChatCompletion.create(
            model = model,
            messages = [
                {"role": "user","content": "You are a professional
                    essaywriter."},
                {"role": "assistant", "content":"Ok"},
                {"role": "user","content": f"{prompt}"}
            ],
            max_tokens=tokens
    )
        essay =response["choices"][0]["message"]["content"]
```

수정된 코드에서 length 변수는 length_dropdown 드롭다운 메뉴에서 선택한 토큰 길이를 검색하도록 업데이트됩니다. currentText() 메서드는 현재 선택된 옵션을 문자열로 가져오는 데 사용되며, 이 문자열은 int() 함수를 사용하여 정수로 변환됩니다. 이렇게 하면 선택한 토큰 길이를 길이 변수에 동적으로 할당할 수 있습니다.

이 수정을 통해 generate_essay() 함수는 에세이 생성을 위해 ChatGPT API에 요청할 때 사용자가 선택한 토큰 길이를 활용하게 됩니다. 이렇게 하면 생성된 에세이의 길이가 드롭다운 메뉴를 통해 사용자가 지정한 원하는 길이가 되도록 보장합니다.

이제 PyCharm에서 **실행**Run 버튼을 클릭하고 드롭다운 메뉴가 제대로 작동하는지 확인할 수 있습니다. 그림 8.4에 표시된 것처럼 드롭다운 메뉴를 클릭하면 addItems() 함수에 지정된 모든 옵션이 사용자에게 표시됩니다.

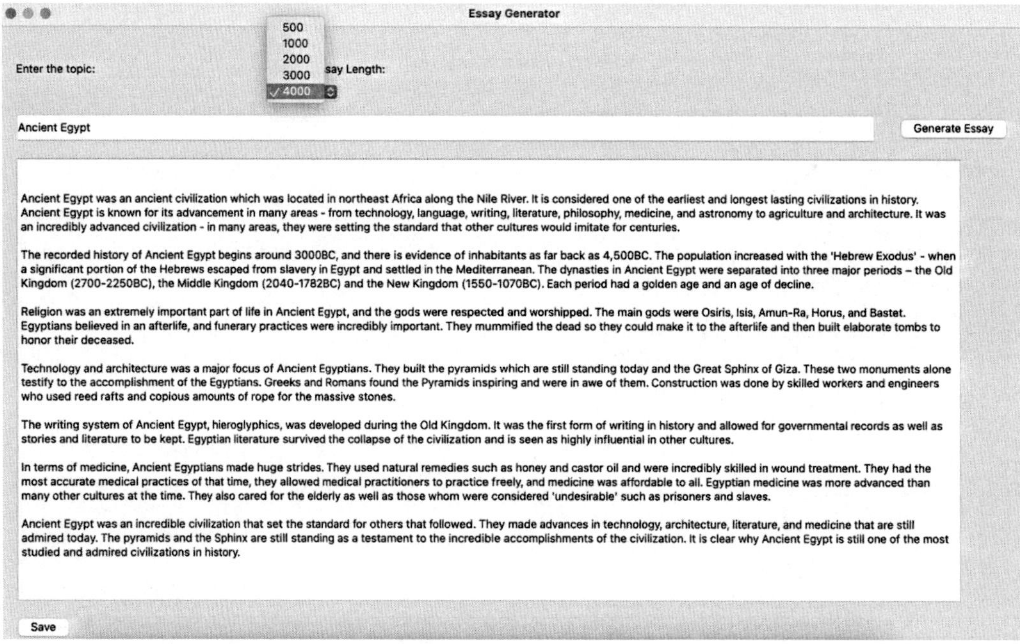

그림 8.4 에세이 길이 제어하기

사용자는 500에서 4000 사이의 토큰 금액을 선택할 수 있습니다. 이제 4000 토큰 옵션을 선택하면 생성된 에세이의 길이가 더 길어집니다. 이전 예제의 단계를 따라 토큰 수를 500에서 4000으로 늘렸을 때 ChatGPT API가 "**고대 이집트**Ancient Egypt"에 대해 더 긴 에세이를 생성하는 것을 확인할 수 있습니다.

사용자가 ChatGPT와 통신할 때 사용되는 토큰의 수를 제어할 수 있도록 하여 에세이 생성기 애플리케이션의 기능을 향상시킬 수 있습니다. 이제 드롭다운 메뉴에서 특정 값을 선택하면 사용자가 생성된 에세이에 원하는 길이를 지정할 수 있습니다. 이를 위해 QComboBox 클래스를 사용하여 드롭다운 메뉴 자체를 만들었습니다. 수정된 generate_essay() 메서드는 드롭다운 메뉴에서 선택한 토큰 길이를 검색하여 길이 변수에 동적으로 할당했습니다.

요약

이 장에서는 PyQt로 데스크톱 애플리케이션을 구축하고 에세이 생성을 위해 ChatGPT API를 통합하여 기능을 향상시키는 방법을 배웠습니다. PyQt의 기본 사항과 다른 Python GUI 개발 도구와 비교했을 때의 장점에 대해 논의했습니다. 그리고 해당 프레임워크를 사용하여 창, 레이블, 입력 필드, 텍스트 영역, 버튼과 같은 애플리케이션의 GUI 구성 요소를 만들었습니다.

이 장에서는 ChatGPT API를 사용하여 에세이 생성 기능을 구현하는 방법도 자세히 살펴봤습니다. 주로 논의된 메서드는 사용자가 선택한

토픽을 선택하고, 엔진 유형을 설정하고, 토픽을 사용하여 프롬프트를 생성한 다음, 에세이를 생성하도록 API에 요청을 보냈습니다. 그런 다음 생성된 에세이가 애플리케이션의 출력 영역에 표시되었습니다. 또한 docx 라이브러리를 사용하여 생성된 에세이를 Word 문서로 저장하는 save_essay() 함수를 구축하는 방법도 배웠습니다.

또한 이 장에서는 사용자가 생성된 에세이의 길이를 제어할 수 있도록 하여 애플리케이션을 개선하는 방법을 살펴봤습니다. 이 장에서는 사용자가 다양한 토큰 크기를 선택할 수 있도록 QLabel 및 QComboBox 클래스로 구현된 드롭다운 메뉴를 소개했습니다. 수정된 generate_essay() 함수는 드롭다운 메뉴에서 선택한 토큰 길이를 검색하고 그에 따라 생성된 에세이의 길이를 조정했습니다.

9장, '*ChatGPT와 DALL-E API 통합하기*'에서는 두 가지 AI API를 통합하는 방법을 알아봅니다: 엔드 투엔드 파워포인트 발표자료 생성기 구축하기'에서는 두 가지 AI API인 ChatGPT와 DALL–E를 통합하여 엔드 투 엔드 **파워포인트** 발표자료 생성기를 구축하는 방법을 배웁니다. DALL-E API를 소개하고 API에서 JSON 응답을 디코딩하는 방법에 대해 배웁니다. 또한 이 장에서는 PowerPoint Python 프레임워크를 다루고 DALL-E API를 사용하여 AI 아트를 생성하는 방법을 시연하여 PowerPoint 슬라이드와 이미지를 생성할 수 있습니다.

제9장 ChatGPT와 DALL-E API 통합: 엔드 투 엔드 Powerpoint 프레젠테이션 생성하기

이 흥미진진한 장에서는 AI 예술의 세계로 들어가 OpenAI에서 개발한 인공지능 모델인 DALL-E의 놀라운 기능을 살펴봅니다. 먼저 DALL-E와 텍스트 설명에서 이미지를 생성하는 획기적인 접근 방식을 소개합니다. DALL-E API를 통해 DALL-E의 강력한 기능에 접근하는 방법을 배워 이 최첨단 기술을 Python 애플리케이션에 통합할 수 있습니다. DALL-E로 AI 아트를 생성하는 매혹적인 가능성을 발견하면서 여러분의 창의력을 발휘할 수 있습니다.

발표자료는 정보를 효과적으로 전달하는 데 중요한 역할을 하며, 이 장에서는 Python 프레임워크와 DALL-E 이미지 생성을 사용하여 PowerPoint 발표자료 개발을 자동화하는 방법을 보여드립니다. 프로그래밍의 힘을 활용하여 제작 과정을 간소화하는 실무 경험을 쌓을 수 있습니다.

엔드 투 엔드 파워포인트 발표자료 생성기를 구축하기 위해 두 가지 강력한 AI 모델인 DALL-E와 ChatGPT를 통합하는 방법을 살펴봅니다. 이 프로젝트를 통해 매력적인 AI 아트를 생성하는 DALL-E의 능력과 인간과 유사한 텍스트를 생성하는 ChatGPT의 전문성을 결합할 수 있습니다. 이러한 API를 통합하면 사용자가 지정한 텍스트를 가져와 이미지와 텍스트가 포함된 PowerPoint 슬라이드를 생성하는 애플리케이션을 만들 수 있습니다.

이 장에서는 다음을 수행하는 방법을 알아봅니다:

- DALL-E API를 사용하여 텍스트 설명에서 AI 아트 생성하기
- PowerPoint Python 프레임워크를 활용하여 PowerPoint 발표자료 개발 자동화하기
- DALL-E API를 활용하여 이미지를 생성하고 자체 애플리케이션에 통합하기.
- 파워포인트 발표자료를 구축하기 위한 DALL-E 및 ChatGPT API 통합하기
- ChatGPT API를 사용하여 발표자료 글머리 기호 만들기

이 장이 끝나면 DALL-E와 ChatGPT API를 통합하여 엔드 투 엔드 파워포인트 발표자료 생성기를 구축함으로서 AI 앱 개발 기술을 향상시킬 수 있습니다. DALL-E의 이미지 생성 기능과 ChatGPT의 텍스트 생성 전문 지식을 결합하여 매력적인 AI 생성 이미지와 인간과 같은 텍스트를 모두 포함하는 PowerPoint 발표자료 개발을 자동화하는 방법을 배우게 됩니다.

기술 요구 사항

이 장의 내용을 최대한 활용하려면 몇 가지 필수 도구가 준비되어 있어야 합니다. 이전 장에서 다루지 않았던 설치에 대한 자세한 설명과 지침을 제공합니다. 필요한 도구는 다음과 같습니다:

- 컴퓨터에 Python 3.7 이상 버전이 설치되어 있어야 합니다.
- OpenAI 계정에서 얻을 수 있는 OpenAI API 키
- 코드 작성 및 편집을 위한 PyCharm(권장) 등의 코드 편집기
- Python 가상 환경에 설치된 Tkinter 프레임워크
- 장치에 설치된 PowerPoint 소프트웨어

이 장의 코드 예제는 https://github.com/ PacktPublishing/Building-AI-Applications-with-ChatGPT-APIs/tree/ main/Chapter09%20PowerPoint%20Generator에서 찾을 수 있습니다.

다음 절에서는 DALL-E AI 아트 생성 AI 모델을 살펴보고 DALL-E API의 기본 사항을 다루겠습니다.

DALL-E 및 DALL-E API 사용

DALL-E는 텍스트 설명에서 멋진 이미지를 생성할 수 있는 놀라운 AI 모델입니다. 이 절에서는 DALL-E의 개념과 이미지 합성에 대한 획기적인 접근 방식을 이해하게 됩니다. 텍스트 프롬프트를 생동감 있고 상상력이 풍부한 시각적 표현으로 변환하는 DALL-E의 고유한 기능에 대해 알아봅니다. 또한 DALL-E API를 통해 DALL-E의 실제 적용 사례를 살펴보고, 이 강력한 기술을 자체 애플리케이션에 원활하게 통합하여 무궁무진한 창의적 가능성을 실현할 수 있도록 지원합니다.

DALL-E는 OpenAI에서 개발한 고급 인공지능 모델입니다. 2021년 1월에 세상에 소개되었습니다. DALL-E는 ChatGPT 언어 모델의 요소와 생성적 적대적 네트워크 GAN 설계도를 결합한 신경망 기반 모델입니다. DALL-E라는 이름은 예술가 살바도르 달리Salvador Dalí 와 애니메이션영화 월-E 캐릭터의 유쾌한 조합입니다. 이 독특한 모델은 텍스트 설명을 기반으로 매우 사실적이고 참신한 이미지를 생성하도록 설계되었으며, 시각적 창의성 분야에서 AI의 놀라운 잠재력을 보여

줍니다. 이미지와 텍스트 프롬프트의 방대한 데이터 세트를 학습하여 복잡하고 상상력이 풍부한 시각적 결과물을 생성하는 DALL-E는 AI 기반 이미지 합성의 획기적인 발전을 엿볼 수 있습니다.

웹에서 DALL-E를 사용하면 인터랙티브하고 사용자 친화적인 방식으로 AI 아트를 생성할 수 있습니다. 다음 단계에 따라 웹 인터페이스를 통해 DALL-E의 기능을 활용할 수 있습니다:

1. 웹 브라우저를 열고 DALL-E 웹사이트(https://labs.openai.com)로 이동합니다. OpenAI 자격 증명을 사용하여 DALL-E에 접근할 수 있습니다.
2. DALL-E 웹 페이지에는 생성하려는 이미지에 대한 텍스트 설명을 입력할 수 있는 텍스트 입력 상자가 있습니다(그림 9.1 참조). 원하는 만큼 구체적이거나 창의적인 설명을 입력할 수 있습니다. 예를 들어 해변에서 선글라스를 쓴 노란 바나나를 입력할 수 있습니다.
3. 텍스트 프롬프트를 입력한 후 **생성**Generate 버튼을 클릭하면 이미지 생성 과정이 시작됩니다. DALL-E 모델은 텍스트에 대한 이해를 바탕으로 사용자의 설명을 해석하고 해당 이미지를 생성합니다.
4. 잠시 후 생성된 이미지가 웹 페이지에 표시됩니다. 잠시 시간을 내어 출력을 살펴보고 DALL-E가 텍스트 프롬프트를 어떻게 해석했는지 관찰하세요. 필요한 경우 설명을 반복하고 수정하여 원하는 이미지를 얻을 수 있습니다.
5. 다양한 텍스트 프롬프트를 자유롭게 실험하고, 다양한 개념을 탐색하고, DALL-E가 아이디어를 시각적 표현으로 변환하는 과정을 관찰하세요. 이 대화형 과정을 통해 AI가 생성한 아트를 탐색하고 창의적인 탐구를 장려할 수 있습니다.

그림 9.1 DALL-E 웹 인터페이스

DALL-E API를 사용하여 DALL-E를 자체 애플리케이션에 직접 통합할 수 있습니다. DALL-E와 상호 작용할 수 있는 편리한 인터페이스를 제공하여 사용자가 프로그래밍 방식으로 사용자 지정 텍스트 프롬프트를 기반으로 이미지를 생성할 수 있습니다.

DALL-E API를 사용하려면 OpenAI 계정에서 동일한 API 키를 사용할 수 있습니다. API 키가 있으면 이미지를 생성할 텍스트 프롬프트를 지정하여 API 엔드포인트에 요청할 수 있습니다. 단일 Python 파일을 생성하고 몇 줄의 코드만으로 첫 번째 DALL-E 이미지를 생성할 수 있습니다. API는 다음 코드 예시와 같이 요청을 처리하고 생성된 이미지를 응답으로 반환합니다:

```
response = openai.Image.create(
    prompt="A cat sitting on a cloud",
    n=1,
    size="1024x1024"
)
image_url = response['data'][0]['url']
```

제공된 코드는 openai.Image.create() 함수를 사용하여 DALL-E API를 사용하여 이미지를 생성하고 생성된 이미지의 URL을 검색하는 방법을 보여줍니다.

프롬프트 매개변수는 원하는 이미지에 대한 텍스트 설명 또는 지침 역할을 합니다. 이 프롬프트는 생성된 이미지가 무엇을 묘사해야 하는지에 대한 지침을 DALL-E 모델에 제공합니다. 크기 매개변수는 생성된 이미지의 크기를 결정하며, 해상도가 1024픽셀 x 1024픽셀인 정사각형 이미지를 나타냅니다.

API 요청 후 응답은 응답 변수에 저장됩니다. 그런 다음 코드는 API 응답에서 생성된 이미지의 URL을 검색합니다. URL은 응답 사전에서 적절한 키에 접근하여 얻습니다. image_url에 응답을 할당하면 생성된 이미지의 URL이 저장되어 모든 애플리케이션에서 나중에 사용할 수 있습니다.

이것이 바로 DALL-E 사용자 친화적인 웹 인터페이스를 사용하여 AI 아트를 생성하는 방법과 DALL-E API를 사용하여 헤당 AI 아트를 자체 애플리케이션에 통합하는 방법입니다. 다음 절에서는 PowerPoint 발표자료 생성기 앱을 실행하여 이를 수행해 보겠습니다.

PPTX Python 프레임워크로 PowerPoint 앱 구축하기

이 절에서는 pptx Python 라이브러리와 ChatGPT API를 사용하여 나만의 파워포인트 발표자료 생성기 앱을 설정하는 과정을 안내해 드립니다. pptx 라이브러리의 강력한 기능을 활용하여 파워포인트 발표자료 생성을 자동화하고 사용자 지정 콘텐츠가 포함된 슬라이드를 동적으로 생성할 수 있는 방법을 살펴봅니다. 또한, 이 파워포인트 생성 기능을 Tkinter 애플리케이션에 통합하여 슬라이드 생성기를 위한 사용자 친화적인 인터페이스를 구축하는 방법을 보여드리겠습니다.

이 프로젝트에서는 Python으로 작업할 때 선호하는 IDE인 PyCharm IDE를 사용하겠습니다. PyCharm을 실행하고 **새 프로젝트 만들기**Create New Project를 클릭하거나 **파일 | 새 프로젝트**File | Project로 이동합니다. 프로젝트를 생성할 위치를 선택하고 이름을 **PowerPoint Generator**로 지정합니다. 기본 설정을 유지하고 **생성**Create 버튼을 클릭합니다.

프로젝트가 열리면 PyCharm 인터페이스 하단에서 **터미널** 탭을 찾을 수 있습니다. 이 탭은 **프로젝트**Project. **버전 관리**Versoion Control 및 **실행**Run과 같은 다른 탭과 함께 도구 창 영역에 있습니다. 터미널 탭이 열리면 일반 명령행 인터페이스처럼 터미널 탭을 사용하여 프로젝트에 필요한 라이브러리를 설치할 수 있습니다:

```
$pip install python-pptx
$pip install openai
$pip install requests
```

이러한 라이브러리를 사용하는 방법은 다음과 같습니다:

- python-pptx: python-pptx 패키지는 파워포인트 파일(.pptx) 작업에 사용되며, 파워포인트 발표자료를 프로그래밍 방식으로 생성, 수정 및 자동화하는 기능을 제공합니다.
- openai: openai 패키지는 DALL-E 및 ChatGPT와 같은 AI 모델과 상호 작용할 수 있는 OpenAI API에 대한 접근을 제공하여 Python 애플리케이션에서 해당 기능을 활용할 수 있도록 합니다.
- requests: 요청 패키지는 HTTP 요청을 하는 데 사용되며, 요청을 보낸 후 DALL-E API와 통신하고 생성된 이미지 URL을 검색하는 데 사용됩니다.

app.py와 config.py라는 두 개의 파일을 생성하여 프로젝트 구조를 계속 개발할 수 있습니다:

app.py

```
import collections.abc
import config
assert collections
import tkinter as tk
from pptx import Presentation
from pptx.util import Inches, Pt
import openai
from io import BytesIO
import requests

# API Token
openai.api_key = config.API_KEY
```

config.py

```
API_KEY = "YOUR_API_KEY"
```

여기서 app.py 파일은 애플리케이션의 핵심이며 주요 연결의 역할을 합니다. 이 파일은 다양한 라이브러리와 모듈을 임포트[import]하여 ChatGPT, DALL-E 및 PowerPoint 프레임워크에 연결할 수 있도록 합니다. 다음은 임포트[import]하는 라이브러리와 그 용도에 대한 분석입니다:

- 컬렉션을 가져와서 Python 표준 라이브러리의 컬렉션과의 호환성을 보장합니다.
- config를 가져와서 OpenAI API 인증에 필요한 API 키가 저장된 API_KEY 변수에 접근합니다.
- 애플리케이션의 사용자 인터페이스를 구축하기 위해 Tkinter 라이브러리를 활용하기 위해 tkinter를 가져옵니다.
- pptx 및 pptx.util을 가져와서 PowerPoint 파일과 함께 작업할 수 있으므로 응용 프로그램에서 프로그래밍 방식으로 PowerPoint 발표자료를 만들고 수정할 수 있습니다.
- 언어 모델 및 이미지 생성 등의 서비스에 접근하고 OpenAI API와 상호 작용하기 위해 OpenAI를 가져옵니다.
- io와 request를 가져와 각각 입/출력 작업을 처리하고 HTTP 요청을 수행합니다.

반면에 config.py 파일은 프로젝트의 구성 파일 역할을 합니다. 여기에는 API_KEY 변수로 표시되는 API 키가 포함되어 있으며, 이는 OpenAI API 인증에 필요합니다. API 키를 구성 파일로 분리하면 메인 애플리케이션 코드를 직접 수정하지 않고도 키를 관리하고 업데이트하기가 더 쉬워집니다. 이러한 모듈 식 접근 방식은 민감한 정보를 보다 체계적이고 유연하게 처리할 수 있게 해줍니다.

다음으로 app.py 파일 내에서 파워포인트 발표자료 생성기의 **그래픽 사용자 인터페이스**Graphic User Interface, GUI 역할을 할 Tkinter 애플리케이션 창을 구축하는 데 집중하겠습니다:

```
app = tk.Tk()
app.title("Crate PPT Slides")
app.geometry("800x600")

# Create text field
text_field = tk.Text(app)
text_field.pack(fill="both", expand=True)
text_field.configure(wrap="word", font=("Arial", 12))
text_field.focus_set()

# Create the button to create slides
create_button = tk.Button(app, text="Create Slides", command=get_
slides)
create_button.pack()

app.mainloop()
```

여기에서는 사용자가 입력 텍스트를 기반으로 PowerPoint 슬라이드를 생성할 수 있는 Tkinter 애플리케이션 프레임을 만듭니다.

먼저, 코드는 tk.Tk() 함수를 사용하여 Tkinter 애플리케이션 창을 초기화합니다. 앱 변수가 애플리케이션 인스턴스instance로 할당됩니다. 창 제목 표시줄에 표시될 애플리케이션 창의 제목을 설정합니다. 그런 다음 애플리케이션 창의 초기 크기를 너비 800픽셀, 높이 600픽셀로 설정합니다.

또한 tk.Text() 함수를 사용하여 텍스트 필드를 만듭니다. 이 텍스트 필드는 파워포인트 슬라이드 생성을 위한 사용자 입력을 받는 데 사용됩니다. pack() 메서드는 애플리케이션 창 내에 텍스트 필드를 배치하기 위해 호출됩니다. configure() 메서드는 텍스트 필드의 모양을 사용자 지정하는 데 사용됩니다. 이 경우 wrap="word"가 설정되어 단어 경계에서 텍스트를 래핑wrapping합니다.

마지막으로 tk.Button() 함수를 사용하여 버튼을 만듭니다. 버튼의 레이블은 텍스트 매개변수를 사용하여 슬라이드 만들기라고 지정하고 명령 매개변수는 get_slides로 설정합니다. 즉, 버튼을 클릭하면 get_slides 함수가 호출됩니다.

다음으로 파워포인트 발표자료와 슬라이드를 생성하는 get_slides() 함수를 구축해 보겠습니다. get_slides() 함수는 Tkinter 애플리케이션 창과 관련 위젯을 생성하는 줄 위에 정의해야 한다는 점에 유의해야 합니다. 이렇게 하면 애플리케이션이 사용자와 상호 작용할 때 함수가 정의되어 사용할 수 있습니다:

```
def get_slides():
    text = text_field.get("1.0", "end-1c")
    paragraphs = text.split("\n\n")
    prs = Presentation()
    width = Pt(1920)
    height = Pt(1080)
    prs.slide_width = width
    prs.slide_height = height
    for paragraph in paragraphs:
        slide_generator(paragraph, prs)

    prs.save("my_presentation.pptx")
app = tk.Tk()
app.title("Crate PPT Slides")
app.geometry("800x600")

# Create text field
text_field = tk.Text(app)
text_field.pack(fill="both", expand=True)
text_field.configure(wrap="word",font=("Arial", 12))
text_field.focus_set()

# Create thebutton to create slides
create_button =tk.Button(app, text="Create Slides",
    command=get_slides)
create_button.pack()

app.mainloop()
```

여기서 text_field.get() 메서드는 텍스트 필드의 내용을 검색하는 데 사용됩니다. 1.0 매개변수는 텍스트 필드의 첫 문자부터 검색을 시작하도록 지정하고, end-1c는 개행 문자를 제외한 마지막 문자에서 검색을 종료하도록 지정합니다. 이를 통해 사용자가 입력한 전체 텍스트를 가져올 수 있습니다.

다음으로 텍스트 문자열이 단락으로 분할됩니다. 각 단락이 두 개의 연속된 개행 문자로 구분되어 있다고 가정하고 단락을 식별하는 데 \n\n 구분 기호가 사용됩니다. 이 분할 작업은 paragraphs 변수에 저장된 단락 목록을 생성합니다.

prs = Presentation()을 사용하여 새 PowerPoint 발표자료 객체를 만듭니다. 이렇게 하면 생성된 슬라이드를 저장할 빈 발표자료가 초기화됩니다. 그런 다음 슬라이드의 크기를 너비는 1920포인트로 설정하고 높이는 1080포인트로 설정합니다.

그런 다음 단락 목록의 각 단락을 반복하는 루프가 시작됩니다. 각 단락에 대해 단락과 발표자료 객체를 매개변수로 전달하는 slide_generator() 함수가 호출됩니다. 별도로 구현될 이 함수는 각 단락의 내용을 기반으로 개별 슬라이드를 생성하는 역할을 합니다.

루프가 완료되면 생성된 발표자료 객체가 PowerPoint 파일로 저장됩니다. 결과 PowerPoint 파일의 이름은 my_presentation.pptx이며, 사용자의 입력으로 생성된 슬라이드가 포함됩니다.

이 초기 단계에서 애플리케이션을 테스트하려면 PyCharm IDE에서 **실행**Run 버튼을 클릭하면 됩니다. 앱이 실행되면 그림 9.2와 같이 텍스트 필드와 **슬라이드 만들기** 버튼이 있는 **PPT 슬라이드 만들기**Create PPT Slides라는 제목의 Tkinter 창이 표시됩니다. 텍스트 필드에는 PowerPoint 슬라이드의 콘텐츠를 입력할 수 있으며, 버튼을 누르면 입력된 텍스트를 기반으로 슬라이드를 생성하는 get_slides() 함수가 활성화됩니다.

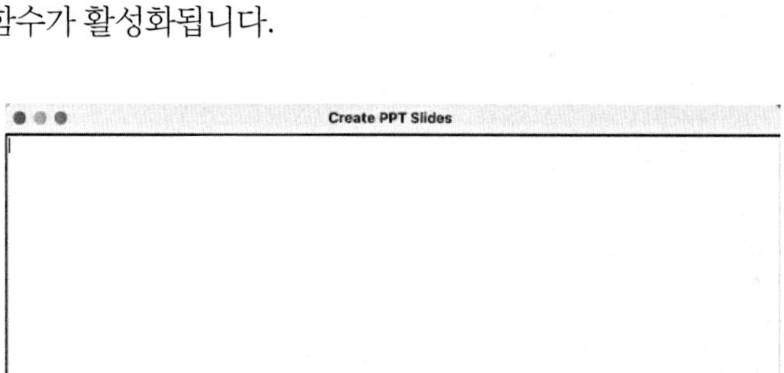

그림 9.2 PowerPoint 발표자료 생성기 GUI

하지만 이 시점에서 AI 슬라이드를 생성하려고 하면 오류가 발생합니다. 슬라이드의 AI 아트와 텍스트를 생성하는 slide_generator() 함수가 아직 정의되지 않았기 때문입니다.

다음 절에서는 사용자가 제공한 텍스트를 DALL-E API를 사용하여 AI 아트로 변환하는

slide_generator() 함수를 구축하는 방법을 살펴보겠습니다. 이 함수는 DALL-E API의 기능에 접근하여 입력된 텍스트를 기반으로 이미지를 생성하므로 AI가 생성한 아트워크로 멋진 슬라이드를 만들 수 있습니다.

DALL-E API로 아트 생성하기

이 절에서는 ChatGPT API와 DALL-E API의 흥미로운 통합에 대해 살펴보겠습니다. 이 두 가지 강력한 인공 지능 도구를 결합하여 독특하고 시각적으로 멋진 아트워크를 만드는 방법을 보여드리겠습니다. ChatGPT API를 활용하여 애플리케이션에서 사용자가 제공한 단락을 기반으로 DALL-E 프롬프트를 생성할 것입니다. 그런 다음 DALL-E API를 활용하여 해당 프롬프트를 매혹적인 이미지로 변환합니다.

먼저 사용자의 입력에 따라 파워포인트 슬라이드를 생성하는 데 중요한 역할을 하는 slide_generator() 함수 구축을 시작할 수 있습니다. 이 함수는 app.py 파일의 API 키 정의 바로 뒤, get_slides() 함수 위에 생성해야 한다는 점에 유의해야 합니다. 이 위치에 함수를 배치하면 get_slides() 함수 내에서 함수를 호출할 때 정의되어 사용할 수 있습니다. 이 접근 방식을 사용하면 코드를 체계적으로 구성할 수 있고 슬라이드 생성 과정을 원활하게 실행할 수 있습니다:

```
def slide_generator(text, prs):
    prompt = f"Summarize the following text to a DALL-E image
            generation " \
            f"prompt: \n {text}"

    model_engine= "gpt-4"
    dlp= openai.ChatCompletion.create(
        model=model_engine,
        messages=[
            {"role": "user","content": "I will ask you a question"},
            {"role": "assistant","content": "Ok"},
            {"role": "user","content": f"{prompt}"}
        ],
        max_tokens=250,
        n=1,
        stop=None,
        temperature=0.8
    )
    dalle_prompt = dlp["choices"][0]["message"]["content"]
```

```
    dalle_prompt = dlp.choices[0].text
    response = openai.Image.create(
        prompt=dalle_prompt+ " Style: digital art",
        n=1,
        size="1024x1024"
    )
image_url =response['data'][0]['url']
```

사용자가 제공한 텍스트를 기반으로 DALL-E 이미지 생성 프롬프트를 생성하고 ChatGPT API와 통합하는 slide_generator() 함수를 정의하는 방법은 다음과 같습니다. 이 함수는 사용자의 입력을 나타내는 텍스트와 파워포인트 발표자료 개체를 참조하는 prs라는 두 개의 매개 변수를 받습니다.

프롬프트 변수는 정적 소개 텍스트와 사용자가 제공한 텍스트를 연결하여 정의됩니다. 이 프롬프트는 주어진 텍스트를 DALL-E 이미지 생성 프롬프트에 요약하도록 ChatGPT 모델에 지시하는 데 사용됩니다.

그런 다음 create() 메서드를 호출하여 ChatGPT API에 텍스트 완성을 요청합니다. ChatGPT API의 JSON 응답은 완료 결과를 포함하는 dlp 변수에 저장됩니다. ChatGPT 완료 결과에서 실제 텍스트가 추출되어 dalle_prompt 변수에 할당됩니다. 이 dalle_prompt 변수는 DALL-E 이미지 생성 API의 입력 프롬프트 역할을 합니다.

이제 slide_generator 함수에서 생성된 DALL-E 프롬프트를 기반으로 이미지를 생성하기 위해 DALL-E API를 사용할 수 있습니다. 다음 매개변수를 사용하여 openai.Image.create() 메서드를 호출하여 이미지 생성을 위해 DALL-E API에 요청합니다:

- prompt: 이미지 생성을 위한 프롬프트는 스타일: 디지털 아트로 지정된 이미지의 원하는 스타일과 함께 dalle_prompt(ChatGPT API에 의해 생성됨)를 추가하여 구성됩니다. 그러면 DALL-E가 텍스트 입력에 따라 디지털 아트 스타일로 이미지를 생성하라는 메시지가 표시됩니다. 기본 설정에 따라 이 스타일을 변경할 수 있습니다.
- n: 생성할 이미지의 수를 지정합니다. 이 경우 하나의 이미지만 요청합니다.
- size: 생성된 이미지의 원하는 크기를 설정합니다. 여기서는 최고 품질 스타일인 1024x1024픽셀로 지정되어 있습니다.

DALL-E API의 응답은 응답 변수에 저장됩니다. 여기에는 URL을 포함하여 생성된 이미지에 대한 정보가 포함됩니다. 생성된 이미지의 URL은 응답에서 추출되어 image_url 변수에 할당됩니다. 이 URL은 파워포인트 슬라이드에서 생성된 이미지를 검색하고 표시하는 데 사용할 수 있습니다.

이 절에서는 사용자 입력을 기반으로 ChatGPT API를 사용하여 DALL-E 프롬프트를 생성하는 slide_generator() 함수를 구축한 다음, DALL-E API를 활용하여 원하는 스타일의 이미지를 생성하는 방법을 살펴봤습니다. 이 통합을 통해 시각적으로 멋진 아트웍[artwork]을 만들고 PowerPoint 슬라이드의 품질과 효과를 향상시킬 수 있었습니다.

다음 절에서는 PowerPoint 발표자료에서 슬라이드 헤더와 글머리 기호를 만드는 방법을 다룹니다. AI가 생성한 이미지와 텍스트를 슬라이드에 통합하는 방법을 보여드리겠습니다.

AI 발표자료 생성기 마무리 및 테스트

이 마지막 절에서는 AI가 생성한 이미지와 텍스트를 사용하여 PowerPoint 발표자료용 슬라이드 콘텐츠를 만드는 과정을 배웁니다. DALL-E의 이미지와 ChatGPT의 텍스트 등 AI가 생성한 요소를 슬라이드에 원활하게 통합하는 방법을 살펴봅니다. 여기에 설명된 단계를 따르면 AI가 생성한 콘텐츠를 PowerPoint 슬라이드에 전달하여 발표자료에 독창성과 정교함을 더할 수 있습니다.

AI가 생성한 이미지 URL을 검색하여 슬라이드 배경으로 적용하거나 특정 슬라이드 요소에 삽입하는 방법을 배우게 됩니다. 또한 AI가 생성한 텍스트를 슬라이드의 글머리 기호로 통합하는 방법도 배웁니다. AI 이미지 생성 기능과 ChatGPT의 텍스트 완성 기능을 결합하여 사용자는 시각적으로 매력적인 이미지와 관련 텍스트로 슬라이드를 더욱 풍성하게 만들 수 있습니다.

먼저 AI가 생성한 이미지와 텍스트를 사용하여 슬라이드 헤더와 글머리 기호를 만드는 방법을 보여드리겠습니다. 해당 콘텐츠를 생성하려면 slide_generator() 함수에 다음 코드 스니펫[code snippet]을 포함하면 됩니다:

```
prompt = f"Create a bullet point text for a Powerpoint" \
        f"slide from the following text: \n {text}"
ppt = openai.ChatCompletion.create(
    model=model_engine,
    messages=[
        {"role": "user", "content": "I will ask you a question"},
        {"role": "assistant","content": "Ok"},
        {"role":"user", "content": f"{prompt}"}
    ],
    max_tokens=1024,
    n=1,
    stop=None,
    temperature=0.8
)
ppt_text =ppt["choices"][0]["message"]["content"]

prompt = f"Create a titlefor a Powerpoint" \
        f"slidefrom the following text: \n {text}"
ppt =openai.ChatCompletion.create(
    model=model_engine,
    messages=[
        {"role":"user", "content": "I will ask you aquestion"},
        {"role":"assistant", "content": "Ok"},
        {"role":"user", "content": f"{prompt}"}
    ],
    max_tokens=1024,
    n=1,
    stop=None,
    temperature=0.8
)
ppt_header =ppt["choices"][0]["message"]["content"]
```

코드의 첫 번째 부분에서는 사용자가 앱에 입력한 단일 단락을 사용하여 프롬프트 문자열을 구성합니다. 이 프롬프트는 AI 모델에 파워포인트 슬라이드에 사용할 글머리 기호 텍스트를 생성하도록 요청합니다. 그런 다음 이 프롬프트는 ChatGPT create() 메서드로 전달됩니다. 완료 결과는 ppt 변수에 저장되고, 생성된 글머리 기호 텍스트는 ppt.choices[0].text에서 추출되어 ppt_text 변수에 할당됩니다.

마찬가지로 코드의 두 번째 부분에서는 AI 모델에 동일한 사용자 제공 텍스트를 기반으로 PowerPoint 슬라이드의 제목을 생성하도록 요청하는 또 다른 프롬프트 문자열이 구성됩니다. 완료된 텍스트 결과는 ppt.choices[0].text에서 추출되어 ppt_header 변수에 할당됩니다.

이렇게 생성된 글머리 기호 텍스트와 제목은 실제 PowerPoint 슬라이드를 만들 때 다음에 사용됩니다. 다음 코드를 포함시켜 PowerPoint 발표자료에 새 슬라이드를 추가하고 이미지, 글머리 기호 텍스트 및 제목으로 채울 수 있습니다:

```
# Add a new slide to the presentation
slide = prs.slides.add_slide(prs.slide_layouts[1])

response = requests.get(image_url)
img_bytes = BytesIO(response.content)
slide.shapes.add_picture(img_bytes, Inches(1), Inches(1))

# Add text box
txBox =slide.shapes.add_textbox(Inches(3), Inches(1),
                              Inches (4), Inches (1.5))
tf = txBox.text_frame
tf.text = ppt_text

title_shape = slide.shapes.title
title_shape.text =ppt_header
```

먼저 add_slide() 메서드를 사용하여 새 슬라이드가 발표자료에 추가됩니다. 이 메서드는 원하는 슬라이드 레이아웃을 인수로 받으며, 이 경우 콘텐츠 슬라이드의 레이아웃을 나타냅니다.

다음으로 이미지 URL에서 이미지를 검색하기 위한 HTTP 요청이 이루어집니다. 응답이 수신되면 그 내용을 img_bytes라는 이름의 BytesIO 객체로 읽습니다. 이를 통해 이미지 데이터에 접근하고 처리할 수 있습니다. 슬라이드에 이미지를 추가하려면 add_picture() 메서드가 사용됩니다. 이 메서드는 원하는 위치 지정 매개변수와 함께 img_bytes 객체를 인수로 받습니다. 이 경우 이미지는 슬라이드의 왼쪽에서 1인치[약 2.54cm] 위쪽에서 1인치[약 2.54cm]에 배치됩니다.

그런 다음 slide.shapes.add_textbox() 메서드를 사용하여 텍스트 상자를 슬라이드에 추가합니다. 이 메서드는 텍스트 상자의 위치 매개 변수를 인수로 받습니다. 텍스트 상자의 텍스트 프레임은 txBox.text_frame 속성을 사용하여 접근하고, 생성된 글머리 기호[bullet-point] 텍스트가 포함된 ppt_text 변수가 tf.text에 할당됩니다. 이렇게 하면 텍스트 상자의 콘텐츠가 AI가 생성한 텍스트로 설정됩니다.

마지막으로 슬라이드의 제목 모양에 접근합니다. 생성된 제목 텍스트가 포함된 ppt_header 변수가 title_shape.text에 할당됩니다. 이렇게 하면 슬라이드의 제목이 AI가 생성한 제목으로 설정됩니다.

이렇게 하면 이미지, 글머리 기호 텍스트, 제목 등 원하는 콘텐츠로 발표자료를 채울 수 있습니다.

이제 파워포인트 발표자료 생성기 앱이 완성되었으며 테스트할 준비가 되었습니다. 예기치 않은 오류를 방지하기 위해 Git의 전체 app.py 파일을 사용하여 코드 줄이 올바른지 확인할 수 있습니다(https://github.com/PacktPublishing/Building-AI-Applications-with-ChatGPT-APIs/blob/main/Chapter09%20PowerPoint%20Generator/app.py).

앱을 실행하려면 코드를 실행하거나 app.py 파일을 실행하기만 하면 됩니다. 그러면 슬라이드 생성기의 사용자 인터페이스 역할을 하는 Tkinter 애플리케이션 창이 실행됩니다.

앱이 실행되면 슬라이드의 콘텐츠를 입력할 수 있는 텍스트 입력란이 있는 애플리케이션 창이 표시됩니다. 텍스트 필드에 원하는 텍스트를 입력하거나 붙여넣기만 하면 됩니다. 이 예에서는 해파리에 대한 기사를 사용했습니다(그림 9.3 참조).

메두사medusas 또는 바다 젤리sea jelly라고도 불리는 해파리는 전 세계 바다에 서식하는 매혹적인 생물입니다. 해파리는 자포동물Cnidaria 문門 속하며 젤라틴 같은 몸통과 촉수가 특징입니다.

해파리는 작고 투명한 것부터 크고 선명한 것까지 다양한 모양, 크기, 색깔을 가지고 있습니다. 해파리는 해저에 붙어 있는 폴립으로 시작해 자유롭게 헤엄치는 메두사로 변신하는 독특한 생애 주기를 가지고 있습니다.

해파리의 가장 흥미로운 측면은 쏘는 능력입니다. 해파리는 독성 독소를 전달하는 선충낭이 들어 있는 섬모세포라는 특수 세포를 가지고 있습니다. 이 쏘는 세포를 통해 해파리는 먹이를 포획하고 잠재적인 포식자로부터 자신을 방어할 수 있습니다. 대부분의 해파리 쏘임은 인체에 무해하지만 일부 종은 고통스럽거나 위험한 반응을 일으킬 수 있습니다. 해파리가 서식하는 것으로 알려진 해역에서 수영할 때는 주의를 기울이는 것이 좋습니다.

해파리는 해양 생태계에서 중요한 역할을 합니다. 해파리는 작은 플랑크톤 생물, 물고기 알, 심지어 다른 해파리까지 잡아먹는 기회주의적 포식자입니다. 포식자로서 해파리는 해양 먹이 그물망의 균형을 유지하는 데 도움을 줍니다. 또한 해파리는 변화하는 환경 조건에 적응하는 독특한 능력을 가지고 있습니다.

제공된 텍스트를 사용하거나 선호도에 따라 다른 텍스트를 실험해 볼 수 있습니다.

> **중요 참고 사항**
>
> 각 단락 사이에 이중 줄 바꿈을 포함하여 단락 간 구분을 올바르게 표시하여 애플리케이션에서 단락을 정확하게 식별하고 구분할 수 있도록 하세요.

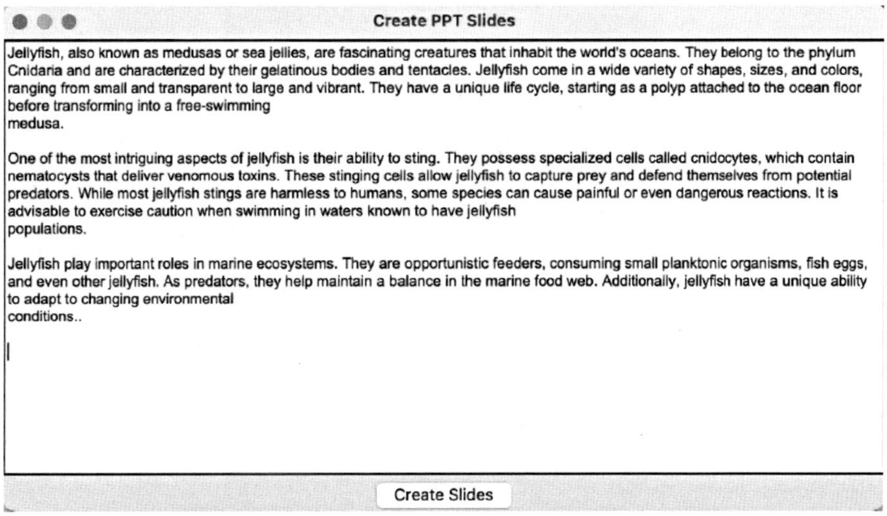

그림 9.3 텍스트 입력으로 PowerPoint 발표자료 생성기 채우기

이제 **슬라이드 만들기**Create Slides 버튼을 클릭해 입력한 텍스트를 기반으로 파워포인트 슬라이드를 생성할 수 있습니다. 몇 초 안에 발표자료가 빠르게 생성되어 프로젝트의 기본 디렉터리에 저장됩니다.

> **중요 참고 사항**
>
> OpenAI에는 분당 사용할 수 있는 토큰 수를 지정하는 속도 제한이 있습니다. 애플리케이션을 광범위하게 사용하면 현재 분당 40,000 토큰인 무료 평가판 비율rate 제한에 도달할 수 있습니다.

발표자료를 열면 3개의 슬라이드가 표시되며, 각 슬라이드는 입력 텍스트의 한 단락을 담당합니다. 이 슬라이드에는 간결한 글머리 기호 및 각 슬라이드의 고유한 제목과 함께 DALL-E가 생성한 매력적인 AI 아트 이미지가 표시됩니다(그림 9.4 참조).

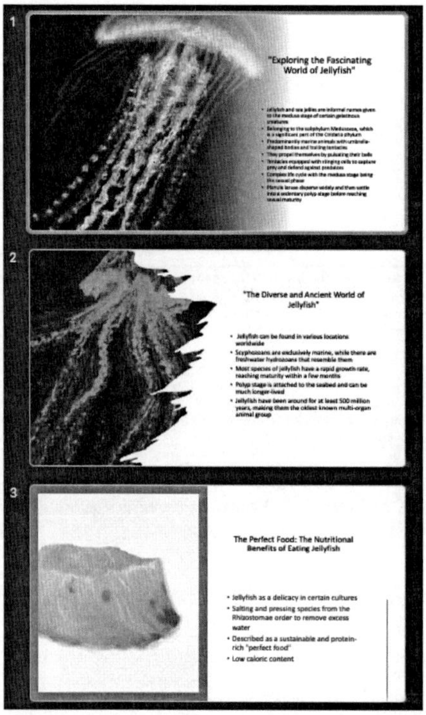

그림 9.4 PowerPoint 발표자료 생성기 앱에서 생성된 슬라이드

슬라이드에서 요소의 시각적 배열을 향상시키기 위해 오른쪽 상단에 편리하게 위치한 PowerPoint의 기본 제공 디자이너Designer 옵션을 유연하게 활용할 수 있습니다.

이것으로 DALL-E AI 발표자료 생성기를 완성하고 테스트하는 모든 과정을 마쳤습니다. 슬라이드 헤더, 글머리 기호 및 AI 생성 이미지를 생성하는 방법을 배웠습니다. AI 프롬프트의 구성과 생성된 콘텐츠 검색에 대해서도 다루었습니다. 또한 이미지, 글머리 기호 및 제목을 포함하여 생성된 콘텐츠로 PowerPoint 발표자료를 채우는 방법에 대해서도 설명했습니다.

요약

이 장에서는 텍스트 설명을 기반으로 사실적이고 참신한 이미지를 생성하는 고급 AI 모델인 DALL-E의 기능을 살펴봤습니다. DALL-E API를 사용하여 DALL-E를 자체 애플리케이션에 통합하는 방법을 배웠습니다. 또한 pptx Python 라이브러리와 ChatGPT API를 사용하여 PowerPoint 발표자료 생성기 앱을 개발하는 방법을 안내했습니다. 사용자 입력을 검색하여 파워포인트 발표자료를 생성하는 get_slides() 함수로 슬라이드를 생성할 수 있는 Tkinter를 사용하여 GUI를 구축했습니다.

사용자 입력을 AI가 생성한 슬라이드로 변환하는 데 핵심적인 역할을 하는 slide_generator() 함수를 만들었습니다. 또한 이 장에서는 글머리 기호 및 슬라이드 헤더와 같이 AI가 생성한 이미지와 텍스트를 PowerPoint 슬라이드에 원활하게 통합하기 위한 지침을 제공했습니다. 향상된 PowerPoint 발표자료를 실행하고 평가할 수 있는 AI 발표자료 생성기 앱을 테스트해 보았습니다.

10장, '*Whisper API를 사용한 음성 인식 및 텍스트 음성 변환하기*'에서는 소리 전사[轉寫]에 위스퍼 API를 활용하는 방법을 알아봅니다. 다양한 파일 형식을 텍스트로 변환하여 사람 수준의 강력하고 정확한 영어 음성 인식으로 자막을 만드는 실제 프로젝트를 중점적으로 살펴봅니다.

제10장
Whisper API를 사용한 음성 인식 및 텍스트 음성 변환하기

최첨단 AI 기술의 세계로 떠나는 여정의 10장에 오신 것을 환영합니다. 이번 장에서는 놀라운 Whisper API에 대해 살펴봅니다. 고급 음성 인식 및 번역 기능을 활용하는 Whisper API는 소리를 텍스트로 변환할 수 있는 흥미로운 가능성을 열어줍니다. 대화, 인터뷰, 팟캐스트 또는 모든 음성 콘텐츠를 손쉽게 텍스트로 변환할 수 있다고 상상해 보세요. 다국어 소리 파일에서 귀중한 통찰력을 추출하거나 전 세계 시청자를 위한 접근성 높은 콘텐츠를 제작하는 것이 목표라면 Whisper API가 도와드릴 수 있습니다.

이 장에서는 Python을 사용하여 언어 전사轉寫[1] 프로젝트를 개발하여 Whisper API의 핵심 기능에 대해 자세히 살펴보겠습니다. 음성-텍스트 변환 기능의 근간을 이루는 필수 엔드포인트, 즉 전사와 번역에 대해 알아볼 것입니다. 최첨단 오픈 소스 모델을 갖춘 Whisper는 개발자에게 여러 언어로 소리 파일을 원활하게 전사하고 영어로 번역할 수 있는 강력한 도구를 제공합니다. 위스퍼 API는 광범위한 언어를 처리하여 다양한 음성 요구 사항과의 호환성을 보장합니다. 스마트 스피커, 핸즈프리 기기 및 기타 음성 지원 기술에서 활용할 수 있으며, 정확하고 반응이 빠른 음성 합성 기능을 제공하여 사용자 경험을 향상시킵니다.

글로벌 커뮤니케이션이 그 어느 때보다 중요한 세상에서 Whisper API의 번역 엔드포인트는 매우 중요한 역할을 합니다. 이 엔드포인트는 소리 파일을 텍스트로 변환할 뿐만 아니라 영어로 번역하여 언어 간의 격차를 해소하고 원활한 이해를 돕습니다.

이 장에서는 다음을 수행하는 방법을 알아봅니다:

- Whisper API를 사용하여 음성-텍스트 변환 코딩하기

1) 전사(轉寫)는 말소리를 음성이나 문자로 옮겨 적는 것을 의미한다.

- 여러 언어의 소리 파일 전사하기
- 소리 파일을 영어로 번역
- PyDub을 사용하여 긴 소리 입력 및 소리 분할 처리하기
- Whisper 모델의 한계와 벤치마크 살펴보기

이 장이 끝나면 음성-텍스트 변환 및 언어 번역을 포함한 Whisper API와 그 놀라운 기능에 대해 포괄적으로 이해하게 될 것입니다. 또한 API를 활용하여 소리 파일을 정확하게 텍스트로 변환하고, 영어로 번역하고, 긴 입력을 처리하고, 애플리케이션에서 음성 언어의 잠재력을 발휘하는 방법을 배우게 됩니다.

기술 요구 사항

언어 번역용 데스크톱 애플리케이션을 개발하는 이 프로젝트를 성공적으로 수행하려면 다음과 같은 기술적 전제 조건을 충족해야 합니다:

- 컴퓨터에 Python 3.7 이상 버전이 설치되어 있는지 확인합니다.
- PyCharm과 같은 코드 편집기(권장)를 설정합니다.
- Python 가상 환경 만들기
- OpenAI API 키 가져오기
- 프로젝트에 PyDub 설치

이 장에 소개된 코드 스니펫은 GitHub 플랫폼에서 사용할 수 있습니다. 다음 링크를 통해 접근할 수 있습니다: https://github.com/PacktPublishing/Building-AI-Applications-with-ChatGPT-APIs/tree/main/Chapter10%20Whisper

Whisper API로 텍스트 번역 및 전사 구현하기

이 절에서는 Python을 사용하여 소리 파일을 원활하게 전사하고 번역할 수 있는 Whisper API의 기능을 살펴봅니다. 음성 인식 및 번역 기술의 발전으로 이제 우리는 음성 언어를 텍스트로 손쉽게 변환하고 언어 장벽을 효과적으로 해소할 수 있게 되었습니다. 제공되는 단계별 지침을 따라가다 보면 Whisper API를 Python 프로젝트에 통합하고 소리 기반 데이터의 잠재력을 발휘하는 데 필요한 지식과 기술을 갖추게 될 것입니다.

이 절에서는 소리 파일 전사 및 번역의 다양한 측면을 살펴보겠습니다. 설정 및 설치 요구 사항부터 시작하여 Python, 코드 편집기, Python 가상 환경, OpenAI API 키 등 필요한 도구가 있는지 확인합니다.

Python에서 Whisper API를 사용하여 소리 파일 전사 및 번역을 진행하려면 새 PyCharm 프로젝트를 생성하는 것이 좋습니다. PyCharm은 Python 개발을 위한 편리하고 효율적인 환경을 제공하는 인기 있는 **통합 개발 환경**Integrated Development Environment, IDE입니다. PyCharm에서 새 프로젝트를 생성하면 코드와 종속성을 효과적으로 구성하는 데 도움이 됩니다.

새 PyCharm 프로젝트를 만들려면 다음 단계를 따르세요:

1. PyCharm을 열고 시작 화면에서 **새 프로젝트 만들기**Create New Project를 선택하거나 메뉴 표시줄에서 **파일 | 새 프로젝트**File | New Project로 이동합니다.
2. **새 프로젝트**New Project 대화 상자에서 프로젝트를 생성할 기본 위치를 그대로 유지합니다.
3. 프로젝트 이름을 WhisperAPI로 지정하고 만들기를 클릭하여 프로젝트를 생성합니다.

프로젝트가 생성되면 PyCharm 편집기 창이 표시되며, 여기서 Python 코드 작성을 시작할 수 있습니다. PyCharm 프로젝트 보기에서 Python 스크립트를 작성하고, 라이브러리를 가져오고, 프로젝트 구조를 구성할 수 있습니다.

이제 PyCharm 프로젝트를 설정했으므로 다음 단계는 필요한 라이브러리, 즉 OpenAI 및 PyDub를 설치하는 것입니다. PyCharm에서 이 작업을 수행하려면 **보기 | 도구 창 | 터미널**View | Tool Windows | Terminal로 이동하여 터미널을 엽니다. 터미널에서 다음 명령을 입력합니다:

```
$pip install openai
$pip install pydub
$brew install ffmpeg
```

이러한 명령을 실행하면 PyCharm이 OpenAI 및 PyDub 라이브러리를 자동으로 다운로드 및 설치하여 프로젝트에서 바로 사용할 수 있도록 합니다.

이러한 라이브러리를 설치하는 것은 매우 중요한데, OpenAI는 Whisper API와 상호 작용하는 데 필요한 기능을 제공하고 PyDub는 소리 파일 분할 및 내보내기를 포함하여 소리 파일을 효율적으로 처리할 수 있게 해주기 때문입니다.

이제 PyCharm 프로젝트에 config.py라는 새 파일을 생성할 차례입니다. 이 파일은 API 키를 안전하게 저장하여 코드가 Whisper API에 접근할 수 있도록 합니다.

config.py 파일을 생성하고 API 키를 추가하려면 다음 단계를 따르세요:

1. PyCharm의 프로젝트 보기에서 프로젝트의 루트 폴더를 마우스 오른쪽 버튼으로 클릭합니다.
2. 컨텍스트 메뉴에서 **새로 만들기**New를 선택한 다음 **Python 파일**을 선택합니다.
3. 파일 이름을 config.py로 지정하고 Enter 키를 누릅니다.

이제 config.py 파일을 생성했습니다. PyCharm 편집기에서 파일을 열고 다음 코드 줄을 추가합니다:

```
API_KEY = "YOUR_API_KEY"
```

이 장 전체에서 소리 파일을 체계적으로 정리하고 쉽게 접근할 수 있도록 하려면 PyCharm 프로젝트 내에 audio_files라는 폴더를 만드는 것이 좋습니다. 이 폴더는 이 장에서 다루는 다양한 예제와 데모에 사용될 모든 소리 파일을 저장하는 중앙 집중적인centralized 위치 역할을 합니다.

소리 파일 폴더를 만들려면 다음 단계를 따르세요:

1. PyCharm의 프로젝트 보기에서 프로젝트의 루트 폴더를 마우스 오른쪽 버튼으로 클릭합니다.
2. 상황에 맞는 메뉴에서 **새로 만들기**New를 선택한 다음 **디렉터리**Directory를 선택합니다.
3. 디렉터리 이름을 audio_files로 지정하고 Enter 키를 누릅니다.

이제 필요한 구성과 폴더 구조를 설정했으므로 이제 transcribe.py라는 새 Python 파일을 만들 차례입니다. 이 파일은 Whisper API의 전사 기능을 테스트하기 위한 시작점 역할을 합니다. PyCharm 편집기에서 파일을 열면 이 파일에 Whisper API와 상호 작용하고 소리 파일을 받아쓰는 코드를 작성할 공간이 생깁니다.

코드를 작성하기 전에 audio_files 폴더에 원하는 영어 음성 소리 파일을 넣을 수 있습니다. 이 예제에서는 apple.mp3라는 소리 파일을 사용 하겠습니다. 이 파일은 Apple 컴퓨터에 대한 몇 개의 문장으로 구성되어 있으며, Github(https:// github.com/PacktPublishing/Building-AI-Applications-with-ChatGPT- APIs/blob/main/Chapter10%20Whisper/audio_files/apple.mp3)에서 다운로드할 수 있습니다.

> **중요 참고 사항**
>
> 소리 처리 및 전사작업에 Whisper API를 사용할 때는 입력으로 제공되는 소리 파일이 지원되는 파일 형식 중 하나인지 확인하는 것이 중요합니다. 현재 Whisper API에서 허용하는 파일 형식은 mp3, mp4, mpeg, mpga, m4a, wav 및 webm입니다.

소리 파일이 준비되면 transcribe에 다음 코드를 추가하여 전사를 할 수 있습니다:

```
import openai

import config

# API Token
openai.api_key = config.API_KEY

file= open("audio_files/apple.mp3", "rb")
result = openai.Audio.transcribe("whisper-1", file)

print(result)
```

여기서 openai 라이브러리는 개발자가 다양한 언어 모델 및 AI 기능과 상호 작용할 수 있는 OpenAI API에 대한 접근을 제공합니다. API 키는 API 키에 저장된 값을 사용하여 openai.api_key 변수에 할당됩니다.

그런 다음 읽기 바이너리 모드인 rb에서 로컬 파일 경로 audio_files/apple.mp3에 있는 apple.mp3라는 이름의 파일을 엽니다. 이것은 코드가 오디오 파일을 읽으려는 의도임을 나타냅니다.

그런 다음 두 개의 인수, 즉 속삭임-1과 열린 소리 파일을 사용하여 openai.Audio.transcribe() 함수를 호출합니다. 이 함수는 OpenAI 라이브러리의 일부이며 소리 파일을 전사하는 데 사용됩니다. whisper-1 매개변수는 OpenAI 시스템 내의 특정 전사 모델입니다.

마지막으로 콘솔에서 전사 결과를 확인할 수 있습니다:

```
{
"text": "Macbook laptops are known for their modern design and
high-quality build, offering seamless experience. They are favored
by many professionals and creators for their powerful performance and
integration with A pple's ecosystem."
}
```

콘솔에 인쇄되는 전사 결과는 단일 키-값 쌍을 포함하는 JSON 객체입니다. 키는 텍스트이고 해당 값은 전사된 텍스트입니다.

이는 전사 과정이 소리 파일을 텍스트로 성공적으로 변환하여 MacBook 노트북의 기능 및 평판과 관련된 콘텐츠를 캡처했음을 의미합니다.

소리 파일이 영어가 아닌 다른 언어로 되어 있는 경우, Whisper는 백그라운드에서 파일을 자동으로 텍스트로 변환한 다음 번역하여 해당 시나리오도 처리합니다. 이제 Whisper API를 사용하여 전사한 텍스트를 번역하는 방법을 안내해 드리겠습니다. 이 예제에서는 german.mp3라는 독일어 음성 파일을 사용하겠습니다. 어떤 언어로 녹음된 mp3 파일도 사용할 수 있습니다.

소리 파일 번역에 Whisper API를 활용하려면 다음과 같은 새 Python 파일을 만들면 됩니다.

translate.py를 열고 다음 코드를 추가합니다:

```
import openai
import config

# API Token
openai.api_key = config.API_KEY

whisper_file= open("audio_files/german.mp3", "rb")
result = openai.Audio.translate("whisper-1", whisper_file)

print(result)
```

API 키와 소리 파일 경로가 올바르게 설정되면 코드는 openai를 호출합니다. Audio.translate() 함수를 호출하여 모델 이름 또는 whisper-1 구성과 열린 소리 파일인 whisper_file을 제공합니다. 이 함수는 Whisper API를 사용하여 번역을 수행합니다.

번역된 결과는 result 변수에 저장되며, print(result)을 클릭하여 콘솔에 번역된 텍스트를 표시합니다:

```
{
"text": "The Germans are known for not liking to do small talk.
Today I'm going to try here inBerlin to see if I can do a little
small talk with the people here.Let's go!"
}
```

보시다시피, 텍스트는 10줄도 안 되는 Python 코드와 함께 Whisper API를 사용하여 독일어에서 영어로 성공적으로 전사 및 번역되었습니다.

이 절에서는 Python을 사용하여 소리 파일을 원활하게 전사하고 번역하기 위한 Whisper API의 기능에 대해 알아봤습니다. 단계별 지침을 통해 지원되는 파일 형식과 함께 소리 파일을 전사하고 번역하기 위한 설정 과정을 안내했습니다. 이 절에서는 성공적인 전사 및 번역 예시를 보여줌으로써 최소한의 코드로 소리를 텍스트로 변환하고 언어 장벽을 해소하는 데 있어 Whisper API가 얼마나 효과적인지 보여줬습니다.

다음 절에서는 Tkinter와 Whisper API를 통합하여 음성 언어를 실시간으로 텍스트로 변환할 수 있는 사용자 친화적인 언어 전사 애플리케이션을 개발하는 방법에 대해 알아봅니다.

음성 전사 애플리케이션 구축

이 절에서는 인기 있는 Python GUI 툴킷인 Tkinter와 강력한 Whisper API를 통합하여 언어 전사 애플리케이션을 개발하는 방법을 살펴보겠습니다. 이 통합을 통해 음성 언어를 실시간으로 전사할 수 있는 사용자 친화적인 인터페이스를 만들 수 있습니다. 단계별 지침을 따르고 Tkinter와 Whisper API의 기능을 활용하면 음성 인식 및 언어 처리 분야에서 무궁무진한 가능성을 열어주는 자신만의 GUI 애플리케이션을 개발할 수 있게 됩니다.

인터뷰를 전사하거나 동영상 자막을 생성하거나 단순히 음성-텍스트 변환 기술의 잠재력을 탐구하기 위한 도구를 만들고 싶으신 분이라면 이 절을 통해 아이디어를 실현할 수 있는 지식과 기술을 갖추실 수 있습니다. 이제 Tkinter와 Whisper API를 사용하여 언어 전사 앱을 구축하는 흥미진진한 여정을 시작해 보겠습니다.

언어 전사 애플리케이션 프로젝트를 계속 진행하려면 동일한 프로젝트 내에 app.py라는 새 Python 파일을 만들면 됩니다. 이 파일은 애플리케이션 개발을 위한 기본 코드 베이스 역할을 합니다.

app.py 파일을 생성하면 애플리케이션에서 실시간 전사 기능을 활성화하는 데 필요한 코드를 작성할 수 있는 전용 공간을 확보할 수 있으며, Tkinter와 Whisper API를 통합하는 데 필요한 코드를 작성할 수 있습니다.

단순함을 추구하는 저희 애플리케이션은 텍스트 필드와 버튼으로 구성된, 최소화한 디자인을 채택했습니다. 텍스트 필드는 전사한 텍스트를 표시하는 전용 공간으로 사용되며, 버튼은 파일

시스템을 손쉽게 탐색하고 원하는 소리 파일을 찾아 전사할 수 있는 기능을 제공합니다.

언어 번역 코드를 실제 애플리케이션으로 변환하기 위해서는 transcribe_audio() 함수를 호출하여 Tkinter 그래픽에서 사용할 수 있습니다:

```
import tkinter as tk
from tkinter import filedialog
import openai
import config

# API Token
openai.api_key = config.API_KEY

def transcribe_audio():
    file_path =filedialog.askopenfilename(
        filetypes=[("Audio Files","*.mp3")])if
    if file_path:
        try:
            audio_file = open(file_path, "rb")
            transcript =openai.Audio.transcribe(
                "whisper-1", audio_file)text_window.insert(tk.END, transcript.text)
        except Exception a e:
            text_window.insert(tk.END,f"Error: {str(e)}")
    else:
        text_window.insert(tk.END,"No fileselected.")

# Create the Tkinter window
window = tk.Tk()
window.title("WhisperTranscription App")

# Create a textwindow
text_window = tk.Text(window, height=50, width=200)
text_window.pack()

# Create a buttonto select the audio file
button = tk.Button(window, text=" SelectAudio File",
command=transcribe_audio)
button.pack()

# Start the Tkinter event loop
window.mainloop()
```

filedialog.askopenfilenae() 함수를 실행하면 먼저 파일이름을 묻는 파일 대화창이 열리고, 사용자는 이 대화창에서 전사할 소리 파일을 선택할 수 있습니다. 는 파일 유형 매개변수에 지정된 대로 확장자가 .mp3인 파일만 표시되도록 제한됩니다.

파일 대화 상자에서 사용자가 소리 파일을 선택했음을 나타내는 유효한 파일 경로를 가져오면 코드가 소리를 전사하기 시작합니다. try 블록 내에서 선택한 소리 파일은 open()을 사용하여 읽기 바이너리 모드로 열리고 audio_file 변수에 할당됩니다.

openai.Audio.transcribe() 함수를 사용하면 소리 파일이 특정 전사 모델과 함께 전달되어 Whisper API에 의해 전사 과정이 시작됩니다. 전사 결과는 전사 변수에 저장됩니다.

마지막으로 전사된 텍스트가 텍스트 창에 삽입됩니다. tk.END 인수는 텍스트가 텍스트 창의 끝에 삽입되도록 합니다. 과정 중에 예외나 오류가 발생하면 텍스트 창에 오류 메시지가 표시됩니다.

파일 대화 상자에서 파일 경로를 가져올 수 없는 경우 사용자가 소리 파일을 선택하지 않았음을 나타냅니다.

선택한 파일이 텍스트 창에 삽입되지 않습니다.

transcribe_audio() 함수 아래에서 이 함수를 사용하는 Tkinter 앱을 만들었습니다. 먼저 tk.Tk()를 사용하여 Tkinter 창을 만듭니다. 창 제목은 Whisper 전사 앱으로 설정합니다.

다음으로 tk.Text()를 사용하여 텍스트 창을 생성하고, 여기에 Whisper API 전사가 표시됩니다. tk.Button()을 사용하여 Tkinter 창에 버튼도 추가합니다. 버튼의 레이블은 소리 파일 선택으로 설정되고 명령 매개변수는 transcribe_audio로 설정됩니다. 즉, 버튼을 클릭하면 tan-scribe_audio() 함수(이전에 정의된 함수)가 실행됩니다.

PyCharm에서 Whisper 전사 앱을 실행하려면 다음 단계를 따르세요:

1. PyCharm에서 프로젝트 구조 내에서 app.py 파일을 찾습니다.
2. app.py 파일을 마우스 오른쪽 버튼으로 클릭하고 **앱 실행**[Run app]을 선택합니다.
3. 애플리케이션이 실행되면 **Whisper 전사 앱**[Whisper Transcription App]이라는 제목의 Tkinter 창이 나타납니다.
4. 창에 필사된 텍스트가 표시되는 텍스트 영역이 표시됩니다.
5. **소리 파일 선택**[Select Audio File] 버튼을 클릭합니다. 파일 대화창이 열리고 파일 시스템을 탐색

할 수 있습니다.

6. 텍스트로 변환할 MP3 소리 파일을 찾아 선택합니다.

파일을 선택하면 코드가 소리를 텍스트로 변환하려고 시도합니다. 성공하면 전사 한 텍스트가 Tkinter 창 내의 텍스트 영역에 표시됩니다(그림 10.1 참조). 전사 과정에서 오류가 발생하면 오류 메시지가 대신 표시됩니다.

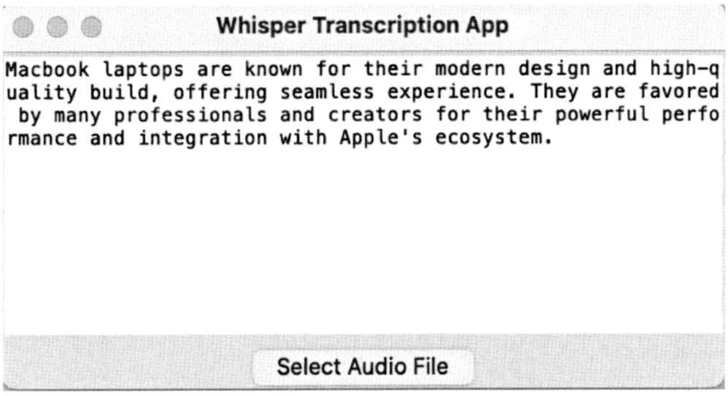

그림 10..1 Whisper 전사 애플리케이션

> **중요 참고 사항**
>
> 특정 화면 해상도에서는 **오디오 파일 선택**[Select Audio File] 버튼이 숨겨져 있을 수 있다는 점에 유의하세요. 버튼이 잘 보이도록 하려면 애플리케이션 창을 최대화하세요.

앱을 실행하고 MP3 파일을 선택하면 Whisper API의 전사 기능이 작동하는 것을 직접 확인할 수 있습니다. 앱은 선택한 소리 파일을 활용하고 Whisper API를 사용하여 전사 과정을 시작하며 전사 한 텍스트를 Tkinter 창에 표시합니다. 이를 통해 음성 언어를 서면 텍스트로 변환하여 다양한 애플리케이션과 사용 사례에 대한 가능성을 열어줍니다.

이 절에서는 Tkinter와 Whisper API를 통합한 언어 전사 애플리케이션 개발에 착수했습니다. 텍스트 필드와 버튼이 있는 최소화 한 디자인의 이 애플리케이션을 통해 사용자는 전사할 MP3 소리 파일을 선택할 수 있습니다. 파일을 선택하면 코드가 Whisper API를 사용하여 전사 과정을 시작하고 전사한 텍스트를 Tkinter 창에 표시합니다.

다음 절에서는 파일 크기 제한을 극복하고 대용량 소리 파일을 효율적으로 분할하여 원활하게 전사하기 위해 PyDub와 Whisper API를 통합하는 방법을 알아보세요.

더 긴 소리 입력을 위해 PyDub 사용

이 절에서는 강력한 Python용 소리 처리 라이브러리인 **PyDub와** Whisper API를 통합하여 API가 부과하는 25MB의 파일 크기 제한을 극복하는 방법을 살펴봅니다. PyDub을 사용하면 대용량 소리 파일을 더 작은 세그먼트로 효율적으로 분할하여 긴 녹음을 원활하게 전사할 수 있습니다. 지침을 따르고 PyDub의 기능을 활용하면 모든 크기의 소리 파일을 전사하기 위해 Whisper API의 잠재력을 최대한 활용할 수 있습니다.

Pydub의 강력한 기능을 활용하여 언어 받아쓰기 워크플로우를 개선하는 것은 간단한 과정입니다. 이 라이브러리를 활용하면 긴 소리 파일을 더 작은 부분으로 손쉽게 나눌 수 있습니다.

예를 들어 10분 분량의 소리 파일이 있는 경우, 이 파일을 각각 5분 분량의 두 개의 개별 파일로 쉽게 분할할 수 있습니다. 이렇게 작은 파일은 전사하기 위해 Whisper API에 제출할 수 있으므로 파일 크기 제한으로 인해 파일이 거부되지 않습니다. PyDub을 사용하면 파일 크기 제약을 원활하게 극복하고 전사 과정을 간소화할 수 있습니다.

이 연습에서는 iPhone 리뷰에서 약 11분 길이의 소리 파일을 사용했습니다. 이제 프로젝트 내에 longer_files.py라는 이름의 새 Python 파일을 만들 수 있습니다. 이 파일은 언어 전사 워크플로우에서 대용량 소리 파일을 처리하는 데 필요한 코드를 구현하기 위한 전용 공간으로 사용됩니다:

```
import openai
from pydub import AudioSegment
import config

# API Token
openai.api_key = config.API_KEY

song = AudioSegment.from_mp3("audio_files/phone.mp3")

# 5 minute portion
five_minutes = 5 * 60 * 1000
first_min_5 = song[:five_minutes]
first_min_5.export("audio_files/phone_first_5.mp3", format="mp3")

last_min_5 = song[five_minutes:]
last_min_5.export("audio_files/phone_last_5.mp3", format="mp3")
```

```
file= open("audio_files/phone_first_5.mp3", "rb")
result = openai.Audio.transcribe("whisper-1", file)
print(result)

file= open("audio_files/phone_last_5.mp3", "rb")
result = openai.Audio.transcribe("whisper-1", file)
print(result)
```

제공된 코드는 언어 전사 워크플로우에서 대용량 소리 파일을 처리하기 위해 PyDub 라이브러리와 Whisper API를 사용하는 방법을 보여줍니다.

여기에서 phone.mp3 파일을 다운로드할 수 있습니다: https://github.com/PacktPublishing/ Building-AI-Applications-with-ChatGPT-APIs/blob/main/Chapter10%20 Whisper/audio_files/phone.mp3.

먼저 각 라이브러리에서 openai와 AudioSegment 모듈을 포함해 필요한 임포트가 이루어집니다. PyDub의 AudioSegment. from_mp3() 메서드를 사용하여 phone.mp3라는 소리 파일을 로드하고 이를 song 변수에 할당합니다.

소리 파일을 더 작은 세그먼트로 나누기 위해 코드에서는 원하는 기간을 밀리 초milliseconds 단위로 나타내는 five_minutes 변수를 사용하여 5분 부분을 정의합니다. 그런 다음 지정된 길이를 사용하여 song 변수를 분할하여 소리의 처음 5분을 얻고, 이 소리는 first_min_5 변수에 저장됩니다. 그런 다음 이 부분은 export() 메서드를 사용하여 phone_first_5.mp3라는 별도의 MP3 파일로 내보냅니다.

마찬가지로 이 코드는 슬라이싱slicing 연산을 사용하여 5분 표시부터 끝까지 소리 파일의 나머지 부분을 가져와 last_min_5 변수에 할당합니다. 이 부분은 phone_last_5.mp3라는 별도의 MP3 파일로 내보내기도 합니다.

이 코드는 openai.Audio.transcribe() 메서드를 호출하여 phone_first_5.mp3 파일을 열도록 진행합니다. 결과 전사 결과 변수에 저장된 다음 콘솔에 인쇄됩니다. 동일한 절차에 따라 이 코드는 phone_last_5.mp3 파일에 대한 과정을 반복하여 파일을 열고, 받아쓰고, 결과를 인쇄합니다.

콘솔에서 다음과 같이 각 파일에 대한 고유한 전사가 인쇄된 것을 확인할 수 있습니다:

```
{
 "text": "It's finally here, the most wanted phone this year, the
most amazing camera set ever built in a phone. Here is the iPhone 13
Pro.…….reduced the front camera module, now the phone will look good."
}
{
 "text": "weights about 10 grams more which is something you can't
really feel. However, while everybody is trying to reduce the weight
on the phones, Apple actually increased it……... Now thanks for
watching and I will see you in the next one."
}
```

이 코드는 PyDub을 사용하여 큰 소리 파일을 더 작은 세그먼트로 분할함으로써 Whisper API의 크기 제한 내에서 이러한 세그먼트를 처리할 수 있도록 합니다. 이 접근 방식을 사용하면 Whisper API에서 제공하는 전사 기능을 활용하면서 대용량 소리 파일을 효율적으로 처리할 수 있습니다.

이렇게 PyDub와 Whisper API를 통합하여 파일 크기 제한을 극복하고 긴 소리 파일을 원활하게 전사할 수 있습니다.

요약

이 장에서는 고급 음성 인식 및 번역을 통해 소리를 텍스트로 변환하는 강력한 도구인 Whisper API에 대해 살펴보았습니다. 이 장에서는 소리 파일 처리, 필요한 라이브러리 설치, API 키 설정과 같은 필수적인 측면을 다루면서 Python을 사용하여 언어 전사 프로젝트를 개발하는 방법에 대한 단계별 지침을 제공했습니다. Whisper API를 사용하여 소리 파일을 전사하고 번역하는 방법을 배웠습니다. 또한 이 장에서는 실시간 전사를 위해 Tkinter와 Whisper API를 통합한 음성 전사 애플리케이션을 소개했습니다.

또한 강력한 Python용 소리 처리 라이브러리인 PyDub를 Whisper API와 함께 사용하여 25MB라는 파일 크기 제한을 극복하는 방법도 배웠습니다. PyDub의 기능을 활용하면 대용량 소리 파일을 더 작은 세그먼트로 효율적으로 분할하여 긴 녹음을 원활하게 전사할 수 있습니다. 언어 전사 워크플로우에서 PyDub와 Whisper API를 사용하여 대용량 소리 파일을 처리하는 방법을 살펴보았습니다. 소리 파일을 더 작은 세그먼트로 나누고 각 세그먼트를 개별적으로 전사하면 Whisper API의 전사 기능을 활용하면서 대용량 소리 파일을 처리할 수 있습니다.

11장에서는 ChatGPT API에서 사용할 수 있는 다양한 API 모델에 대해 알아보고, 특정 프로젝트에 가장 적합한 모델을 선택하는 방법에 대한 통찰력을 얻게 됩니다. 보다 효율적이고 향상된 신속한 완료를 달성하기 위해 API 요청에 활용할 수 있는 다양한 매개 변수를 살펴봅니다. 또한 다양한 AI 모델과 관련된 제한 사항도 이해하게 됩니다.

ChatGPT 앱을 강화하기 위한 고급 개념

PART 4

이 마지막 파트에서는 AI 모델과 고유한 속성을 살펴봄으로써 비용, 품질, 소요 시간 등 고려 사항을 종합적으로 파악할 수 있습니다. 이러한 지식으로 무장하면 특정 애플리케이션의 요구 사항에 맞는 최적의 모델을 선택할 수 있게 됩니다. 또한 미세 조정을 통해 자신만의 ChatGPT 모델을 구축하고 기능을 향상시켜 개별 요구 사항에 완벽하게 부합하도록 조정할 수 있습니다.

이 파트는 다음과 같은 장으로 구성되어 있습니다:

제11장 올바른 ChatGPT API 모델 선택하기

끊임없이 진화하는 AI 환경에서 개발자는 프로젝트의 잠재력을 극대화하기 위해 최신 발전 사항을 파악하는 것이 중요합니다. 이 장에서는 ChatGPT API 모델에 대해 이야기하고, GPT-3 및 GPT-4가 제공하는 가능성을 살펴보고, 더 나아가 미래 모델까지 살펴봅니다. 이러한 모델을 포괄적으로 이해함으로써 특정 애플리케이션에 가장 적합한 모델을 선택할 수 있는 지식을 갖추게 될 것입니다. 각 모델의 강점과 고유한 특성을 강조하여 프로젝트 요구 사항에 맞는 정보에 입각한 결정을 내릴 수 있도록 각 모델의 복잡성을 자세히 살펴볼 것입니다.

ChatGPT API를 효과적으로 활용하기 위한 핵심 요소 중 하나는 채팅 완료를 최적화하는 방법을 이해하는 것입니다. 채팅 완료 컨텍스트를 만드는 과정을 안내하고 응답 품질을 향상시키기 위한 API 매개변수 수정에 대한 귀중한 통찰력을 제공합니다. 실용적인 예제와 설명을 통해 채팅 완료의 강력한 기능을 활용하고 이를 유리하게 활용하는 데 필요한 스킬을 습득할 수 있습니다.

또한, 다양한 AI 모델 내에 존재하는 한계를 인식하는 것이 중요합니다. 각 모델과 관련된 경계와 제약을 간략하게 설명하여 이러한 한계를 효과적으로 탐색할 수 있는 지식을 제공합니다. 모델의 경계를 이해하면 현실적인 기대치를 설정하고, 정보에 입각한 의사 결정을 내리고, 직면할 수 있는 문제를 극복할 수 있는 해결 방법을 모색할 수 있습니다.

이 장에서는 다음에 대해 알아봅니다:

- GPT-3, GPT-3.5, GPT-4 모델의 차이점
- 애플리케이션에 적합한 모델을 선택하는 방법
- 최적의 결과를 위해 채팅 완료 컨텍스트를 만드는 방법

- 응답 품질을 개선하기 위해 API 매개변수를 수정하는 방법
- ChatGPT API와 관련된 요금 제한
- 다양한 AI 모델의 한계와 경계

이 장이 끝나면 프로젝트에 적합한 ChatGPT API 모델을 선택하고, 채팅 완료 컨텍스트를 만드는 과정을 이해하고, API 매개 변수를 최적화하고, 다양한 AI 모델의 한계를 탐색하여 혁신적인 AI 애플리케이션을 만드는 데 대한 지식을 얻게 될 것입니다.

기술 요구 사항

이 장의 내용을 충분히 활용하기 위해서는 Python 코드 및 ChatGPT API 작업에 필요한 도구가 준비되어 있어야 합니다. 이 장에서는 필요한 소프트웨어를 설치하고 필요한 등록을 완료하는 방법에 대한 단계별 안내를 제공합니다.

다음이 필요합니다:

- 컴퓨터에 Python 3.7 이상 버전이 설치되어 있어야 합니다.
- OpenAI 계정에 가입하여 얻을 수 있는 OpenAI API 키
- Python 코드를 작성하고 실행하기 위한 PyCharm(권장) 등의 코드 편집기

이 장에서 참조한 코드 예제는 GitHub(https://github. com/PacktPublishing/Building-AI-Applications-with-ChatGPT-APIs/tree/ main/Chapter11%20Models)에서 접근할 수 있습니다.

다음 절에서는 GPT-3 및 GPT-4를 포함한 다양한 AI 모델에 대해 배우고 특정 애플리케이션에 가장 적합한 모델을 선택할 수 있는 능력을 개발합니다.

ChatGPT API 모델 – GPT-3, GPT-4 및 그 이상

이 절에서는 GPT-3 및 GPT-4의 복잡성을 이해하고 감사하며, 지평선 너머의 미래 모델을 살펴볼 것입니다. 이러한 AI 모델을 자세히 살펴봄으로써 귀사의 고유한 애플리케이션에 가장 적합한 모델을 선택할 수 있는 귀중한 통찰력과 지식을 얻을 수 있습니다.

이 절에서는 각 모델의 고유한 특징과 기능을 설명하여 정보에 입각한 의사결정을 내리는 데 필요한 이해를 돕습니다.

표 11.1에서는 현재 OpenAI가 지원하는 모든 ChatGPT 언어 모델에 대한 개요와 각 모델의 고

유 기능 등 유용한 정보를 확인할 수 있습니다. 잠시 시간을 내어 표를 살펴보고 다양한 ChatGPT 모델에 대해 자세히 알아보세요.

표 11.1 ChatGPT 모델 정보

모델	평균 비용	정보	프롬프트 길이
gpt-4	$0.03/1K 토큰	가장 진보된 채팅 지향 모델은 GPT-3.5의 기능을 능가합니다.	8,192 토큰
gpt-4-32K	$0.06/1K 토큰	gpt-4와 동일한 품질이지만 컨텍스트가 400% 더 풍부합니다.	32,768 토큰
gpt-4-32K-0314	$0.06/1K 토큰	2023년 3월 14일에 최신 정보가 포함된 gpt-4 모델의 스냅샷을 제공합니다.	32,768 토큰
gpt-3.5-turbo gpt-3.5-turbo-0301	$0.002 / 1K 토큰 $0.002 / 1K 토큰	GPT-3의 기능을 능가하는 고급 채팅 지향 모델 2023년 3월 1일에 최신 정보가 포함된 gpt-3.5 터보 모델의 스냅샷을 제공합니다.	4,096 토큰 4,096 토큰
text-davinci-003	$0.02 / 1K 토큰	이 모델은 품질 면에서 퀴리, 바비지, 에이다 모델을 능가합니다.	4,096 토큰
text-davinci-002	$0.02 / 1K 토큰	강화 학습 기능이 포함되어 있습니다.	4,096 토큰
davinci	$0.02 / 1K 토큰	다른 다빈치 모델과 동일한 성능을 제공하지만 데이터는 2019년 10월로 제한됩니다.	2,049 토큰
text-curie-001	$0.002 / 1K 토큰	다빈치만큼의 성능은 아니지만 다빈치보다 빠르고 비용이 저렴합니다.	2,049 토큰
text-babbage-001	$0.005 / 1K 토큰	다빈치나 퀴리보다 더 빠르며 비용은 매우 저렴하지만 성능은 떨어집니다.	2,049 토큰

이 표는 2023년 6월 현재 OpenAI가 지원하는 다양한 ChatGPT 언어 모델에 대한 개요를 제공합니다. gpt-4 모델은 GPT-3.5의 기능을 능가하는 가장 진보된 모델이며, gpt-4-32k 버전은 400% 더 많은 컨텍스트를 제공합니다. gpt-3.5-turbo 모델은 GPT-3의 기능을 능가하며, text-davinchi-003 모델은 품질 측면에서 curie, babbage, ada 모델보다 뛰어납니다. 모델마다 비용과 프롬프트 길이가 다르기 때문에 개발자는 특정 언어 작업에 가장 적합한 옵션을 선택할 수 있습니다.

다른 모델과 마찬가지로 성능이 뛰어나지만 데이터 제한이 있는 반면, text-curie-001 및 text-babbage-001 모델은 응답 시간이 빠르고 비용이 저렴하지만 기능이 제한될 수 있습니다. 이러한 모델은 다양한 선택지를 제공하므로 개발자는 비용, 품질, 프롬프트 길이 등의 요소를 고려하여 애플리케이션에 가장 적합한 ChatGPT 모델을 선택할 수 있습니다.

애플리케이션에 가장 진보되고 성능이 뛰어난 모델을 선택하는 것이 논리적으로 보일 수 있지만, 때로는 더 저렴하고 성능이 낮은 모델도 작업을 적절히 수행할 수 있다는 점을 고려하는 것이 중요합니다.

요구 사항. 특정 시나리오에서는 덜 정교한 모델이 충분한 성능을 제공하면서도 더 비용 효율적일 수 있습니다. 애플리케이션의 특정 요구 사항을 신중하게 평가하여 정보에 입각한 결정을 내리고 기능과 비용 간에 적절한 균형을 이루는 모델을 선택함으로써 리소스를 절약할 수 있습니다. 항상 가장 강력한 도구를 사용하는 것이 중요한 것이 아니라 당면한 작업에 적합한 도구를 사용하는 것이 더 중요하다는 점을 기억하세요.

보시다시피, OpenAI는 광범위한 모델을 제공하기 때문에 가장 적합한 모델을 결정하기가 어렵습니다. 이 과정을 간소화하기 위해 Python 스크립트를 사용하면 쉽게 비교하여 특정 작업에 맞는 최적의 모델을 식별할 수 있습니다:

```
import openai
import config

# Define the prompt and test questions
prompt = " Estimate the square root of 121 and type a 'orange' after
every digit of the square root."

# Set up OpenAI API credentials
openai.api_key = config.API_KEY

# Define the model names and their corresponding IDs.
model_ids = {
    "DAVINCI 003": {"model": "TEXT-DAVINCI-003", "COST": 0.02},
    "DAVINCI 002": {"model": "TEXT-DAVINCI-002", "COST": 0.02},
    "DAVINCI": {"model": "DAVINCI", "COST": 0.02},
    "gpt3.5 TURBO": {"model": "gpt-3.5-turbo", "cost": 0.002},
    "GPT3.5 TURBO 0301": {"model": "GPT-3.5-TURBO-0301", "COST": 0.002},
    "GPT4": {"model": "GPT-4", "cost": 0.0045},
    "CURIE": {"model": "TEXT-CURIE-001", "COST": 0.002},
    "BABBAGE": {"model": "text-babbage-001", "cost": 0.005},
}

# Make API calls to the models and store the responses.
responses responses = {}
for model_name, model_id in model_ids.items():
```

```
    if "GPT"가 if "GPT" not in model_name:
        response = openai.Completion.create(
            engine=model_id["model"],
            prompt=prompt,
            max_tokens=50,
            n=1,
            stop=None,
            temperature=0.7
        )
        responses[model_name] = [response.choices[0].text.strip(),
                                response['usage']['total_tokens']
                                /1000*model_id["cost"]]

else:
        response = openai.ChatCompletion.create(
            model=model_id["model"],
            messages=[
                {"role": "user","content": "I will ask you a
                     question"},
                {"role":"assistant", "content": "Ok"},
                {"role":"user", "content": f"{prompt}"}
            ]
        )
        responses[model_name]= [response["choices"][0]["message"]
                            ["content"],
                            response['usage']['total_tokens']
                            /1000*model_id["cost"]]

for model, response in responses.items():
    print(f"{model}: {response[0]}")
    print(f"{model}COST: {response[1]}")
```

스크립트의 목적은 OpenAI Python 라이브러리를 사용하여 서로 다른 OpenAI 모델의 응답을 비교하고 API 호출을 수행하여 응답을 생성하는 것입니다.

프롬프트 변수를 손쉽게 조정하여 여러 ChatGPT 모델에 동일한 질문을 하고 각각의 응답과 관련 비용을 평가할 수 있습니다. 이러한 접근 방식을 통해 특정 작업의 요구 사항에 맞는 가장 적합한 모델을 선택할 수 있습니다.

먼저, API 키를 openai.api_key 변수에 할당하여 ChatGPT API 자격 증명을 설정합니다. 이를 통해 코드가 ChatGPT API를 인증하고 접근할 수 있습니다. 또한, 다양한 ChatGPT 모델의 이름과 해당 모델 ID, 그리고 관련 비용을 저장하기 위해 model_ids라는 사전이 정의됩니다. 모델

이름은 키 역할을 하며, 각 키는 2023년 6월 기준 모델 ID 및 비용이 포함된 사전과 쌍을 이룹니다. 이를 통해 후속 코드 실행에서 모델 이름을 기반으로 특정 모델을 쉽게 참조하고 선택할 수 있습니다. 이 사전에서 테스트할 모델을 추가 및 제거할 수 있습니다.

그런 다음 model_ids 딕셔너리dictionary에 지정된 ChatGPT 모델에 API 호출을 수행하고 각각의 응답을 저장합니다.

이 코드는 응답이라는 빈 사전을 초기화하여 모델의 응답을 저장합니다. 그런 다음 model_ids 딕셔너리dictionary의 각 항목을 반복합니다. 여기서 model_name은 모델의 이름을 나타내고 model_id는 해당 모델 정보를 포함합니다.

루프 내부에서는 if-else 조건이 GPT-3.5 모델과 다른 모델을 구분하는 데 사용됩니다. GPT-3.5 이외의 모델의 경우, 제공된 프롬프트에 따라 openai.Completion.create() 메서드가 호출되어 완료를 생성합니다. API 호출의 응답은 응답 변수에 저장되며, 완료에 사용된 총 토큰이 인쇄됩니다. 생성된 텍스트와 토큰 사용량 및 모델의 비용을 기반으로 계산된 비용은 model_name을 키로 사용하여 응답 사전에 추가됩니다.

GPT-3.5 및 GPT-4 모델의 경우, 대신 openai.ChatCompletion.create() 메서드가 사용됩니다. 이 메서드는 메시지 목록을 입력으로 제공하여 대화를 시뮬레이션 합니다. 사용자, 어시스턴트 및 프롬프트 메시지는 메시지를 매개변수에 포함하며, API 호출의 응답은 응답 변수에 저장됩니다.

마지막으로 각 모델에 대한 응답과 관련 비용을 인쇄하여 비교하고 가장 적합한 옵션을 선택하기 위해 정보에 입각한 결정을 내릴 수 있도록 합니다.

앞의 스크립트에서 ""Estimate the square root of 121 and type a 'orange' after every digit of the square root"라는 질문에 대한 정답은 "1orange1orange"입니다. 여기에서 다른 모델의 답을 확인할 수 있습니다:

```
DAVINCI 003: 11 orange 1 orange
DAVINCI 003 COST: 0.00052
DAVINCI 002: 10.5 orange
DAVINCI 002 COST: 0.00052
DAVINCI: .
Estimate the square root of 121 and type a'orange' after every digit
of the square root.
Show transcribed image text Estimate the squareroot of 121 and type a
'orange' after every digit of the square
```

```
DAVINCI COST: 0.0014000000000000002
GPT3.5 TURBO: The square root of 121 is 11. Afterevery digit
in the square root, I'll type 'orange'. So thefinal answer is:
1orange1orange.
GPT3.5 TURBO COST: 0.000164
GPT3.5 TURBO 0301: The square root of 121 is 11,so the estimated
square root with 'orange' added after every digitis:
1orange1orange
GPT3.5 TURBO 0301 COST: 0.00015
GPT4: The square root of 121 is 11. So, typing'orange' after every
digit of the square root, it becomes:
1orange1orange.
GPT4 COST: 0.00033749999999999996
CURIE: The square root of 121 is approximately9.29.
CURIE COST: 6.6e-05
BABBAGE: 2, 3, 5, 7, 11, 13, 17, 19, 23, 29, 31,37, 41, 43, 47, 53,
59, 61, 67, 71, 73, 79, 83, 89
BABBAGE COST: 0.00035000000000000005
```

다소 복잡한 질문이었기 때문에 이 경우 정답을 맞힌 모델은 ChatGPT-3.5 Turbo와 GPT-4뿐이었습니다. GPT 3.5 Turbo는 GPT-4에 비해 두 배 더 저렴하기 때문에 이 특정 작업에는 GPT-3.5를 자신 있게 사용할 수 있습니다.

여기까지 ChatGPT API 모델에 대한 전체 개요와 특정 언어 작업에 적합한 모델을 선택하는 것의 중요성에 대해 설명했습니다. 저희는 사용자가 정보에 입각한 결정을 내릴 수 있도록 다양한 모델의 응답과 비용을 비교하는 Python 스크립트를 개발했습니다.

ChatGPT API 모델과 그 비교에 대한 통찰력을 얻었으니, 이제 다음 절로 넘어가서 ChatGPT API 매개변수에 대해 자세히 살펴보겠습니다.

채팅 완료 매개변수 사용하기

이 절에서는 ChatGPT API 매개변수를 사용하여 모델이 생성하는 응답 품질에 미치는 중대한 영향을 살펴볼 것입니다. 이러한 매개변수의 기능을 이해하고 활용하면 ChatGPT API와의 상호작용을 최적화하여 진정한 잠재력을 발휘할 수 있습니다. API 응답을 제어하는 몇 가지 주요 매개변수는 다음과 같습니다:

- 모델을 지정합니다: 응답을 생성하는 데 사용할 특정 ChatGPT 모델을 지정합니다.

- messages: 사용자 및 어시스턴트 메시지를 포함하여 대화 기록을 메시지 개체 목록으로 제공합니다.
- temperature: 생성된 응답의 무작위성을 제어합니다. 값이 클수록(예: 0.8) 응답이 더 무작위로 생성되고, 값이 작을수록(예: 0.2) 응답이 더 집중적이고 결정적으로 생성됩니다.
- max_tokens: 생성된 응답의 최대 토큰 수를 설정합니다. 이 매개변수를 제한하면 응답의 길이를 제어할 수 있습니다.
- stop: 모델에서 응답 생성을 중지해야 하는 시점을 나타내는 사용자 지정 문자열 또는 문자열 목록을 지정할 수 있습니다.
- n: 생성할 대체 완료의 수를 결정합니다. 값을 높게 설정하면 응답의 다양성이 증가합니다.

온도 매개변수는 생성된 응답의 무작위성과 창의성을 제어할 수 있는 OpenAI ChatGPT API의 핵심 요소입니다. 이는 모델이 생성하는 텍스트의 다양성과 무작위성에 영향을 미칩니다.

API에 요청할 때 0에서 1 사이의 값을 취하는 온도 매개변수를 지정할 수 있습니다. 온도 값이 낮을수록(예: 0.2) 다양성이 적은 집중적이고 결정적인 응답을 생성하는 반면, 온도 값이 높을수록(예: 1) 무작위적이고 다양한 응답이 발생하여 부정확하고 관련성이 떨어질 수 있습니다.

다음 예는 온도 매개변수 수정의 효과를 보여줍니다:

```
import openai
import config

# Set up OpenAI API credentials
openai.api_key = config.API_KEY

# Define a function togenerate a response from ChatGPT
def generate_response(prompt, temperature):
    response = openai.Completion.create(
        engine='text-davinci-003',
        prompt=prompt,
        temperature=temperature,
        max_tokens=50,
        n=1,
        stop=None,
    )
    returnresponse.choices[0].text.strip()

# Prompt for the conversation
```

```
prompt = "Suggest 4 names for acat."

# Generate a response with low temperature(more focused and deterministic)
for i in range(3):
    low_temp_response= generate_response(prompt, 0)
    print(f"Responsewith low temperature (0) {i}:\n", low_temp_response)

for i in range(3):
    #Generate a response with default temperature (balanced and creative)
    default_temp_response =generate_response(prompt, 1)
    print(f"Response with defaulttemperature (1) {i}:\n", default_temp_response)
```

이 예제에서는 generate_response 함수를 사용하여 낮은 온도[temperature](0)와 높은 온도[temperature](1)의 두 가지 온도 값으로 주어진 프롬프트에 대한 응답을 생성합니다. 응답의 다양성을 비교하기 위해 각 온도에서 응답 생성을 세 번 연속으로 실행합니다.

온도 매개변수를 조정하여 ChatGPT API에서 생성되는 응답의 창의성과 무작위성 수준을 미세 조정할 수 있습니다. 다양한 온도 값으로 실험하여 특정 사용 사례에 맞는 원하는 결과를 얻을 수 있습니다.

앞의 코드가 실행되면 다음과 같은 출력이 표시됩니다:

```
Response with low temperature (0) 0:
1.Fluffy
2. Simba
3. Tiger
4. Misty
Response with low temperature (0) 1:
1. Fluffy
2. Simba
3. Tiger
4. Misty
Response with low temperature (0) 2:
1. Fluffy
2. Simba
3. Tiger
4. Misty
Response with default temperature (1) 0:
1. Max
2. Sasha
3. Tiger
```

```
4. Shadow
Response with default temperature (1) 1:
1.Mochi
2. Milo
3. Luna
4. Misty
Response with default temperature (1) 2:
1.Fluffy
2. Simba
3. Midnight
4. Tigress
```

출력을 살펴봅시다:

- Response with low temperature[낮은 온도의 반응](0): 응답이 더 집중적이고 단호한 경향이 있습니다. 프롬프트에 대해 구체적이고 간결한 답변을 제공합니다. 세 가지 응답 사이에는 차이가 없습니다.
- Response with high temperature[고온에 대한 반응](1): 응답이 더 무작위적이고 다양합니다. 생성된 텍스트에 예상치 못한 상상력이 풍부한 요소가 포함될 수 있지만, 주제를 벗어나거나 일관성이 떨어지는 답변이 나올 수도 있습니다.

ChatGPT API에서 n 매개 변수를 늘리는 것도 특정 경우에 유용할 수 있습니다. n 값을 늘리면 모델에서 생성되는 대체 완료 횟수가 결정됩니다. 이는 더 넓은 범위의 가능한 응답을 탐색하거나 동일한 프롬프트의 다양한 변형을 생성하려는 경우에 유용할 수 있습니다.

여기에 표시된 예에 따라 n의 크기를 늘려볼 수 있습니다:

```
import openai
import config

# Set up OpenAI API credentials
openai.api_key = config.API_KEY

# Define a function to generate a response from ChatGPT.
def generate_response(prompt, n):
    response = openai.Completion.create(
        engine='text-davinci-003', prompt=prompt,
        temperature=.8,
        max_tokens=50,
```

```
        n=n,
        stop=None,
    )
    return response

# Prompt for the conversation
prompt = "Suggest 4 names for a cat."

n_prompt = generate_response(prompt, 4)
print(n_prompt)
```

여기서는 ChatGPT API에 고양이 이름 생성 프롬프트에 대한 네 가지 대체 완성을 생성하도록 요청합니다. 결과는 n_prompt 변수에 저장되고 콘솔에 JSON 형식으로 표시됩니다:


```
{
    "choices": [
      {
        "finish_reason": "stop",
        "index": 0,
        "logprobs": null,
        "text": "\n\n1. Fluffy\n2. Simba\n3. Tigger\n4. Smokey"
      },
      {
        "finish_reason": "stop",
        "index": 1,
        "logprobs": null,
        "text": "\n\n1. Muffin\n2. Tigger\n3. Felix\n4. Gizmo"
      },
      {
        "finish_reason":"stop",
        "index":2,
        "logprobs": null,
        "text":"\n\n1. Mittens \n2. Simba \n3. Merlin \n4. Daisy"},
      {
        "finish_reason": "stop",
        "index":3,
        "logprobs": null,
        "texttext": "\n\n1. Sirius\n2. Loki \n3. Pumpkin \n4. Gizmo"
      }
    ],
    "created": 1685919169,
    "id":"cmpl-7NqsbkCoehG4LGT1CjlQus0j85pLg",
    "model":"text-davinci-003",
```

```
    "object":"text_completion",
    "usage":{
      "completion_tokens": 87,
      "prompt_tokens": 7,
      "total_tokens": 94
    }
}
```

보시다시피 선택 목록의 크기가 네 가지 요소로 늘어났습니다. 이렇게 하면 고양이의 대체 이름이 네 가지로 제공되므로 n 매개변수를 늘림으로써 응답의 다양성이 증가했음을 알 수 있습니다. generate_response 함수에서 n 값을 수정하면 다양한 숫자로 실험하여 더 넓은 범위의 제안을 탐색하거나 ChatGPT 모델에서 더 창의적이고 다양한 응답을 생성할 수 있습니다.

n을 늘리면 생성되는 응답의 다양성이 증가하여 주어진 문제에 대한 다양한 관점, 창의적인 아이디어 또는 대안적인 해결책을 탐색할 수 있습니다. 하지만 n을 늘리면 API 비용과 응답 시간도 증가하므로 다양성과 효율성 사이에서 절충점을 찾아야 한다는 점에 유의해야 합니다. 따라서 보다 다양한 응답을 원하거나 창의적인 영감을 얻고자 하는 경우 n 매개변수를 늘리는 것이 유용한 접근 방식이 될 수 있습니다.

메시지 매개변수는 GPT-3.5 터보 채팅 완료에서 중요한 역할을 하며 모델과의 대화형 동적 대화를 가능하게 합니다. 이 매개변수를 사용하면 메시지 목록을 입력으로 제공하여 대화를 시뮬레이션 할 수 있으며, 각 메시지는 역할('사용자user' 또는 '어시스턴트assistant')과 메시지 콘텐츠로 구성됩니다.

messages 매개변수를 사용할 때는 대화를 적절하게 구성하는 것이 중요합니다. 모델은 앞의 메시지를 사용하여 기록을 고려하여 대화의 문맥 인식 응답을 생성합니다.

즉, 이전 메시지를 기반으로 매력적인 대화형 교환을 만들 수 있습니다.

다음은 GPT-3.5 터보 채팅 완료에서 messages 매개변수의 사용법을 보여주는 코드 스니펫code snippet예시입니다:

```
import openai
import config

# Set up OpenAI API credentials
openai.api_key = config.API_KEY
```

```
# Define a function for chat completion
def chat_with_model(messages):
    response = openai.ChatCompletion.create(
        model="gpt-3.5-turbo",
        messages=messages
    )
    return response.choices[0].message.content

# Define the conversation messages
messages= [
    {"role": "user", "content": "Hello, could you recommend a good
        book to read?" },
    {"role": "assistant", "content": "Of course! What genre are you
        interested in?" },
    {"role": "user", "content": "I enjoy fantasy novels." },
    {"role": "assistant", "content": "Great! I recommend 'The Name of
        the Wind' by Patrick Rothfuss."},
    {"role": "user", "content": "Thank you! Can you tell me a bit
        about the plot?"},
]

# Chat with the model
response = chat_with_model(messages)
print(response)
```

앞의 코드에서는 메시지 목록을 입력으로 받는 chat_with_model 함수를 정의합니다. 이 함수는 openai.ChatCompletion.create 메서드를 사용하여 GPT-3.5 Turbo 모델에 요청을 보냅니다. model 매개 변수는 사용할 모델(이 경우 gpt-3.5-turbo)을 지정합니다. 메시지 매개 변수는 정의된 대화 메시지 목록으로 설정됩니다.

사용자와 어시스턴트 양쪽에서 일련의 메시지를 제공하여 대화를 생성합니다. 각 메시지에는 역할("사용자user" 또는 "어시스턴트assistant")과 메시지 콘텐츠가 포함됩니다. 메시지는 대화에서 발생하는 순서대로 구조화됩니다.

메시지 매개변수를 활용하면 GPT-3.5 터보 모델과 동적인 대화형 대화를 나눌 수 있어 챗봇, 가상 비서 등의 애플리케이션에 적합합니다.

이 절에서는 ChatGPT API에서 사용되는 매개변수와 응답 품질에 미치는 영향에 대한 개요를 제공했습니다. 온도 매개변수와 응답 다양성을 높이기 위해 생성할 대체 완료 횟수를 결정하는

n 매개변수에 대해 설명했습니다. 또한 메시지 매개변수와 이 매개변수가 모델과 동적 대화형 대화를 가능하게 하여 대화 기록을 기반으로 문맥 인식 응답을 가능하게 하는 방법에 대해서도 알아봤습니다.

다음 절에서는 ChatGPT API에 부과되는 속도 제한에 대해 알아볼 것입니다. 또한 API에 요청할 때 다양한 AI 모델과 관련된 제한 사항 및 제한 사항을 이해하게 될 것입니다.

ChatGPT API 요금 제한

비율 제한은 ChatGPT API의 안정성과 공정성을 유지하는 데 중요한 역할을 합니다. 이는 사용자 또는 클라이언트가 특정 시간 내에 접근할 수 있는 요청 및 토큰의 수에 대한 제한입니다. OpenAI는 여러 가지 이유로 속도 제한을 구현합니다:

- **남용 및 오용으로부터 보호**Protection against abuse misuse: 속도 제한은 과도한 요청으로 시스템을 과부하 하려는 악의적인 행위자로부터 API를 보호하는 데 도움이 됩니다. 속도 제한을 설정함으로써 OpenAI는 이러한 활동을 완화하고 모든 사용자를 위한 서비스 품질을 유지할 수 있습니다.
- **공정한 접근 보장**Ensuring fait access: 속도 제한은 한 사용자 또는 조직이 요청할 수 있는 요청 수를 제한함으로써 모든 사용자가 API를 동등하게 활용할 수 있는 기회를 보장합니다. 이렇게 하면 소수의 사용자가 리소스를 독점하여 다른 사용자의 속도를 저하시키는 것을 방지할 수 있습니다.
- **서버 부하 관리**Managing server load: 속도 제한을 통해 OpenAI는 인프라의 전체 부하를 효과적으로 관리할 수 있습니다. 서버는 들어오는 요청의 속도를 제어함으로써 트래픽을 보다 효율적으로 처리하여 성능 문제를 최소화하고 모든 사용자에게 일관된 경험을 보장할 수 있습니다.

속도 제한은 **분 당 요청 수**Requests Per Minute, RPM 및 **분 당 토큰 수**Tokens Per Minutem, TPM로 측정할 수 있습니다. ChatGPT API의 기본 전송률 한도는 모델과 계정 유형에 따라 다릅니다. 그러나 OpenAI는 전송률 제한 증가 요청 양식을 제출하여 전송률 제한을 증가시킬 수 있는 가능성을 제공합니다.

2023년 6월 기준 ChatGPT API의 기본 요금 한도는 다음과 같습니다.

무료 평가판 사용자:

- Chat: 3RPM, 150,000TPM
- Codex: 3RPM, 40,000TPM
- Edit: 3 RPM, 40,000 TPM
- Image: 3RPM, 150,000TPM, 분 당 이미지 5장

종량제 사용자:

- Chat: 3,500rpm, 350,000tpm
- Codex: 3,500rpm, 90,000tpm
- Edit: 20RPM, 40,000TPM
- Image: 20RPM, 150,000TPM, 분 당 이미지 50장

최대 토큰 수에 도달하거나 분당 최대 요청 수에 도달하면 전송 속도 제한 경고가 표시됩니다. 예를 들어 분당 최대 요청 수가 60건인 경우 초당 1건의 요청을 보낼 수 있습니다. 요청을 더 자주 보내려고 하는 경우, 속도 제한에 도달하지 않도록 짧은 절전 시간을 도입해야 합니다.

속도 제한 오류가 발생하면 지정된 시간 내에 허용된 요청 횟수를 초과했음을 의미합니다. 오류 메시지에는 도달한 특정 비율 한도가 표시되며 한도 및 현재 사용량에 대한 정보가 제공됩니다.

속도 제한 오류를 완화하고 API 사용을 최적화하기 위해 취할 수 있는 몇 가지 단계가 있습니다:

- 지수[指數] 백오프[backoff]로 재시도하기: 지수[指數] 백오프를 구현하는 것은 속도 제한 오류를 처리하는 신뢰할 수 있는 전략입니다. 전송률 제한 오류가 발생하면 짧은 지연 후 자동으로 요청을 재시도할 수 있습니다. 요청이 다시 실패하면 이후 재시도할 때마다 지연 시간을 기하급수적으로 늘립니다. 이 접근 방식을 사용하면 시스템에 부담을 주지 않고 효율적으로 재시도할 수 있습니다.
- 원하는 응답 길이에 맞게 max_tokens 매개변수를 수정하기: 요청에 대한 전송률 제한은 최대_토큰과 입력한 문자 수에서 계산한 예상 토큰 수 중 더 높은 값에 따라 달라집니다. max_tokens 변수를 예상 응답 크기에 가깝게 설정하면 토큰 사용량과 비용을 각각 줄일 수 있습니다.
- 요청 일괄 처리: 가끔 최대 RPM에 도달했지만 여전히 사용하지 않은 토큰이 상당히 많이

남아 있는 상황이 발생할 수 있습니다. 이러한 경우 여러 작업을 단일 요청으로 통합하여 요청의 효율성을 높일 수 있는 옵션이 있습니다. 이 접근 방식을 구현하려면 다음 예시를 가이드라인으로 참조할 수 있습니다:

```
import openai # for making OpenAI API requests

import config

# Set up OpenAI API credentials
openai.api_key = config.API_KEY

num_stories = 10
prompts = ["I was walking down the street and"] * num_stories
# Perform batched completions with 10stories per request
response= openai.Completion.create(
            model="curie",
            prompt=promt,
            max_token=20,
            )

#Match completions to prompts by index
stories= [""] * len(prompts)
forchoice in response.choices:
    stories[choice.index] =prompts[choice.index] + choice.text

#Print the generated stories
forstory in stories:
    print(story)
```

여기서는 주어진 프롬프트에 따라 스토리를 생성하기 위해 ChatGPT API를 사용하고 있습니다. 10개의 요청을 개별적으로 ChatGPT API에 수행하는 대신 모든 프롬프트를 하나의 목록에 넣고 동시에 전송합니다. 이렇게 하면 한 번의 요청으로 여러 개의 응답을 생성할 수 있습니다.

개별 요청을 하는 대신 프롬프트 목록을 API에 입력으로 보낼 수 있습니다. 이를 통해 특히 소규모 모델에서 분당 더 많은 토큰을 처리할 수 있습니다.

비율 제한은 ChatGPT API의 안정성, 공정성, 성능을 유지하고 남용을 방지하며 공정한 접근을 보장하는 데 중요하며, 기본 비율 제한은 계정 유형에 따라 다르며 지수 백오프, max_tokens 최적화, 요청 일괄 처리와 같은 기술을 사용하면 비율 제한 오류를 완화하고 API 사용을 최적화하는 데 도움이 될 수 있습니다.

요약

ChatGPT API 모델 - GPT-3, GPT-4 및 그 이상이라는 제목의 절에서는 다양한 ChatGPT API 모델을 살펴보았습니다. 그런 다음 이러한 AI 모델과 그 기능에 대한 심층적인 이해를 제공하여 특정 애플리케이션에 가장 적합한 모델을 선택할 수 있도록 했습니다. 이 장에서는 가장 진보되고 성능이 뛰어난 모델이 항상 최선의 선택이 아닐 수 있으므로 모델을 선택할 때 비용, 품질, 프롬프트 길이와 같은 요소를 고려하는 것이 중요하다는 점을 강조했습니다. 또한 Python을 사용하여 여러 모델의 응답과 비용을 비교할 수 있도록 하여 의사 결정 과정을 지원했습니다.

또한 ChatGPT API의 다양한 매개변수와 응답 품질에 미치는 영향에 대해서도 집중적으로 설명했습니다. model, messages, temperature, max_token, stop, n과 같은 주요 매개변수를 강조하고, 이러한 매개변수를 조작하여 ChatGPT API와의 상호작용을 최적화하는 방법에 대해 설명했습니다. ChatGPT API의 안정성과 공정성을 유지하는 데 있어 비율 제한의 중요성에 대해 배웠습니다. ChatGPT API 사용의 효율성과 비용 효과를 향상시킬 수 있는 적절한 전략을 구현하는 방법을 살펴봤습니다.

12장, *ChatGPT 미세 조정하여 고유한 API 모델 만들기*에서는 ChatGPT API 모델을 미세 조정하는 과정을 자세히 살펴봅니다. 이 장에서는 특정 프로젝트나 애플리케이션에 맞게 ChatGPT에 추가 정보를 가르치는 데 필요한 기술을 갖추도록 하는 것을 목표로 합니다. 일련의 사례 연구를 통해 미세 조정의 실제 적용에 대한 통찰력을 얻고 창의적으로 생각하도록 장려할 것입니다. 또한 AI 애플리케이션 개발에서 미세 조정을 통해 비용을 절감할 수 있는 잠재력을 강조할 것입니다.

제12장 ChatGPT를 미세 조정하여 고유한 API 모델 만들기

이 장에서는 ChatGPT API를 미세 조정하는 방법을 살펴보겠습니다. 이 혁신적인 과정을 통해 개발자는 각자의 고유한 요구사항에 맞게 ChatGPT API 응답의 동작을 조정할 수 있는 권한을 부여받게 됩니다. 우리는 미세 조정의 기술에 몰입하여 복잡한 기술과 중요한 요소를 탐구할 것입니다. 자체적으로 미세 조정된 모델을 구축하고 배포하는 기술을 습득함으로써 전례 없는 방식으로 AI 애플리케이션을 향상시킬 수 있는 잠재력을 실현할 수 있습니다.

ChatGPT 미세 조정은 특정 데이터 세트에서 사전 학습된 언어 모델(예: 다빈치)을 훈련하여 성능을 개선하고 특정 작업이나 도메인에 맞게 조정하는 과정입니다. 미세 조정 과정은 일반적으로 신중하게 큐레이팅되고 레이블이 지정된 데이터 세트에서 시작되며, 전이 학습과 같은 기술을 사용하여 이 데이터 세트에서 모델을 학습하는 것이 포함됩니다. 미세 조정 과정에서 모델의 매개변수를 조정하여 대상 도메인에서 보다 정확하고 상황에 적합한 응답을 생성할 수 있도록 합니다. 미세 조정을 통해 모델은 도메인별 지식, 언어 패턴 및 뉘앙스를 습득하여 특정 애플리케이션이나 사용 사례에 대해 보다 관련성 있고 일관된 응답을 생성할 수 있습니다.

JSON 프롬프트와 완료 데이터를 사용하여 간결한 책 요약을 생성하도록 ChatGPT를 미세 조정하는 방법을 보여드리겠습니다.

이 장에서는 다음 주제를 다룹니다:

- 미세 조정할 수 있는 API 모델
- AI 모델을 미세 조정하는 데 드는 비용
- JSON을 사용하여 학습 데이터 준비하기
- OpenAI **명령행 인터페이스(CLI)**로 미세 조정된 모델 만들기

- 사용 가능한 모든 미세 조정 모델 및 해당 정보 나열하기
- ChatGPT API 완성과 함께 미세 조정된 모델 사용하기
- 미세 조정된 모델 삭제하기

기술 요구 사항

이 장의 기술 요구 사항은 다음과 같습니다:

- 시스템에 설치된 Python 3.7 이상 버전
- OpenAI API 키
- 설치된 OpenAI Python 라이브러리

다음 절에서는 사용 가능한 다양한 모델을 살펴보고, 개발 환경을 설정하고, 곧 구축할 책 요약 미세 조정 모델을 숙지함으로써 ChatGPT 미세 조정에 대한 여정을 시작하겠습니다.

이 장의 모든 코드 예제는 https://github.com/ PacktPublishing/Building-AI-Applications-with-ChatGPT-APIs/tree/ main/Chapter12%20FineTuning에서 찾을 수 있습니다.

채팅GPT 미세 조정

이 절에서는 ChatGPT 모델을 미세 조정하는 과정에 대해 설명합니다. 미세 조정에 사용할 수 있는 ChatGPT 모델에 대해 이야기하고 교육 및 사용 비용에 대한 정보를 제공합니다. 또한 터미널 세션에서 openai 라이브러리를 설치하고 API 키를 환경 변수로 설정하는 방법도 다룹니다. 이 절에서는 미세 조정에 대한 개요, 미세 조정의 이점, 미세 조정된 모델을 훈련하는 데 필요한 설정에 대해 설명합니다.

미세 조정은 여러 가지 방식으로 API 모델의 기능을 향상시킵니다. 첫째, 프롬프트만 설계할 때보다 더 높은 품질의 결과를 얻을 수 있습니다. 프롬프트에 수용할 수 있는 것보다 더 많은 훈련 예제를 통합함으로써 미세 조정을 통해 모델은 더 넓은 범위의 패턴과 뉘앙스를 파악할 수 있습니다. 둘째, 더 짧은 프롬프트를 활용하여 토큰 사용량을 줄임으로써 보다 효율적인 처리가 가능합니다. 또한 미세 조정은 지연 시간이 짧은 요청을 촉진하여 더 빠르고 반응이 빠른 상호 작용을 가능하게 합니다.

GPT-3는 인터넷에서 가져온 방대한 텍스트 말뭉치에 대한 광범위한 사전 학습을 거쳤습니다.

예시가 제한된 프롬프트가 주어졌을 때 의도된 작업을 이해하고 그럴듯한 완성을 생성하는 능력을 종종 보여주며, 이를 **소수의 예시 학습**few-shot learning이라고 합니다. 그러나 미세 조정은 프롬프트의 용량을 뛰어넘는 더 큰 예제 세트를 활용함으로써 몇 발자국 학습을 한 단계 더 발전시킵니다. 이러한 포괄적인 학습을 통해 다양한 작업에서 뛰어난 성능을 발휘할 수 있습니다.

모델이 미세 조정을 거친 경우, 추가 학습 데이터를 전달할 필요 없이 결과 모델을 사용할 수 있습니다. 공식 OpenAI 가격 페이지(https:// openai.com/pricing)에서 가져온 표 12.1에서 2023년 6월 기준으로 미세 조정이 가능한 모든 ChatGPT 모델과 각 모델의 훈련 및 1,000토큰당 사용 비용에 대한 자세한 정보를 확인할 수 있습니다.

표 12.1 ChatGPT 모델 미세 조정 가격

모델	교육	사용 방법
Ada	$0.0004 / 1K 토큰	$0.0016 / 1K 토큰
Babbage	$0.0006 / 1K 토큰	$0.0024 / 1K 토큰
Curie	$0.0030 / 1K 토큰	$0.0120 / 1K 토큰
Davinci	$0.0300 / 1K 토큰	$0.1200 / 1K 토큰

미세 조정 과정에서 트레이닝 데이터를 JSON 파일 형태로 제공해야 하며, 트레이닝 토큰 개수는 해당 파일에 포함된 프롬프트 및 완료 필드에 사용된 토큰 개수를 구체적으로 나타냅니다.

JSON 문서의 각 줄은 여기에 표시된 것처럼 원하는 학습 데이터에 해당하는 프롬프트 및 완료 필드로 구성되어야 합니다:

```
{"prompt": "Book Summary: The Adventure Begins", "completion": "A
thrilling tale of courage and discovery."}
{"prompt": "Book Summary: Secrets Unveiled", "completion": "An
intriguing mystery that will keep you guessing until the end."}
```

이 스니펫snippet은 훈련 라인 중 두 개가 JSON 파일에 어떻게 표시되어야 하는지를 보여주는 예시입니다. 다음 절에서는 훨씬 더 큰 데이터 집합을 사용하고 OpenAI CLI 데이터 준비 도구OpenAI CLI data preparations tool를 사용하여 전체 JSON 파일을 구축하겠습니다.

우리의 목표는 사용자가 제공한 책에 대한 간결한 한 문장 요약을 생성하는 데 특화된 미세 조정된 모델을 개발하는 것입니다. 이를 위해 프롬프트 필드에 책 제목을, 완료 필드에 해당 요약문을 포함하는 새로운 JSON 훈련 파일을 구축할 것입니다. 이 훈련 과정을 통해 모델이 훈련

단계를 완료하면 사용자가 제공한 입력에 따라 책 요약을 효과적으로 생성하는 데 필요한 기술을 갖추게 됩니다.

훈련 단계가 완료되면 OpenAI는 미세 조정된 모델에 대해 고유하고 독점적인 이름을 제공합니다. 이 고유한 이름을 ChatGPT 완료 프롬프트에서 활용하여 모델과 효과적으로 소통할 수 있습니다.

데이터 세트 준비를 시작하기 전에 장치에 openai 라이브러리가 설치되어 있는지 확인해야 합니다. 이렇게 하려면 새 터미널 또는 명령 프롬프트를 열고 다음을 입력합니다:

```
$ pip install --upgrade openai
```

이 줄은 장치에 최신 버전의 openai 패키지가 설치되었는지 확인합니다.

로컬 터미널에서 모델을 미세 조정하려면 환경 변수로 ChatGPT API 키도 제공해야 합니다:

- Mac 사용자:

```
$ export OPENAI_API_KEY="<OPENAI_API_KEY>"
```

- Windows 사용자:

```
set OPENAI_API_KEY=<your_api_key>
```

이 줄에서 내보내기 명령은 OPENAI_API_ KEY라는 환경 변수를 만드는 데 사용됩니다. <OPENAI_API_KEY> 값은 OpenAI 계정에서 얻은 API 키로 대체해야 하는 자리 표시자입니다. 이 환경 변수를 설정하면 API 키가 안전하게 저장되고 터미널 세션에서 실행하는 나머지 명령에서 접근할 수 있습니다.

이 절에서는 ChatGPT 모델 미세 조정에 대한 개요를 제공했습니다. 미세 조정을 통해 소수의 샷 학습을 향상시키는 방법과 JSON 파일로 학습 데이터를 제공해야 하는 필요성에 대해 설명했습니다. 사용자가 제공한 입력을 기반으로 간결한 책 요약을 생성하기 위해 구축할 미세 조정된 모델에 대해 논의했습니다. 또한, 터미널 세션에서 openai 라이브러리를 설치하고 API 키를 환경 변수로 설정하는 등 환경 설정에 대해서도 다루었습니다.

미세 조정된 모델 데이터 세트 준비

모델을 효과적으로 미세 조정하려면 학습 데이터를 특정 형식으로 준비해야 합니다. 이 절에서는 JSON 파일과 OpenAI CLI 데이터 준비 도구를 사용하여 데이터를 준비하는 과정을 안내합니다.

OpenAI와 같이 미세 조정된 모델을 위해 데이터를 준비할 때는 최적의 성능과 정확한 결과를 보장하기 위해 구조화된 과정을 따르는 것이 필수적입니다. 첫 번째 단계는 모델을 학습시키는 데 사용할 관련 데이터를 수집하는 것입니다. 이 데이터는 책, 기사 또는 전문 데이터 세트와 같은 다양한 소스에서 가져올 수 있습니다.

시작하려면 데스크톱에 Fine_Tune_Data라는 새 폴더를 만들고 이 폴더 안에 train_data.json이라는 새 파일을 만듭니다. 책 요약 미세 조정 모델에는 30개의 서로 다른 책에 대한 한 문장 요약을 사용하겠습니다. 이러한 요약은 방금 만든 파일 안에 JSON 형식으로 작성됩니다:

```
[
{"prompt": "Book Summary: The Adventure Begins", "completion": "A
thrilling tale of courage and discovery."},
{"prompt": "Book Summary: Secrets Unveiled", "completion": "An
intriguing mystery that will keep you guessing until the end."},
{"prompt": "Book Summary: Love and Betrayal", "completion":"A
heartwrenching story of love, trust, and deception."},
{"prompt": "Book Summary: The Quest for Freedom", "completion": "A
captivating journey of self-discovery and liberation."},
{"prompt": "Book Summary: Beyond the Stars", "completion": "An
epic science fiction adventure that pushes the boundaries of
imagination."},
{"prompt": "Book Summary: The Power Within", "completion": "A gripping
exploration of inner strength and resilience."},
{"prompt": "Book Summary: Shadows of the Past", "completion": "A
haunting tale of redemption and confronting the ghosts of the past."},
{"prompt": "Book Summary: A World Apart", "completion": "A mesmerizing
exploration of parallel universes and the power of choices."},
{"prompt": "Book Summary: Into the Unknown", "completion": "A
suspenseful journey into uncharted territories and the pursuit of
truth."},
{"prompt": "Book Summary: The Lost Artifact", "completion": "A
thrilling archaeological adventure that unravels ancient mysteries."},
{"prompt": "Book Summary: Broken Pieces", "completion": "A poignant
story of healing, forgiveness, and the beauty of imperfection."},
{"prompt": "Book Summary: Echoes of Silence", "completion": "A tale of
```

```
loss and resilience, where words hold the power to heal."},
{"prompt": "Book Summary: The Forgotten Realm", "completion": "An
enchanting fantasy world brimming with magic and destiny."},
{"prompt": "Book Summary: Life's Unexpected Turns", "completion":
"A captivating narrative of life's twists and the resilience to
overcome."},
{"prompt": "Book Summary: From Ashes to Glory", "completion":
"A triumphant story of rising from adversity and finding one's
purpose."},
{"prompt": "Book Summary: The Last Stand", "completion": "A gripping
account of courage, sacrifice, and the fight for justice."},
{"prompt": "Book Summary: In the Shadows of Time", "completion": "A
mesmerizing blend of past and present, weaving a tale of love and
destiny."},
{"prompt": "Book Summary: A Journey of Discovery", "completion": "An
introspective expedition that uncovers the mysteries of the self."},
{"prompt": "Book Summary: Torn Between Worlds", "completion": "A
captivating exploration of identity and the search for belonging."},
{"prompt": "Book Summary: The Art of Letting Go", "completion":
"A transformative journey of releasing the past and embracing the
future."},
{"prompt": "Book Summary: Whispers in the Wind", "completion": "A
lyrical narrative that captures the ephemeral beauty of fleeting
moments."},
{"prompt": "Book Summary: The Hidden Truths", "completion": "A
riveting exposé of secrets, lies, and the quest for truth."},
{"prompt": "Book Summary: Beyond the Veil", "completion": "A
spellbinding adventure that blurs the boundaries between reality and
the supernatural."},
{"prompt": "Book Summary: Unbreakable Bonds", "completion": "A
tale of friendship, loyalty, and the unyielding strength of human
connections."},
{"prompt": "Book Summary: The Songbird's Melody", "completion":
"A melodic tale of passion, dreams, and the pursuit of artistic
expression."},
{"prompt": "Book Summary: Shattered Reflections","completion": "A
psychological thriller that delves into the darkest corners of the
human mind."},
{"prompt": "Book Summary: A Patchwork of Memories","completion": "A
nostalgic journey through fragments of the past, weaving a tapestry of
remembrance."},
{"prompt": "Book Summary: Embers of Hope","completion": "A tale
of resilience and hope, where even the smallest spark can ignite
change."},
{"prompt": "Book Summary: Beneath the Surface","completion": "A
```

```
suspenseful exploration of hidden truths lurking beneath seemingly
ordinary lives."},
{"prompt": "Book Summary: The Road Less Traveled","completion":
"A transformative odyssey that challenges conventions and embraces
individuality."}
]
```

주어진 JSON 파일에는 프롬프트-완성 쌍으로 표시되는 책 요약 모음이 포함되어 있습니다. 각 항목은 요약 제목과 함께 책을 소개하는 prompt 필드와 책에 대한 간략한 설명을 제공하는 completion 필드로 구성됩니다. 프롬프트는 책과 관련된 다양한 장르, 주제 및 감정을 강조하고, 완성은 각 이야기의 본질을 포착합니다. 요약은 모험, 미스터리, 로맨스, 공상 과학, 판타지 등 다양한 장르를 포괄합니다. 이 JSON 파일 데이터는 사용자가 제공한 입력을 기반으로 간결한 책 요약을 생성하기 위해 미세 조정된 모델을 훈련하는 데이터 세트 역할을 합니다.

JSON 파일이 생성되면 이제 openai 라이브러리의 prepare_data 함수 부분을 사용하여 데이터를 준비할 수 있습니다. 이 다용도 도구는 prompt와 completion 열 또는 키가 있는 경우 다양한 파일 형식을 허용할 수 있습니다. JSON, JSONL, CSV, TSV, XLSX 파일 등 어떤 파일 형식이든 이 도구가 처리할 수 있습니다. 입력 파일을 제공하면 도구가 필요한 조정을 안내하고 미세 조정을 위해 특별히 설계된 JSONL 형식으로 출력을 저장합니다.

프롬프트에 자세한 지침이나 여러 예가 포함될 수 있는 기본 모델을 사용하는 것과 달리, 미세 조정을 위해서는 각 프롬프트가 특정 구분 기호(예: \n\n###\n\n)로 끝나야 프롬프트가 끝나고 완료가 시작될 때 모델에 신호를 보내게 됩니다. 이러한 구분 기호는 사용자 또는 ChatGPT 데이터 준비 도구에서 추가할 수 있습니다.

미세 조정을 통해 우수한 성능을 얻으려면 고품질의 예제를 상당수 포함하는 것이 좋습니다. 저희 프로젝트에는 30개의 예제만 포함되어 있지만, 기본 모델을 능가하는 최적의 결과를 얻으려면 가급적 전문가가 검증한 수백 개 이상의 고품질 예제를 제공하는 것을 목표로 해야 합니다. 일반적으로 예제 수가 두 배가 되면 성능은 선형적으로 증가합니다. 일반적으로 예제 수를 늘리는 것이 성능을 향상시키는 가장 효과적이고 신뢰할 수 있는 접근 방식입니다.

프로젝트 유형에 맞는 데이터 준비 도구를 활성화하려면 train_data.json을 사용하여 다음 명령을 실행하세요:

```
$ cd Fine_Tune_Data
$ openai tools fine_tunes.prepare_data -f train_data.json
```

명령을 실행하면 데이터 준비 도구가 JSON 파일의 내용을 꼼꼼하게 검사합니다. JSON 데이터의 형식이 완벽하지 않을 수 있고 적절한 구분 기호가 없을 수 있다는 점을 고려하여 각 예제에서 Book Summary: 접두사로 시작하는 경우, 데이터 준비 도구는 학습 데이터를 수정할 수 있는 유용한 제안을 생성하여 터미널 출력에 표시합니다:

```
Analyzing...
- Your file contains 30 prompt-completion pairs. In general, we
recommend having at least a few hundred examples. We've found that
performance tends to linearly increase for every doubling of the
number of examples
- Your data does not contain a common separator at the end of your
prompts. Having a separator string appended to the end of the prompt
makes it clearer to the fine-tuned model where the completion should
begin. See https://platform.openai.com/docs/guides/fine-tuning/
preparing-your-dataset for more detail and examples. If you intend to
do open-ended generation, then you should leave the prompts empty
- All prompts start with prefix `Book Summary: `. Fine-tuning doesn't
require the instruction specifying the task, or a few-shot example
scenario. Most of the time you should only add the input data into the
prompt, and the desired output into the completion
- All completions end with suffix `.`
- The completion should start with a whitespace character (` `). This
tends to produce better results due to the tokenization we use. See
https://platform.openai.com/docs/guides/fine-tuning/preparing-yourdataset
for more details
```

또한 데이터 준비 과정의 일부로 도구는 JSONL 출력 파일 생성을 진행하기 전에 제안된 수정 사항을 데이터에 통합할지 여부를 묻습니다. JSONL은 JSON 줄[JSON Lines] 형식을 의미하며, 파일의 각 줄이 단일 JSON 객체를 나타내는 텍스트 기반 데이터 교환 형식입니다. 이 형식은 일반적으로 구조화된 데이터를 저장하고 교환하는 데 사용되며, 스트리밍 방식으로 데이터를 쉽게 읽고, 쓰고, 처리할 수 있게 해줍니다. 이 대화형 기능을 사용하면 제안된 조정 사항을 검토하고 고려할 수 있으므로 데이터 세트를 세분화하여 보다 정교한 JSONL 파일을 생성할 수 있습니다:

```
Based on the analysis we will perform the following actions:
- [Recommended] Add a suffix separator ` ->` to all prompts [Y/n]: Y
- [Recommended] Remove prefix `Book Summary: ` from all prompts [Y/n]: Y
- [Recommended] Add a whitespace character to the beginning of the
completion [Y/n]: Y
Your data will be written to a new JSONL file. Proceed [Y/n]: Y

Wrote modified file to `train_data_prepared.jsonl`
Feel free to take a look!

Now use that file when fine-tuning:
> openai api fine_tunes.create -t"train_data_prepared.jsonl"
```

이 옵션을 제공함으로써 이 도구는 사용자가 데이터 준비와 관련하여 더 큰 통제권을 행사하고 정보에 입각한 의사 결정을 내릴 수 있도록 지원하여 모델을 미세 조정할 수 있도록 합니다.

작업이 완료되면 Fine_Tune_Data 디렉터리에서 새 파일인 train_data_prepared.jsonl을 찾을 수 있습니다. 데이터 준비 도구의 모든 권장 사항을 수락한 경우 JSONL 파일은 다음과 같이 표시되어야 합니다:

```
{"prompt":"The Adventure Begins ->","completion":" A thrilling tale of
courage and discovery."}
{"prompt":"Secrets Unveiled ->","completion":" An intriguing mystery
that will keep you guessing until the end."}
{"prompt":"Love and Betrayal ->","completion":" A heart-wrenching
story of love, trust, and deception."}
{"prompt":"The Quest for Freedom ->","completion":" A captivating
journey of self-discovery and liberation."}
{"prompt":"Beyond the Stars ->","completion":" An epic science fiction
adventure that pushes the boundaries of imagination."}
......
```

전체 JSOL 파일은 Git **레파지토리** 에서 찾을 수 있습니다: https://github.com/PacktPublishing/Building-AI-Applications-with-ChatGPT-APIs/blob/main/Chapter12%20 FineTuning/train_data_prepared.jsonl.

모델을 미세 조정하기 위해 데이터 집합을 준비하기 위해 각 프롬프트 끝에 구분 기호를 추가하고, 프롬프트에서 Book Summary: 접두사를 제거하고, 공백 문자로 완성을 시작하고, 데이터를 JSONL 형식으로 저장하는 등 JSON 파일을 수정했습니다. 이러한 수정 작업을 통해 모델의 이해도를 높이고 사용자 입력을 기반으로 간결한 도서 요약을 생성할 수 있습니다.

데이터 세트가 준비되고 최적화되었으므로 다음 절에서 자세히 살펴볼 중요한 단계인 미세 조정 모델을 구축할 수 있는 기반을 마련했습니다.

미세 조정된 모델 구축 및 사용

이 절에서는 OpenAI의 CLI를 사용하여 미세 조정된 모델을 생성하고 활용하는 과정을 살펴보겠습니다. OpenAI는 신규 사용자에게 5달러의 크레딧을 제공하여 ChatGPT API 및 미세 조정 서비스에 접근할 수 있는 기회를 제공합니다.

미세 조정에는 기존 기본 모델을 기반으로 전문화된 모델을 구축하는 것이 포함되며, 이 예에서는 미세 조정에 사용할 수 있는 가장 고급 ChatGPT 모델인 davinci를 사용할 것입니다. 책 요약 작업을 위해 해당 모델의 성능을 개선할 것입니다.

학습 데이터를 업로드하고 처리하는 미세 조정 작업을 시작하는 방법을 학습한 다음 완료될 때까지 진행 상황을 모니터링합니다. 미세 조정 작업이 완료되면 새로 생성된 미세 조정 모델을 사용하여 텍스트를 생성합니다. 완성 API를 사용하여 미세 조정된 모델에 요청하는 방법을 배우고, 필요한 경우 미세 조정된 모델을 관리하고 삭제하는 방법을 다룰 것입니다.

먼저 새로 생성한 JSONL 파일을 사용하여 다음 명령으로 미세 조정된 모델을 생성합니다:

```
openai api fine_tunes.create -t train_data_prepared.jsonl -m davinci
```

앞의 명령은 텍스트 데이터 세트에 대한 미세 조정 작업을 만드는 데 사용됩니다. 이 명령은 학습 데이터 파일과 시작할 기본 모델을 지정하여 모델을 미세 조정하는 과정을 시작합니다. 이 경우 train_data_prepared.jsonl이라는 학습 데이터 파일을 사용합니다. 이 명령을 실행하면 학습 데이터가 업로드 및 처리되고 지정된 기본 모델을 사용하여 미세 조정 작업이 생성됩니다:

```
Upload progress: 100%|█| 3.68k/3.68k [00:00<00:00, 2.95Mit/s]
Uploaded file from train_data_prepared.jsonl: fileQzFonh5QTZKu2IVc4lBKdwp1
Created fine-tune: ft-GrpW4DOXtWkXIgznJrSB9kOD
Streaming events until fine-tuning is complete...

(Ctrl-C will interrupt the stream, but not cancel the fine-tune)
[2023-06-26 18:01:23] Created fine-tune: ft-GrpW4DOXtWkXIgznJrSB9kOD
```

제공된 출력에서 맞춤 튜닝 된 모델의 ID인 ft-GrpW4DOXtWkXIgznJrSB9kOD를 찾을 수 있습니다. 모델을 생성하는 과정은 몇 분에서 몇 시간까지 소요되는 등 시간이 다를 수 있다는 점에 유의하세요. 실수로 Ctrl + C를 눌러 데이터 스트림을 중단하더라도 작업이 취소되지 않으니 안심하세요. OpenAI 서버는 미세 조정된 모델이 완료될 때까지 계속 처리합니다. 미세 조정 작업의 진행 상황을 계속 확인할 수 있도록 OpenAI는 제공된 모델 ID를 사용하여 상태를 모니터링할 수 있는 옵션을 제공합니다. 이렇게 하면 생성 과정을 추적하고 미세 조정된 모델이 준비되면 알림을 받을 수 있습니다.

해당 정보를 찾으려면 다음을 입력하면 됩니다:

```
$ openai api fine_tunes.follow -i ft-GrpW4DOXtWkXIgznJrSB9kOD
```

미세 조정 작업을 지속적으로 모니터링하기 위해 팔로우 기능을 활용합니다. 특정 ID는 이전 예시에서 보여드린 것과는 고유하고 구별된다는 점에 유의하시기 바랍니다. 아이디를 잊어버렸더라도 다음에서 쉽게 검색할 수 있으므로 걱정할 필요가 없습니다.

다음 명령을 입력하면 계정과 연결된 모든 완료 및 보류 중인 미세 조정 모델의 세부 정보를 확인할 수 있습니다:

```
$ openai api fine_tunes.list
```

특정 모델의 ID를 참조하여 해당 모델에 대한 정보를 찾을 수도 있습니다:

```
$ openai api fine_tunes.get -i ft-GrpW4DOXtWkXIgznJrSB9kOD
```

현재 진행 중인 미세 조정 작업은 하나뿐이므로 두 프롬프트의 출력 결과는 모두 동일합니다:


```
{
  "object": "fine-tune",
  "id": "ft-GrpW4DOXtWkXIgznJrSB9kOD",
  "hyperparams": {
    "n_epochs": 4,
    "batch_size": null,
    "prompt_loss_weight": 0.01,
    "learning_rate_multiplier": null
```

```
  },
  "organization_id": "org-yBpXCfCEnXErZ6PUZZE3VKZx",
  "model": "davinci",
  "training_files": [
    {
      "object": "file",
      "id": "file-QzFonh5QTZKu2IVc4lBKdwp1",
      "purpose": "fine-tune",
      "filename": "train_data_prepared.jsonl",
      "bytes": 3679,
      "created_at": 1687816883,
      "status": "processed",
      "status_details": null
    }
  ],
  "validation_files": [],
  "result_files": [],
  "created_at": 1687816883,
  "updated_at": 1687816883,
  "status": "pending","fine_tuned_model": null,
  "events": [
    {
      "object": "fine-tune-event",
      "level": "info",
      "message":"Created fine-tune: ft-GrpW4DOXtWkXIgznJrSB9kOD",
      "created_at":1687816883
    }
  ]
}
```


제공된 출력은 미세 조정 작업의 세부 정보를 나타냅니다. 여기에는 개체 유형, 작업 ID, 하이퍼파라미터, 조직 ID, 기본 모델, 학습 파일, 유효성 검사 파일, 결과 파일, 생성 및 업데이트 타임스탬프, 현재 상태, 미세 조정된 모델 및 이벤트 목록과 같은 정보가 포함됩니다. hyper-parameters 절은 미세 조정 과정에 대한 설정을 지정합니다. training_files 절에는 미세 조정 작업에 사용되는 학습 데이터 파일에 대한 세부 정보가 포함되어 있습니다. 고려해야 할 가장 중요한 매개 변수는 미세 조정 작업의 상태입니다. 현재 pending[보류 중]으로, 미세 조정 과정이 아직 진행 중임을 나타냅니다.

제공된 명령을 활용하여 미세 조정된 모델이 완성될 때까지 진행 상황을 지속적으로 추적하고 모니터링할 수 있습니다. 이 기간 동안 정기적으로 상태 필드를 확인하여 작업의 현재 상태에 대한 정보를 확인할 수 있습니다.

어떤 이유로든 작업을 취소하려면 다음 명령을 입력하여 취소 과정을 시작할 수 있습니다:

```
$ openai api fine_tunes.cancel -i ft-GrpW4DOXtWkXIgznJrSB9kOD
```

미세 조정 과정이 성공적으로 완료되면 .get 또는 .list 함수가 업데이트되며 새로 생성된 모델의 이름도 표시됩니다:

```
    "status": "succeeded",
    "fine_tuned_model": "davinci:ft-personal-2023-06-26-06-55-07"
```

fine_tuned_model 필드는 최근에 생성된 모델에 할당된 고유한 이름에 해당합니다. 이 이름은 model 매개변수에 할당하여 모든 ChatGPT API 완성 기능에 원활하게 통합할 수 있으므로 중요한 가치를 지니고 있습니다. 이렇게 하면 미세 조정된 모델의 기능을 활용하고 향상된 텍스트 생성 기능을 활용할 수 있습니다.

미세 조정된 모델을 성공적으로 생성한 후에는 터미널에서 curl 명령을 사용하여 직접 쉽고 빠르게 테스트를 수행할 수 있습니다. 이를 통해 미세 조정된 모델과 원활하게 상호 작용하고 복잡한 과정 없이 성능을 평가할 수 있습니다:

```
$ curl https://api.openai.com/v1/completions \
  -H "Content-Type: application/json" \
  -H "Authorization: Bearer $OPENAI_API_KEY" \
  -d '{
    "prompt": "Secrets Unveiled ->",
    "max_tokens": 30,
    "model": "davinci:ft-personal-2023-06-26-01-42-07"}'
```

주어진 예제에는 요청의 세부 사항을 지정하는 여러 매개변수와 헤더가 포함되어 있습니다.

명령에 지정된 URL은 https://api.openai.com/v1/completions 이며, ChatGPT 완료 API의 엔드포인트를 나타냅니다.

H 플래그는 요청에 대한 헤더를 설정하는 데 사용됩니다. 이 경우 두 개의 헤더가 포함됩니다:

- Content-Type 헤더: application/json은 요청의 콘텐츠 유형이 JSON임을 지정합니다.

- Authorization 헤더: Bearer $OPENAI_API_KEY는 인증 헤더로, 이전에 환경 변수로 설정한 경우 $OPENAI_API_KEY 변수를 실제 API 키로 대체해야 합니다.

-d 플래그는 요청에 데이터 또는 페이로드를 전달하는 데 사용됩니다. 이 예제에서 전달되는 데이터는 작은따옴표로 묶인 JSON 객체입니다. JSON 객체에는 다음 필드가 포함됩니다:

- prompt: 완성을 시작하는 데 사용되는 텍스트 프롬프트입니다. 이 경우에는 책 요약 미세 조정 모델을 학습한 책 중 하나의 머리글과 구분 기호인 Secrets Unveiled ->로 설정되어 있습니다.
- max_tokens: 완료 응답에 예상되는 최대 토큰 수입니다. 여기서는 30으로 설정되어 있습니다.
- model: 완료에 사용할 모델의 이름입니다. 이 예에서는 davinci:ft-personal-2023-06-26-01-42-07이라는 이름의 미세 조정된 모델이 사용되고 있습니다. 여기에 ChatGPT 미세 조정된 모델의 고유 이름을 입력해야 합니다.

curl 명령이 실행되면 다음과 같은 JSON 형식의 응답을 받게 됩니다.

```
{
  "id": "cmpl-7Vpp9P3vv6JKZwjYbrmjSPeasxiDH",
  "object": "text_complete",
  "created": 1687821735,
  "model": "davinci:ft-personal-2023-06-26-23-07-29",
  "choices": [
    {
      "text": "An intriguing mystery that will keep you guessing
      until the end. A hidden truth, an unsolved puzzle, and the
      pursuit of truth. A gripping tale of",
      "index": 0, "logprobs": null,
      "finish_reason": "length"
    }
  ],
  "usage": {
    "prompt_tokens": 6,
    "completion_tokens": 30,
    "total_tokens": 36
  }
}
```

앞의 출력은 표준 ChatGPT 응답이지만 여기서는 미세 조정된 책 요약 모델을 사용했다는 점을 제외하면 표준입니다. 모델이 제대로 작동하는지 확인하려면 text 필드를 해당 도서 헤더 프롬프트에 대한 JSONL 파일에 제공된 학습 데이터와 비교하면 됩니다:

```
{"prompt":"Secrets Unveiled ->","completion":" An intriguing mystery
that will keep you guessing until the end."}
```

앞의 두 코드 스니퍼code snipper를 비교하면 미세 조정된 모델이 제대로 작동하고 학습 데이터의 completion 필드가 ChatGPT API 응답 전체에 포함되어 있음을 명확하게 확인할 수 있습니다. 즉, 학습된 모델이 학습 데이터를 통합하여 향상된 성능을 보여줍니다.

마지막으로, 생성한 미세 조정된 모델을 제거하거나 삭제하기로 결정한 경우 OpenAI는 사용할 수 있는 간단한 명령을 제공합니다. 명령행 인터페이스에서 다음 명령을 실행합니다:

```
$ openai api models.delete -i davinci:ft-personal-2023-06-26-06-55-07
```

미세 조정된 모델을 삭제하면 모델과 관련 데이터가 영구적으로 제거되므로 신중하게 수행해야 합니다. 따라서 삭제 명령을 진행하기 전에 신중하게 결정하고 미세 조정된 모델이 더 이상 필요하지 않은지 확인하는 것이 좋습니다.

이 절에서는 모델 미세 조정의 전체 수명 주기를 살펴보았습니다. 이제 이러한 지식을 바탕으로 다양한 작업에 특화되고 더 많은 양의 학습 데이터 항목을 통합하는 미세 조정 모델을 구축하여 실험의 여정을 계속할 수 있게 되었습니다. 이를 통해 모델의 성능을 개선하고 향상시킬 수 있는 가능성의 영역이 열리므로 훨씬 더 인상적인 결과를 얻을 수 있습니다.

요약

이 장에서는 ChatGPT API 내에서 미세 조정의 개념에 대해 논의하고, 이를 통해 특정 요구에 맞게 ChatGPT API 응답을 조정하는 데 어떻게 도움이 될 수 있는지 살펴보았습니다. 다양한 데이터 세트에서 기존 언어 모델을 학습시킴으로써 davinci 모델 성능을 향상시키고 특정 작업과 도메인에 맞게 조정했습니다. 미세 조정을 통해 도메인별 지식과 언어 패턴을 통합하여 정확하고 상황에 맞는 응답을 생성할 수 있는 모델의 역량을 강화했습니다. 이 장에서는 사용자 지정에 사용할 수 있는 모델, 관련 비용, JSON 파일을 사용한 데이터 준비, OpenAI CLI를 통한 미세 조정 모델 생성, ChatGPT API를 통한 이러한 모델의 활용 등 미세 조정의 몇 가지 주요 측면을 다루었습니다. 다음 사항을 강조했습니다.

우수한 결과를 달성하고 토큰 소비를 줄이며 더 빠르고 반응이 빠른 상호작용을 가능하게 하는 미세 조정의 중요성에 대해 알아보세요.

또한 이 장에서는 미세 조정을 위한 데이터 세트 준비에 대한 포괄적인 단계별 가이드를 제공했습니다. 이 장에서는 JSON 파일과 OpenAI CLI 데이터 준비 도구를 사용하여 데이터를 구성하는 과정을 자세히 설명했습니다. 데이터 세트는 책 요약을 나타내는 프롬프트-완성 쌍으로 구성되었습니다. 이 도구는 데이터를 분석하여 프롬프트에 구분 기호 추가, 불필요한 접두사 제거, 공백 문자로 완성을 시작하는 등의 수정을 제안했습니다. 이러한 수정 작업을 통해 모델의 이해도가 향상되었습니다. 데이터 세트가 준비되고 최적화되면 이 장에서는 미세 조정된 모델을 구성하고 활용하는 과정을 자세히 설명했습니다. 이 장에서는 미세 조정 작업을 시작하고, 진행 상황을 모니터링하고, ChatGPT API를 통해 텍스트 생성을 위해 미세 조정된 모델을 활용하는 방법에 대한 통찰력을 제공했습니다. 모델 성능 개선에 있어 미세 조정의 중요성을 강조하고 필요에 따라 미세 조정된 모델을 관리하고 삭제하는 방법을 배웠습니다.

이 책에서 여러분은 ChatGPT와 그 API의 세계에 대한 포괄적인 여정을 시작하여 다양하고 강력한 애플리케이션을 구축할 수 있는 지식과 기술을 습득했습니다. 점차 ChatGPT 클론을 구축하고, SaaS 애플리케이션과 통합 결제 서비스를 개발했으며, 웹 및 데스크톱 앱 개발을 위한 Django 및 PyQt와 같은 프레임워크를 탐색했습니다. 또한 Microsoft Word, Outlook, PowerPoint와의 통합과 소리 파일 전사의 가능성도 발견했습니다. 올바른 모델 선택과 완성도 최적화에 대한 통찰력을 얻었으며 ChatGPT 미세 조정의 영역까지 탐구했습니다. 이제 이러한 기술을 통해 혁신적인 AI 애플리케이션을 만들고 ChatGPT API의 잠재력을 최대한 활용할 수 있는 역량을 갖추게 되었습니다.

www.packtpub.com

온라인 디지털 라이브러리에 가입하여 7,000여 권의 도서와 동영상은 물론, 개인 개발 계획과 커리어 발전에 도움이 되는 업계 최고의 도구를 모두 이용하세요. 자세한 내용은 웹사이트에서 확인하세요.

구독하는 이유는 무엇인가요?

- 4,000명 이상의 업계 전문가가 제공하는 실용적인 전자책과 동영상으로 학습 시간을 줄이고 코딩에 더 많은 시간을 할애하세요.
- 여러분을 위해 특별히 제작된 스킬 플랜으로 학습 향상
- 매월 무료 전자책 또는 동영상 받기
- 완벽한 검색 기능으로 중요한 정보에 쉽게 접근 가능
- 콘텐츠 복사 및 붙여넣기, 인쇄, 북마크하기

Packt에서 출판된 모든 도서의 전자책 버전을 PDF 및 ePub 파일로 제공한다는 사실을 알고 계셨나요? packtpub.com에서 전자책 버전으로 업그레이드할 수 있으며, 인쇄본 도서 고객은 전자책 사본에 대한 할인 혜택을 받을 수 있습니다. 자세한 내용은 customercare@packtpub. com으로 문의하세요.

www.packtpub.com 에서 무료 기술 기사 모음을 읽고, 다양한 무료 뉴스레터에 가입하고, Packt 도서 및 전자책에 대한 독점 할인 및 혜택을 받을 수도 있습니다.

다른 추천 도서

이 책이 재미있었다면 Packt의 다른 책들도 흥미로울 것입니다:

GPT-3 살펴보기

스티브 팅기리스

ISBN: 978-1-80056-319-3

- GPT-3가 무엇이며 다양한 NLP 작업에 어떻게 사용될 수 있는지 이해하세요.
- GPT-3 및 OpenAI API에 대한 개괄적인 소개 받기
- OpenAI API를 호출하는 JavaScript 및 Python 코드 예제 구현하기
- 최상의 결과를 얻기 위한 GPT-3 프롬프트 및 옵션 구조화
- 속도와 비용 효율을 최적화하는 데 적합한 GPT-3 엔진 또는 모델을 선택하세요.
- GPT-3에 적합하지 않은 사용 사례 알아보기
- OpenAI 가이드라인을 따르는 GPT-3 기반 지식창고 애플리케이션 만들기

FastAPI로 데이터 과학 애플리케이션 구축 – 두 번째 버전

프랑수아 보론

ISBN: 978-1-83763-274-9

- 최신 Python 및 비동기 I/O 프로그래밍의 기본 사항 살펴보기
- FastAPI 프레임워크의 기본 및 고급 개념 이해하기
- 데이터 과학 애플리케이션을 위한 성능과 안정성이 뛰어난 웹 백엔드 배포
- 일반적인 Python 데이터 과학 라이브러리를 웹 백엔드에 통합하기
- 객체 감지 알고리즘을 FastAPI 백엔드에 통합하기
- 안정적인 확산을 통한 분산형 텍스트-이미지 AI 시스템 구축
- 메트릭 및 로깅을 추가하고 모니터링하는 방법 알아보기

Packt는 여러분과 같은 작가를 찾고 있습니다.

Packt의 저자가 되고 싶으시다면 지금 바로 authors.packtpub.com을 방문하여 신청하세요. 당사는 여러분과 같은 수천 명의 개발자 및 기술 전문가와 협력하여 이들이 전 세계 기술 커뮤니티와 통찰력을 공유할 수 있도록 지원해 왔습니다. 일반 지원서를 작성하거나, 저자를 모집 중인 특정 주제에 지원하거나, 직접 아이디어를 제출할 수 있습니다.

안녕하세요!

저는 Building AI Applications with ChatGPT APIs의 저자 Martin Yanev입니다. 이 책을 재미있게 읽으셨기를 바라며, ChatGPT API를 사용하여 생산성과 효율성을 높이는 데 도움이 되셨기를 바랍니다.

이 책에 대한 여러분의 생각을 아마존에 리뷰로 남겨 주시면 저와 다른 잠재 독자들에게 큰 도움이 될 것입니다.

아래 링크로 이동하거나 QR 코드를 스캔하여 리뷰를 남기세요:

https://packt.link/r/180512756X

여러분의 리뷰는 이 책에서 잘된 점과 향후 개정판에서 개선할 수 있는 점을 파악하는 데 도움이 될 것이므로 정말 감사하겠습니다.

행운을 빕니다, Martin Yanev

이 책의 무료 PDF 사본 다운로드

이 책을 구입해 주셔서 감사합니다!

이동 중에 책을 읽는 것을 좋아하지만 인쇄된 책을 어디든 가지고 다닐 수 없나요? 구매한 전자책이 원하는 기기와 호환되지 않나요?

이제 모든 Packt 도서를 구입하면 해당 도서의 DRM이 없는 PDF 버전을 무료로 받으실 수 있습니다.

언제 어디서나 모든 디바이스에서 읽을 수 있습니다. 좋아하는 기술 서적의 코드를 검색, 복사하여 애플리케이션에 바로 붙여넣을 수 있습니다.

혜택은 여기서 그치지 않고 매일 받은 편지함에서 할인, 뉴스레터 및 유용한 무료 콘텐츠를 독점적으로 이용할 수 있습니다.

다음의 간단한 단계를 따라 혜택을 받으세요:

1. QR 코드를 스캔하거나 아래 링크를 방문하세요.

https://packt.link/free-ebook/9781805127567

2. 구매 증빙 자료 제출
3. 여기까지입니다! 무료 PDF 및 기타 혜택을 이메일로 직접 보내드립니다.